# A Imprensa e o Império na África Portuguesa 1842-1974

Título original:
*A Imprensa e o Império na África Portuguesa (1842-1974)*



Revisão: Cátia Loureiro

Capa: FBA

Depósito Legal n.º 463381/19

***Biblioteca Nacional de Portugal – Catalogação na Publicação***

FONSECA, Isadora de Ataíde

A imprensa e o Império na África Portuguesa (1842-
1974). – (Extra coleção)
ISBN 978-972-44-2173-5

CDU 316

Paginação:
João Jegundo

Impressão e acabamento:
PAPELMUNDE
para
EDIÇÕES 70

1.ª edição: novembro de 2019



EDIÇÕES 70, uma chancela de Edições Almedina, S.A.
LEAP CENTER – Espaço Amoreiras – Rua D. João V, n.º 24, 1.03
1250-091 Lisboa – Portugal
e-mail: editoras@grupoalmedina.net

**www.edicoes70.pt**

Isadora de Ataíde Fonseca

# A Imprensa e o Império na África Portuguesa 1842-1974

70

# Índice

# Abreviaturas

AECA — Associação dos Empregados do Comércio e da Agricultura de São Tomé e Príncipe
BNP — Biblioteca Nacional de Portugal
BNU — Banco Nacional Ultramarino
CITA — Centro de Informação e Turismo de Angola
CLSTP — Comité de Libertação de São Tomé e Príncipe
CONCP — Conferências das Organizações Nacionalistas das Colónias Portuguesas
CPI — Corpo de Polícia Indígena
DSC — Direção dos Serviços de Censura
FNLA — Frente Nacional de Libertação de Angola
FNZE — Fundo Monetário da Zona Escudo
FRAIN — Frente Revolucionária Africana para a Independência das Colónias Portuguesas
Frelimo — Frente de Libertação de Moçambique
GALM — Grémio Africano de Lourenço Marques
MAC — Movimento Anticolonial
MANU — União Nacional Africana de Moçambique
MPLA — Movimento Popular de Libertação de Angola
ONU — Organização das Nações Unidas
PAI — Partido Africano de Independência

PAIGC — Partido Africano para a Independência da Guiné e Cabo Verde
Palop — Países Africanos de Língua Oficial Portuguesa
PCA — Partido Comunista de Angola
PIDE — Polícia Internacional e de Defesa do Estado
STP — São Tomé e Príncipe
Udenamo — União Democrática Nacional de Moçambique
UDI — Unilateral Declaration of Independence
UN — União Nacional
Unita — União Nacional para a Independência Total de Angola
UPA — União das Populações de Angola
UPNA — União das Populações do Norte de Angola

# Introdução

«É tinta que lhe corre nas veias, não sangue. Alguma coisa muito séria hão-de ter feito para que veja o mundo sempre assim», observa o narrador de *O Olho de Hertzog* sobre João Albasini, jornalista africano de Lourenço Marques nas primeiras décadas do século XX, transformado em personagem pela literatura. Hans Mahrenholz, protagonista do romance histórico de João Paulo Borges Coelho, «Não pode deixar de sentir admiração por este homem sempre tão lutador, combatendo vilezas enquanto outras vilezas se desenrolam nas suas costas. O mundo a fechar-se e ele sem mãos a medir para o manter aberto.» Também em Moçambique, na década de 1970 e em meio à guerra, se desenrola *A Costa dos Murmúrios*. No romance de Lídia Jorge aparece o imaginado *Correio do Hinterland*, «a imitação de um jornal, mas à hora do jantar havia a azáfama própria de um jornal verdadeiro. Algumas pessoas corriam e não tinham tempo, algumas pessoas suavam, e as grandes pás da ventoinha tinham mais moscas que metal.» O jornalista «não é um homem novo, nem um homem branco, nem um homem estúpido», e responde às críticas da leitora ao jornal: «Fique a saber que todas as quintas-feiras eu arrisco tudo pela verdade, fique a saber que às quintas-feiras tudo o que tenho fica em perigo e eu mesmo fico ameaçado. Se todos os dias arrisco, há certos dias em que não tenho mais nada para arriscar — arrisco tudo, completamente tudo.» A retratar períodos distintos do colonialismo, estes romances têm em comum jornalistas que fazem da sua atividade um espaço de intervenção política, a espelhar uma das características centrais do jornalismo da África Portuguesa no período colonial, o seu perfil político ([1]).

Os estudiosos da literatura africana de língua portuguesa têm sido consensuais ao identificarem no jornalismo as suas primeiras expressões literárias, as quais tiveram entre seus temas privilegiados o protesto, a reivindicação e a crítica à ocupação europeia e à situação colonial ([2]). A investigação académica sobre o colonialismo português em África nos séculos XIX e XX, em especial a história e a sociologia, tem feito uso abundante da imprensa como fonte de pesquisa, assim como tem recorrido aos relatos jornalísticos da época para ilustrar a cena colonial africana. Trabalhos no campo das ciências sociais, como os estudos das elites africanas e das suas associações nas colónias portuguesas, são exemplares da valorização da imprensa e do jornalismo como fonte primária de investigação e «conhecimento», para usar o termo de Park (1940) em referência às notícias e aos conteúdos jornalísticos ([3]).

Desde o século XIX, os catálogos, bibliografias, resenhas e elencos da imprensa portuguesa têm incluído entre os seus títulos os jornais do ultramar português, a exemplo da relação de Pereira, de 1896, *O Jornalismo Português: Resenha Cronológica de Todos os Periódicos Portugueses Publicados no Reino e no Estrangeiro, desde o Meado do Século XVII até à Morte de D. Luiz I*, e do catálogo *Jornais Republicanos, 1848–1926*, publicado em 2011, para citar um

---

([1]) J. P. B. Coelho, *O Olho de Hertzog* (Maputo: Ndjira, 2010), 81 e 134. L. Jorge, *A Costa dos Murmúrios* (Lisboa: Publicações Dom Quixote, 1988), 104 e 125.

([2]) Entre os estudos sobre literatura africana, refere-se o trabalho de A. Margarido, *Estudos sobre Literaturas das Nações Africanas de Língua Portuguesa* (Lisboa: A Regra do Jogo, 1980); e o trabalho de P. Chabal *et al.*, *A History of Postcolonial Lusophone Africa* (Bloomington: Indiana University Press, 2002).

([3]) R. Park, «News as a form of knowledge: a chapter in the sociology of knowledge», *American Journal of Sociology*, vol. 45, n.º 5 (março de 1940): 669–686.

dos estudos mais antigos e outro dos mais recentes neste género ([4]). Os trabalhos de Gonçalves (1964, 1965, 1966) sobre a imprensa nas colónias portuguesas de África são relevantes, uma vez que fornecem a cronologia dos meios impressos e o elenco dos principais títulos em cada território. No pós-independência, surgiram histórias da imprensa de Angola (Melo, 1993), de Cabo Verde (Oliveira, 1998) e de Moçambique (I. Rocha, 2000), nações africanas desde 1975, que adotaram como idioma oficial a língua portuguesa, e que consideram a imprensa do período colonial, no século XIX e XX, origem e parcela da sua história da imprensa, como é devido.

Apesar destes estudos, ainda é escassa e pouco aprofundada a investigação sobre a imprensa e o jornalismo no período colonial na África Portuguesa. O foco nos títulos e na sua cronologia e a pouca atenção ao contexto do imperialismo colonial são alguns dos problemas nos estudos da imprensa. Outras lacunas centrais são: o jornalismo e a imprensa não são o objeto de investigação, mas sim fonte de pesquisa ou de ilustração; o jornalismo e a imprensa não são observados, discutidos, analisados e relacionados com o cenário do imperialismo europeu e da situação colonial; e não existem estudos que articulem, comparem, analisem e façam proposições sobre as dinâmicas da imprensa no conjunto das cinco colónias africanas. Foram estas as preocupações centrais na configuração da problemática desta investigação: analisar as dinâmicas da imprensa na África Portuguesa ao longo do período colonial, de modo a produzir-se uma síntese dos papéis desempenhados pelo jornalismo e das características

---

([4]) A. X. da S. Pereira, *O Jornalismo Português: Resenha Cronológica de Todos os Periódicos Portugueses Publicados no Reino e no Estrangeiro, desde o Meado do Século XVII até à Morte de D. Luiz I* (Lisboa, 1896); L. Sá e M. Rêgo, org., *Jornais Republicanos, 1848–1926* (Lisboa: Biblioteca Nacional de Portugal, 2011); outros trabalhos sobre a imprensa portuguesa que incluem títulos africanos são os seguintes: R. Martins, *Pequena História da Imprensa Portuguesa* (Lisboa: Editorial Inquérito, 1941); J. A. das Neves, *História Breve da Imprensa de Língua Portuguesa no Mundo* (Lisboa: Direcção-Geral da Comunicação Social, 1989).

do sistema de imprensa no seu contexto sociopolítico e na sua relação com o império e o colonialismo português.

Com a expressão «África Portuguesa», este estudo refere-se às cinco colónias africanas sob domínio formal português até 1974: Cabo Verde, Angola, Moçambique, São Tomé e Príncipe e Guiné. Nestes territórios os portugueses marcaram a sua presença desde o século XV, e o tráfico de escravos foi a principal atividade até meados do século XIX. Com a independência do Brasil, em 1822, África ganhou protagonismo no império português, pois do continente deveriam provir riquezas e prestígio internacional. Nesta conjuntura, Portugal reforçou a sua atenção aos territórios africanos, implementando novas diretrizes, políticas e instituições. As nações imperiais europeias aceitavam a presença e o domínio português naqueles territórios, embora os disputassem, o que foi reconhecido pela Conferência de Berlim (1884–85) com a formalização da partilha de África e dos espaços coloniais entre as potências europeias. Ou seja, considera-se a África Portuguesa as cinco colónias que formalmente estiveram sob domínio português entre o século XIX e 1974, quando se inciaram as negociações para a independência daqueles territórios. Também se salienta que na imprensa das colónias africanas se afirmou e preponderou durante a fase colonial a língua portuguesa — pese embora terem surgido jornais que publicavam conteúdos nas línguas africanas e terem existido títulos bilingues, em inglês e português —, o que reforça o uso da expressão África Portuguesa naquele período. A partir do pós-independência, com a adoção do português como língua oficial, e até aos dias de hoje, nos Países Africanos de Língua Oficial Portuguesa (Palop) é na língua portuguesa que se expressam a imprensa e os *media* daqueles países. Até a nota de Margarido (1980) sobre as literaturas africanas das nações de língua portuguesa pertencerem à «história da cultura e da língua portuguesas» pode ter nova e similar leitura no caso da imprensa. Porque a imprensa e o jornalismo em África durante o colonialismo, no seu contexto, conteúdos, formas e práticas, estiveram relacionados com Portugal. Daí que a história e o percurso da imprensa na África Portuguesa durante este período pertença a dois mundos e por eles sejam partilhados, Portugal e os Palop, como se verá ao longo desta investigação. Por fim, sublinha-se que de nenhum modo a expressão «África Portuguesa» quer assinalar uma perspetiva ou prática neocolonial, na qual, segundo Margarido, «os portugueses aparecem como os únicos actores do processo político», quer em relação ao período colonial, no processo de descolonização ou na fase pós-colonial ([5]).

O império colonial africano português é simultaneamente o espaço e o contexto no qual a investigação se situa. Ou seja, é um estudo da imprensa na etapa do imperialismo colonial, entre os séculos XIX e XX, a qual se insere, deriva e emana dos processos da modernidade europeia. Com estes parâmetros, imperialismo, colonialismo e modernidade são conceitos, práticas e contextos centrais neste estudo, já que se observa e analisa a imprensa em relação ao meio no qual ela emergiu e se desenvolveu. Com esta perspetiva, a multidisciplinaridade torna-se num pressuposto da investigação, o qual se evidencia nas dimensões teóricas, metodológicas, empíricas e na formulação das proposições. A história, a sociologia, a comunicação e a ciência política são as disciplinas aqui privilegiadas. Embora não se faça uma história da imprensa da África Portuguesa, contribui-se para a sua história, visto que se acompanha a sua trajetória à luz do contexto sociopolítico das colónias africanas. E é com base no percurso histórico dos territórios africanos, e com estratégias da história, que se apresenta o desenvolvimento da imprensa. A investigação insere-se no campo sociológico porque estuda a imprensa e o jornalismo, instituição e atividade social, e por recorrer às teorias da sociologia e da comunicação na sua reflexão e análise. A ciência política é decisiva por contribuir para a caracterização dos regimes que guiaram Portugal e suas colónias no período estudado, bem como fornecer uma periodização ao estudo. Assim, o trabalho empírico estrutura-se em três etapas: Monarquia Constitucional (1842–1910); República (1910–1926); e Estado Novo (1926–1974). Ainda, as teorias

---

([5]) A. Margarido, *Estudos sobre Literaturas...*, 6–7.

da imprensa e do jornalismo aqui convocadas dialogam com a ciência política, pois identificam as dinâmicas, práticas e características da imprensa em relação aos regimes políticos. Em suma, o diálogo entre a história, a ciência política, a sociologia e a comunicação na observação, na análise, na comparação e na síntese possibilitou a construção de generalizações e a formulação de proposições teóricas a respeito da imprensa em cada um dos territórios estudados, entre os territórios e sobre a imprensa na África Portuguesa no contexto e na interação com o império colonial português.

O período abrangido por este estudo vai de 1842 a 1974. Definiu-se como ponto de partida o ano da publicação do boletim oficial na colónia de Cabo Verde (a primeira a efetivar o decreto de 1836, que tinha previsto os boletins oficiais nas colónias africanas) e como marco final abril de 1974, marcado pelo 25 de Abril, pelo cessar-fogo nas guerras em África e pelo início do processo de descolonização. Tal âmbito temporal de análise justifica-se nas seguintes preocupações: observar a emergência da imprensa e o seu desenvolvimento ao longo do colonialismo; destacar as variações nas dinâmicas da imprensa nos distintos regimes políticos de Portugal neste período; sumarizar as características da imprensa no período colonial; e elencar o legado da imprensa colonial para os Palop.

Um estudo de caso da imprensa na África Portuguesa é como se identifica esta investigação, a qual envolve os cinco casos da imprensa dos territórios africanos, e na qual, a partir da análise comparada, se constroem proposições sobre as dinâmicas da imprensa nas suas relações com o império colonial. Também a metodologia conjugou abordagens multidisciplinares, e no desenho da investigação dialogam e harmonizam-se métodos e técnicas aplicados pela história, pela sociologia, pela comunicação e pela ciência política. As teorias da imprensa e do jornalismo são de referência na definição das dimensões estudadas e na análise. Nesta esfera, é importante salientar que muitas das teorias aqui discutidas têm origem em contextos, países e académicos «ocidentais». Para se legitimar a adequação de tal corpo teórico, recorreu-se a estudos que aplicam as mesmas teorias em cenários não ocidentais. Do mesmo modo, procurou-se ajustar as perspetivas teóricas à realidade africana, à situação colonial e ao carácter retrospetivo do estudo. Conhecem-se os alertas dos cientistas sociais acerca do risco de se empregar teorias ditas «ocidentais» para se refletir sobre África. No entanto, acompanha-se Chabal (2009), que adota uma visão «pragmática», na qual «theory is only deployed where it clearly serves the purpose of offering an account» com o objetivo de «to engage in the theoretical discussions that can provide added value to our understanding» (6).

Identificar os fatores que levaram Portugal a implementar a imprensa oficial nas colónias africanas e os papéis desempenhados pelos boletins oficiais; conhecer os elementos que motivaram a emergência da imprensa não oficial nos territórios; compreender as dinâmicas da imprensa e do jornalismo nos diferentes regimes políticos que regeram Portugal e as colónias; examinar a imprensa enquanto espaço de representação social; revelar os papéis desempenhados pelo jornalismo; e caracterizar o sistema de imprensa da África Portuguesa são os problemas aos quais este estudo se dedica. Para compreender e responder a tais questões foram de referência os estudos de Siebert *et al.* (1963 [1956]), de Hallin e Mancini (2004 e 2012) e de Christians *et al.* (2009), entre outros. Estes forneceram à investigação pressupostos teóricos, normativos e explicativos, e estratégias metodológicas, na pesquisa empírica e nos processos de análise. À luz de tais instrumentos teóricos, para se estudar a imprensa e o jornalismo na África Portuguesa, tem-se como dimensões fundamentais de observação e análise os seguintes aspetos: origem, desenvolvimento e estrutura da imprensa; papéis desempenhados pelo jornalismo; profissionalismo e profissionalização dos jornalistas; paralelismo político, ou a manifestação na imprensa das ideias e opiniões das forças sociais e políticas; e a intervenção do Estado.

---

(6) P. Chabal, *Africa: The Politics of Suffering and Smiling* (Londres: Zed Books, 2009), 2.

As dinâmicas e características da imprensa foram situadas, articuladas e discutidas no contexto do império colonial português como um todo e no âmbito de cada uma das colónias. Tal contexto foi propiciado pelos estudos das ciências sociais sobre Portugal, sobre o colonialismo e sobre África. Recorreu-se a fontes primárias e secundárias e percorreu-se arquivos e bibliotecas em Angola, Moçambique, Portugal e São Tomé e Príncipe ([7]).

Seguindo-se à introdução, delineiam-se as perspetivas teóricas, apresentam-se os conceitos e traçam-se os contextos que servem de referência à investigação. Discute-se o estudo do colonialismo europeu dos séculos XIX e XX no âmbito da modernidade e esboça-se o cenário colonial africano, no qual se inserem a ideologia, as práticas e as políticas de Portugal no continente. Segue-se a apresentação, o debate e a revisão das teorias da imprensa e do jornalismo em contextos autoritários e liberais. Assinala-se o despontar das redes de comunicação em África, a emergência dos meios impressos e os principais estudos dedicados às relações entre a imprensa e o império no continente.

A primeira, a segunda e a terceira partes do livro têm a mesma estrutura, embora tratem, respetivamente, dos períodos da Monarquia Constitucional, da República e do Estado Novo. Nestas secções, num primeiro momento, examina-se a evolução sociopolítica de Portugal e dos territórios africanos, assinalando-se os principais eventos e políticas da metrópole para as colónias. Na segunda etapa acompanha-se a emergência e a trajetória da imprensa nos territórios no contexto sociopolítico de cada colónia, seguindo-se uma breve síntese da imprensa e do jornalismo. Por fim, na última secção de cada parte, faz-se uma análise comparada do desenvolvimento da imprensa entre as colónias e avançam-se proposições sobre as dinâmicas da imprensa a respeito de cada um dos períodos de estudo.

Em 17 de março de 1889, o n.º 1 do *Arauto Africano*, publicado em Luanda, assumia que «O Arauto Africano não é um jornal que se

---

([7]) A autora esteve em Moçambique em 2011, em São Tomé e Príncipe em 2012, e em Angola em 2013.

limite tão somente à luta, entrará nela quando for necessário. O seu fim principal é o de advogar perante os altos poderes os interesses comuns de todos, quer africanos quer europeus.» Durante a República, em 29 de setembro de 1923, em São Tomé e Príncipe, saía o n.º 1 de *A Colónia*, que se comprometia a «espalhar entre todos as ideias que precisam agitar-se, lançar opiniões que carecem ser expostas [...] vimos tratar dos interesses gerais da colónia [...] Vamos escrever por amor da Colónia, por amor do País.» Na Guiné, em maio de 1943, circulou o n.º 1 de o *Arauto*, o qual afirmou, «dilatando a fé, é nosso desejo, concomitantemente, dilatar o império também, interessando-nos por tudo o que diga respeito ao desenvolvimento e progresso desta colónia, ateando nas almas a chama sagrada do amor de Deus e da Pátria, em abraço mútuo». Tais declarações são apenas uma amostra dos papéis que a imprensa e o jornalismo se atribuíram ao longo do período colonial. Em diferentes regimes políticos, nas distintas colónias, e em jornais relacionados com diversos grupos sociais, a imprensa assumiu um carácter político, os jornalistas atuaram como advogados das suas causas e a situação colonial impôs-se como temática central.

O perfil político da imprensa; o desempenho de papéis jornalísticos típicos de regimes liberais ou autoritários, acompanhando os regimes políticos; a atividade jornalística articulada com a militância política; a imprensa a traduzir as tendências das forças políticas e sociais; e uma forte intervenção do Estado sobre os meios impressos são algumas das características da imprensa na África Portuguesa no período estudado. A situação colonial foi decisiva nas dinâmicas do jornalismo, e a imprensa foi determinante na propagação e na defesa da ideologia, das políticas e das práticas do império. Estas são algumas das proposições desta tese, as quais são amplamente discutidas ao longo do estudo, detalhadas e sumarizadas nas conclusões.

# O Império Colonial e a Imprensa em África

A problemática desta investigação — analisar as dinâmicas da imprensa na África Portuguesa ao longo do período colonial, de modo a produzir-se uma síntese dos papéis desempenhados pelo jornalismo e das características do sistema de imprensa no seu contexto sociopolítico e na sua relação com o império e o colonialismo português — impõe o debate sobre o império, exige uma reflexão sobre o colonialismo e requer a compreensão da «modernidade» enquanto processo que emanou da Europa e que interagiu com os impérios coloniais em África nos séculos XIX e XX. Noutra vertente, o estudo requer a apreciação das teorias da comunicação, nomeadamente das perspetivas relacionadas com os sistemas de imprensa e o jornalismo, quer em contextos liberais quer em cenários autoritários.

Também imprescindível é compor o cenário do qual o imperialismo colonial europeu emergiu e no qual atuou. Na mesma senda, é imperativo delinear o das redes de comunicação em África e o desembarque da imprensa em sociedades de tradição oral.

## O imperialismo colonial em África no contexto da modernidade

«Empires are relationships of political control imposed by some political societies over the effective sovereignty of other political societies» e «Imperialism is the process of establishing and maintaining an empire», define Doyle (1986, 19). Na ótica do autor, forças e instituições económicas, militares, políticas, sociais e culturais guiam e modelam o imperialismo, conectando metrópoles e periferias e efetivando o domínio. O controlo imperial envolve processos, rendimentos e resultados definidos pela metrópole e executados através das burocracias imperiais, as quais estabelecem e orientam a política interna e externa, as relações económicas e as políticas sociais dos territórios ocupados (Doyle, 1986, 19–47). Com ponto de vista semelhante, Porter (2011, 94 e 106) entende o imperialismo como o «conjunto de processos que determinaram o nascimento e o desenvolvimento de impérios», formais ou informais, e define-o enquanto «a aquisição por diversos meios de uma influência predominante ou de controlo directo sobre o desenvolvimento político e/ou económico de povos ou Estados mais fracos e tecnologicamente menos avançados».

Na análise de Cooper (2005), o império é uma ampla unidade política expansionista que reproduz diferenças e desigualdades entre os povos que incorpora, sendo que a extensão na qual as diferenças são institucionalizadas é decisiva na sua constituição. Os impérios são sistemas espaciais, enfatizam diferença e hierarquia, mas também constituem uma unidade política com potencial para um discurso moral. Para o autor, o principal significado da «colonização» envolve a incorporação coerciva dos povos num Estado expansionista e distintivo. Já a ideia de «colonialismo» dá relevância política ao problema, servindo para legitimar governos coloniais ou para os acusar pela sua ação. Na ótica do historiador, o imperialismo europeu a partir do século XVIII reforçou o seu perfil colonial através da diferenciação dos direitos de cidadania entre os povos da metrópole e os demais, tornando a subordinação num «estatuto» específico (Cooper, 2005, 27–32).

No âmbito dos estudos da cultura imperial, Curto sugere que a agenda de investigação da história imperial e colonial dos Portugueses deve incluir a perspetiva dos agentes imperiais, na qual se modelam os impérios nos seus aspetos ideológicos, económicos, militares e biológicos (Curto, 2009, 331).

Na esfera dos estudos pós-coloniais, imperialismo e colonialismo envolvem formas diversas de subjugação de sociedades por povos estrangeiros. Nesta linha de reflexão, o «império», desenvolvido por razões ideológicas e económicas, é controlado burocraticamente por um governo central, uma estrutura que pode ser designada «imperialismo» ([8]). Enquanto o imperialismo é guiado pela ideologia metropolitana e tem como propósito central a afirmação e a expansão do poder do Estado, o colonialismo é fundamentalmente uma «prática», a qual opera como uma atividade periférica motivada por fins económicos. A singularidade das práticas coloniais, que implicam estruturas de dominação, não é ofuscada pela diversidade da organização colonial, que, na crítica pós-colonial, tem como formas básicas colónias de povoação ou de exploração económica. Assim, o resultado comum da colonização — além das diferenças históricas, geográficas ou administrativas do colonialismo — é a fragmentação das sociedades colonizadas. No «mundo moderno» dos séculos XIX e XX, a colonização europeia significou a ocupação dos territórios, a apropriação dos seus recursos materiais, a exploração da mão de obra e a interferência nas estruturas políticas e culturais de outros territórios, enquanto o imperialismo representou um «sistema global».

O problema da modernidade e da modernização atravessa os estudos do colonialismo, no entanto, Cooper (2005, 116) nota que: «The colonial question is not the modernity question, even if issues of modernity arise within colonial history.»

---

([8]) Acompanhando Alexandre, «há pontos de encontro possíveis» entre a história e a corrente pós-colonial. Neste sentido, as definições de império, imperialismo e colonialismo desta corrente, aqui apresentadas, são vistas como complementares às demais, e visam aprofundar a discussão de conceitos no âmbito desta tese. V. Alexandre, «A História e os estudos pós-coloniais», *in Itinerários: A investigação nos 25 anos do ICS*, org. M. V. Cabral, K. Wall, S. Aboim e F. C. da Silva (Lisboa: Imprensa de Ciências Sociais, 2008), 705–706.

Em *Empire* (2000), Hardt e Negri discutem a modernidade enquanto processo e adotam uma aproximação interdisciplinar que conjuga aspetos filosóficos e históricos, culturais e económicos, políticos e antropológicos. A estratégia permitiu que os autores superassem o problema de conteúdo, porque enquadraram e introduziram a modernidade e os seus elementos constituintes no contexto da expansão europeia e do colonialismo, tornando a modernidade num fator imprescindível para se compreender o projeto colonial europeu nos séculos XIX e XX, perspetiva que esta investigação acompanha. Os conflitos da modernidade, na qual a Renascença caracteriza a reação pelas forças que desejavam restaurar a ordem e o poder transcendente, coincidiram com a expansão marítima, possibilitando que a Europa descobrisse «novos mundos» e o «outro». Neste cenário, a modernidade precisava de controlar as novas forças sociais produzidas na Europa e nos espaços coloniais, pois manter a ordem e os lucros impunha-se como prioridade moderna. A vitória política da burguesia, consagrada pelas revoluções inglesa e francesa, afirmou o conceito moderno de soberania (a qual tem como «conteúdo» o desenvolvimento capitalista e a afirmação do mercado como elemento fundador da reprodução social) através da soberania nacional, na qual a nação se tornou na condição de toda a ação e vida social. A afirmação da nação e da modernidade deu-se enquanto a Europa aumentava o seu controlo noutras partes do mundo, e o «racismo colonial» foi decisivo porque a construção da identidade dos povos europeus aconteceu em oposição aos nativos, ao «outro» (Hardt e Negri, 2000, 71–83).

Estudar o colonialismo em África reclama inserir o problema colonial na «narrativa da modernidade», aponta Táíwò (2010). O autor defende que o colonialismo em África nos séculos XIX e XX emanou da modernidade europeia, que esta contribuiu para introduzir o continente africano à modernidade, bem como subverteu os processos de modernização africanos pré-coloniais. O académico define a colonização de África, resultado da modernização e da expansão política europeias, como de exploração, processo no qual se destacou a separação física, étnica e sociológica entre a metrópole e os territórios africanos. Em suma, assinala que o colonialismo em África se caracterizou por exclusões que implicaram o isolamento do continente da «marcha do progresso» rumo à modernidade (Táíwò, 2010, 40).

## O império colonial europeu nos séculos XIX e XX

Os modernos impérios europeus dos séculos XIX e XX tiveram origem nos «antigos impérios», e devem ser compreendidos com referência a estes, constituídos por vastas redes comerciais, políticas e militares instaladas em pontos estratégicos de África, da Ásia e da América ([9]). Tais redes imperiais eram simultaneamente «espaços morais», unidades nas quais se propagavam comportamentos políticos e crenças religiosas. A estrutura dos velhos impérios foi modelada à medida que estes se desenvolviam, influenciados pelas estruturas e objetivos dos Estados europeus. Entre os processos decisivos na reconfiguração dos velhos impérios, incluem-se as revoluções americanas (Estados Unidos, Haiti, Brasil), as guerras napoleónicas e os movimentos antiescravistas (Cooper, 2005, 163–165).

O projeto colonial inseriu-se nas estratégias europeias para superar a crise da modernidade — com as colónias em oposição à modernidade que emanava da Europa —, estabelecendo as estruturas raciais, políticas e económicas do espaço europeu sobre os territórios além-mar. Nesta conjuntura, o tráfico de escravos e a escravidão não se enquadraram numa lógica de transição para o capitalismo, mas foram um suporte relativamente estável, até meados do século XIX, na viabilização do projeto colonial. Com a reconfiguração dos impérios, que ganhou saliência na disputa de territórios africanos pelas nações europeias a partir de 1870, deu-se por encerrado o imperialismo de

([9]) Sobre os «antigos» impérios de Portugal, sugere-se os trabalhos de referência de V. M. Godinho, *A Expansão Quatrocentista Portuguesa* (Lisboa: Publicações Dom Quixote, 2008 [1962]); e C. R. Boxer, *O Império Colonial Português (1415–1825)* (Lisboa: Edições 70, 1981 [1969]).

livre-comércio em regiões periféricas e ocorreu uma viragem ideológica que reposicionou os Estados europeus em relação ao seu papel no propalado «progresso humano», o que por sua vez justificou a conquista e a ocupação de novos territórios em África. A Europa de 1870 compunha-se de Estados imperiais, os «velhos» impérios, que se reconfiguravam, e os «novos», em processo de criação. Em termos económicos, a civilização e a modernização significavam «capitalização», o que exigiu incorporação de territórios, formas sociais, culturas e processos produtivos no ciclo de expansão da produção capitalista.

A «Era do Império» (Hobsbawm, 1987), situada entre 1870 e 1914, abrange a última etapa do «longo século XIX», marcado pelo «triunfo» e transformação do capitalismo na sua versão liberal burguesa. Entre as suas características, uma certa «globalidade», já que a maior parte do mundo era conhecida, e que a navegação, o caminho de ferro e o telégrafo aceleravam as conexões entre as diversas partes do planeta. Porém, tal não implicava um «mundo único», vista a sua divisão entre sectores «desenvolvidos» e «retardatários», «dominantes» e «dependentes», «ricos» e «pobres», nos quais se polarizavam a Europa e a América do Norte em contraste com a África, América Latina e Ásia. Não obstante tal divisão, Hobsbawm assinala as assimetrias no interior destes mundos, a exemplo de Portugal — país «relativamente atrasado», que, no entanto, estava entre os Estados soberanos e era um império colonial. O modelo político em 1880 era o do Estado-nação liberal-constitucional, embora esta designação incluísse um número reduzido de países e na maior parte do mundo não ocidental a organização sociopolítica fosse muito distinta, a exemplo dos «Estados» africanos pré-coloniais. Progresso e raça foram as clivagens que contrapuseram a Europa, desenvolvida, às regiões atrasadas, e que serviram de suporte ideológico ao imperialismo colonial europeu (Hobsbawm, 1987, 25–49).

A ampliação da base geográfica da economia; o crescente pluralismo económico — embora as nações ditas «desenvolvidas» dependessem dos serviços financeiros, comerciais e de navegação da Grã-Bretanha, bem como dos seus investimentos em infraestruturas —; a revolução tecnológica; a transformação na estrutura e no *modus operandi* da empresa capitalista (com a concentração do capital e o fim do mercado livre, entre outros); a transformação do mercado de bens de consumo; o crescimento do mercado, público e privado; e a convergência crescente entre a política e a economia foram as características centrais dos processos económicos globais ao longo da Era do Império (Hobsbawm, 1987, 70–74).

A expectativa de ganho económico, o prestígio, a estratégia, a vantagem diplomática e a «manipulação social do imperialismo» foram as principais categorias identificadas por Sanderson (1985, 116) para a disputa e partilha de África. No entanto, o autor nota que tal não teria acontecido se o império informal da Grã-Bretanha não estivesse ameaçado por outras nações europeias, em especial a França e a Alemanha. Hobsbawm (1987, 77–98) valoriza os fatores económicos na partilha de África, embora destaque as conexões destes aos aspetos políticos, ideológicos, patrióticos, raciais e «emocionais». A procura por matérias-primas, das quais dependia o desenvolvimento tecnológico da Europa, o crescimento do consumo nos países metropolitanos e a busca por novos mercados foram alavancas para o novo imperialismo, tendo transformado as regiões sob jugo colonial em zonas especializadas em produtos primários que eram reexportados para a Europa. A «função» das colónias era complementar às indústrias metropolitanas, que não queriam concorrência e, em conjunto com os governos europeus, impuseram políticas económicas protecionistas para salvaguardar os seus interesses. O imperialismo colonial também serviu para estimular os povos europeus a identificarem-se com a nação imperial, conferindo legitimidade aos sistemas sociais e políticos da Europa. Não menos importante, a ideia da superioridade europeia (e branca) e a atividade missionária, fatores que reforçavam e traduziam as práticas dos novos impérios coloniais.

A sujeição de África ao colonialismo europeu era quase completa em 1905, e até 1940 destacaram-se na ação imperial os seguintes aspetos: a redistribuição do poder, como consequência das mudanças no cenário europeu, embora tal não tenha significado alterações políticas na governação colonial; e as alterações económicas e sociais, com saliência nos investimentos de larga escala, a exemplo da construção de infraestruturas, e na regularização dos impostos sobre a população africana. O fim das concessões às companhias privadas que administravam os territórios coloniais foi outra mudança importante neste período, com os governos coloniais a reforçarem a administração local, especialmente através da regulação da produção (via controlo do trabalho e do mercado) e da prevenção da competição africana com os colonos brancos. As metrópoles reforçavam o protecionismo económico, privilegiando as relações diretas entre as capitais europeias e os respetivos territórios coloniais. A resistência à ocupação e ao domínio europeu manteve-se nas distintas regiões do continente africano nesta fase, na qual se assinala ainda o crescimento das zonas urbanas. No princípio do século XX, os principais dilemas do empreendimento colonial europeu em África referiam-se ao tipo de governação que deveria ser aplicado no continente; ao grau de intervenção das metrópoles; à possibilidade de convergência dos interesses dos governos, dos empreendimentos capitalistas e das missões religiosas; ao deficiente conhecimento europeu sobre África e, em simultâneo, à necessidade de incrementar o conhecimento dos africanos sobre as técnicas europeias; e ao problema do lugar e da participação dos africanos na ordem colonial (Roberts, 1986a, 1–23). O conhecimento europeu sobre o continente permaneceu rudimentar nesta época, e os relatórios dos governos, de militares e administradores, os relatos das expedições científicas privadas e os documentos das missões religiosas eram as principais fontes de informação.

A Primeira Guerra Mundial provocou importantes alterações na forma como os impérios coloniais se relacionavam com África. Se o continente africano cedeu homens e ajudou a pagar os custos da guerra, também aumentou a sua pressão contra a governação europeia, com o reforço das ideias e movimentos nacionalistas. A Conferência de Paris decidiu que os territórios governados pelas nações que perderam a guerra passassem a ser administrados pelos países vencedores através de mandatos da Sociedade das Nações. Determinava-se o fim da escravidão e do trabalho forçado, mantinha-se as atividades das missões cristãs, assegurava-se as relações comerciais entre os membros da organização, proibia-se concessões a monopólios privados e, por fim, orientava-se a promoção do bem-estar material, moral e social dos povos africanos. Entretanto, a exigência de descentralização política e administrativa pelos colonos europeus recrudesceu nesta fase, inclusive com a conquista do autogoverno pela Rodésia do Sul, em 1923. A administração indireta dos territórios consolidou-se no pós-Guerra, o que implicou o reforço do tribalismo no continente e limitou a hipótese da participação e da autonomia africanas na governação. A administração indireta exigiu não só a colaboração da população africana como a sua formação, ainda que rudimentar, o que resultou no reforço das parcerias entre governos e missões religiosas e em investimentos públicos num sistema de ensino. No período entre guerras, ampliou-se o conhecimento sobre África nas áreas da antropologia, da etnografia, da história, dos estudos da linguagem e das instituições africanas (Roberts, 1986b, 41–62).

No estalar da Segunda Guerra Mundial, em 1940, apenas três países eram nominalmente independentes em África: a Libéria, com forte dependência dos Estados Unidos; o Egito, limitado pelos britânicos no exercício da sua soberania; e a União Sul-Africana, com um regime de minoria branca. A «pacificação» do continente tinha sido estabelecida na década de 1930, e eram escassas as manifestações e os conflitos dos grupos coloniais com o poder imperial.

Diferente da Primeira Guerra, a Segunda não provocou alterações no mapa colonial. Porém, a Organização das Nações Unidas (sucessora da Sociedade das Nações) obteve o poder de visitar os territórios coloniais sob o seu mandato e obrigou os poderes administrativos a atuarem no sentido da «progressiva independência» dos territórios, ainda que não tenham sido estabelecidos prazos. O reforço dos Estados Unidos e da União Soviética no cenário internacional no pós-conflito e a sua oposição ao colonialismo, embora por razões distintas, também exerceram pressão sobre as nações europeias. Os impérios deixavam de ser uma razão de orgulho e tornavam-se num embaraço que necessitava de justificativas constantes. Portugal e Espanha foram os únicos Estados imperiais que saíram da Segunda Guerra razoavelmente incólumes, sem perspetiva de alteração das suas políticas coloniais. Inclusive, os países ibéricos beneficiaram da guerra, visto que as suas colónias atenderam à procura de matérias-primas da Europa, promovendo algum desenvolvimento económico (Crowder, 1984, 20–29).

A Segunda Guerra Mundial acabou por estimular o nacionalismo africano, uma vez que expôs as suas lideranças a influências diversas das que até então tinham penetrado nos espaços coloniais, além de ter criado uma nova situação social e económica, o que favoreceu a radicalização dos programas nacionalistas. O regresso dos soldados africanos ao continente contribuiu para a disseminação dos ideais nacionalistas e o recrutamento de apoiantes para os movimentos independentistas nas cidades. A estes juntaram-se os trabalhadores rurais, que fugiam do trabalho forçado — o qual tinha sido reforçado durante a guerra para atender à procura de matérias-primas. Com a guerra iniciou-se a industrialização do continente, visto que as metrópoles autorizaram a instalação de indústrias nos territórios, de modo a suprir a Europa de produtos que tinham deixado de ser fabricados no contexto da guerra. Tal processo ativou a formação de uma classe trabalhadora africana, a qual também apoiou os movimentos e partidos nacionalistas.

O contexto internacional do pós-Guerra conjugado com a nova conjuntura nas colónias africanas levou os impérios (a França, a Grã-Bretanha e a Bélgica) a introduzirem reformas políticas e económicas na sua política colonial. Porém, tais alterações não vislumbravam a independência dos territórios, a igualdade entre Europeus e Africanos, ou a autonomia política e financeira das colónias. No final dos anos de 1940, Portugal não tinha introduzido alterações significativas na sua política colonial, embora nas décadas seguintes viesse a adotar estratégias semelhantes às aplicadas pela França e Grã-Bretanha, na tentativa de manter o seu império.

Por fim, a Segunda Guerra Mundial foi o ponto de viragem, com as potências imperiais europeias a procurarem revitalizar África, tornando a ideia de desenvolvimento num mecanismo de proclamar a legitimidade do colonialismo. O falhanço na realização de tal projeto explica-se pelas mudanças na natureza do capitalismo no pós-Guerra, pela incapacidade dos governos coloniais em dar sustentabilidade aos projetos nas colónias africanas e pelos movimentos anticoloniais. Na análise de Cooper, nos casos britânico e francês, os regimes coloniais caíram pelas ameaças de revolução e pela escalada da exigência de direitos iguais pelos povos colonizados. Tais impérios, em meados da década de 1950, teriam concluído que os lucros potenciais das colónias eram incertos em relação ao custo de atender às reivindicações políticas e económicas das populações colonizadas. Daí a opção, no caso da África Subsariana, pela transição do poder para as elites locais, na expectativa de que relações pós-coloniais fossem mais positivas do que a conflituosa experiência colonial (Cooper, 2005, 187–188).

Como se verá nos próximos capítulos, as dinâmicas do imperialismo europeu, as suas políticas e resultados na África no século XX, irão afetar o império colonial português. O ano de 1961 marcou o início da Guerra de Libertação em Angola, à qual se seguiu o início dos conflitos na Guiné, em 1963, e em Moçambique, em 1964. O regime autoritário português resistiu e promoveu a Guerra Colonial, que se estendeu a abril de 1974, quando o movimento revolucionário do 25 de Abril iniciou as negociações para as independências.

## A imprensa e a emergência do jornalismo em África

Em 1953, o relatório *Freedom of Information* (López, 1953, 20), da Organização das Nações Unidas, colocava Portugal entre os países que

> *have permitted authoritarian methods to be used in silencing criticism. Such methods may include not only arbitrary and dictatorial*

*measures but action taken under legislation which, while ostensibly aimed at the correction of abuse or the preservation of «public order», can and does serve the purpose of stifling criticism and opposition.*

O clássico *Four Theories of the Press* (Siebert *et al.*, 1963) referiu o documento e sublinhou a «inequívoca posição autoritária» do sistema de imprensa português. Clássico dos cursos de Jornalismo e referência teórica para se pensar os sistemas de imprensa contemporâneos, *Four Theories* assinala que o modelo autoritário de imprensa dos séculos XVI e XVII — no qual os governantes usavam a imprensa para disseminar as suas ideias e políticas e como um instrumento de apoio à sua governação — tinha continuidade no século XX, com os regimes autoritários contemporâneos a servirem-se da imprensa para alcançar os seus objetivos políticos e económicos. Para atingir as suas metas, os governos manipulavam a imprensa de modo «negativo», através do controlo da informação que poderia interferir com os objetivos da nação, ou de modo «positivo», buscando suporte público através do jornalismo para atingir os seus propósitos. Entre as medidas «negativas» aplicadas por tais regimes, as restrições legais, a exemplo do sistema de licenciamento, do estabelecimento de multas e taxas, da censura e da perseguição aos profissionais e aos títulos de imprensa. A publicação de jornais oficiais (de propriedade dos governos), os subsídios à imprensa privada e jornalistas a figurarem nas listas de pagamento do sector público estavam entre medidas «positivas» dos governos em relação aos meios de comunicação. Quanto aos conteúdos, cabia à imprensa nos regimes autoritários evitar qualquer crítica. A tarefa do jornalismo era informar sobre as diretrizes dos governos e dar apoio à sua agenda de realizações (Siebert *et al.*,1963 , 9–37).

A instrumentalização dos meios de comunicação pelo partido e Estado; a integração da imprensa enquanto instrumento de poder do Estado e de influência do partido; a imprensa como instrumento de unidade dentro do Estado e do partido; e a imprensa enquanto instrumento de propaganda e agitação são os pressupostos do modelo de imprensa comunista-soviética desenvolvido por Siebert *et al.* (1963, 106–146). Neste modelo, a imprensa atuava como um megafone, reproduzindo as diretrizes do regime. Todavia, não bastava informar, cabia aos meios de comunicação soviéticos organizar e agitar as massas populares em torno dos ideais do partido e dos objetivos do Estado, promovendo a unidade da nação.

No âmbito dos estudos dos sistemas de *media*, outro trabalho de destaque é *De-Westernizing Media Studies* (Curran e Park, 2000), o qual teve como objetivo contribuir para a compreensão e desenvolvimento teórico dos *media*, de modo a incluir a experiência dos países que estão fora da órbita anglo-saxónica, a partir da crítica de que os instrumentos de análise e as teorias, desde a década de 1950 e de *Four Theories*, adotavam uma perspetiva «ocidental» de reflexão e análise. O conjunto de estudos abordou o processo de globalização dos meios de comunicação partindo do pressuposto de que os sistemas de *media* são um complexo comunicativo que espelha as relações sociais, estas modeladas em contextos nacionais. Neste âmbito, a obra propôs-se investigar como os *media* se relacionam com a estrutura de poder social; identificar os fatores que influenciam os meios de comunicação e observar onde se situa o controlo sobre eles; refletir sobre como os *media* afetam a sociedade e quais os efeitos da globalização nesses meios e na sociedade.

*Democracy and the Media* (Gunther e Mughan, 2000) foi outra contribuição importante para o estudo dos sistemas de *media*, visto que apresentou uma coleção de estudos de caso comparados sobre os meios de comunicação em regimes democráticos, autoritários e em transição. A cultura política, a estrutura social, as instituições de governo e de *media*, as normas que orientam as relações entre os jornalistas e a política, as práticas regulatórias e o nível de desenvolvimento tecnológico da comunicação são as dimensões decisivas na formatação dos sistemas de *media*, quer em regimes liberais ou autoritários, concluíram Gunther e Mughan. A ausência de diferenças qualitativas nos processos de comunicação política dos regimes autoritários e totalitários, e suas variações, é outra das conclusões destacadas pela obra. Em tais regimes, as elites dirigentes controlam o fluxo de informação política; as agências do Estado sobrevalorizam os meios impressos, estimulando a autocensura e impondo diretivas sobre os conteúdos informativos; o licenciamento dos meios de comunicação e dos profissionais também está sujeito ao controlo do Estado (Gunther e Mughan, 2000, 402–412).

*Comparing Media Systems* (Hallin e Mancini, 2004) revigorou os estudos dos sistemas de *media*. Compreender o desenvolvimento destes sistemas, os papéis que eles desempenham no contexto sociopolítico e económico e o padrão das suas relações com outras instituições sociais foram os objetivos centrais do trabalho. Os autores argumentam não ser possível compreender os meios de comunicação sem entender a natureza do Estado, do sistema político, do padrão das relações entre os interesses políticos e económicos e do desenvolvimento da sociedade civil. A sua investigação envolveu 18 «democracias consolidadas» com similaridades históricas, culturais e institucionais, e baseou-se em fontes secundárias publicadas (além de incluir alguma investigação empírica própria), o que resultou numa síntese teórica sobre as relações entre os *media* e os regimes políticos (Hallin e Mancini, 2004, 1–17).

Para ultrapassar os obstáculos e as limitações de estudos anteriores, os autores definiram quatro dimensões de análise dos sistemas de *media*: 1) o desenvolvimento do mercado, com ênfase na circulação da imprensa; 2) o paralelismo político, ou seja, a natureza e o grau das relações entre os meios de comunicação e a política e a forma como os *media* traduzem (refletem) as divisões políticas no interior de uma sociedade; 3) o desenvolvimento do profissionalismo jornalístico; e 4) a natureza e o grau da intervenção do Estado no sistema de *media* (Hallin e Mancini, 2004, 21–45). Para observar o contexto histórico, político e cultural em que os meios de comunicação estão inseridos, a investigação identificou as seguintes categorias: aspetos económicos, com foco na concentração de capital; o papel do Estado na sociedade; a caracterização do regime político; o papel dos grupos de interesse nos processos políticos; o modelo de autoridade racional-legal; o modelo de pluralismo e as raízes históricas das instituições políticas das nações (Hallin e Mancini, 2004, 46–65).

Sublinhe-se que os académicos adotaram uma análise de médio prazo, tendo como ponto de partida a emergência da imprensa (em geral no século XIX) e chegando ao período contemporâneo. A análise comparada levou os académicos a desenvolverem três tipos-ideais que sumarizam as características dos sistemas de *media* no momento atual em 18 democracias da Europa e da América do Norte. São eles: o liberal, o democrático corporativo e o pluralista polarizado. O sistema de *media* português foi classificado no modelo pluralista polarizado, o qual tem como principais características: forte paralelismo entre os *media* e o mundo político, com as forças sociais a procurarem consolidar-se através dos meios de comunicação e utilizando-os como espaço de negociação política; circulação da imprensa relativamente baixa e imprensa comercial pouco desenvolvida; fraco profissionalismo jornalístico, com as lealdades políticas a sobreporem-se às normas éticas e deontológicas e às instituições; instrumentalização dos *media* pelo Estado e partidos, entre outras instituições e organizações sociais, sendo relativamente comum; e Estado com forte intervenção nos *media*, muitas vezes através de práticas clientelistas (Hallin e Mancini, 2004, 138–139). Reconhecendo a aplicabilidade das dimensões de análise dos sistemas de imprensa em contextos não ocidentais e não contemporâneos, esta investigação aplicou tais dimensões no estudo da imprensa na África Portuguesa.

Situar a atividade jornalística no contexto da modernidade — inserida em transformações sociais, políticas, económicas, culturais e tecnológicas — é fundamental neste trabalho. A emergência do jornalismo e da atividade jornalística traduz o aumento da complexidade das instituições e organizações sociais modernas, incluindo o processo de divisão e especialização do trabalho e do conhecimento técnico. O surgimento de associações e sindicatos de jornalistas e de imprensa em meados do século XIX, na Europa e nos Estados Unidos, assinala os primeiros passos no sentido da profissionalização. Outro fator significativo no desenvolvimento dos ideais de profissionalização e das práticas jornalísticas foi a criação dos primeiros cursos universitários de Jornalismo nos Estados Unidos no princípio do século XX. Entretanto, será ao longo da primeira metade do século XX que o conceito de profissionalismo jornalístico irá desenvolver-se e afirmar-se, baseado sobretudo em conceitos liberais e nas práticas jornalísticas anglo-saxónicas. No jornalismo, o «profissionalismo» é uma categoria conceptual sociológica, um ideal normativo e uma narrativa que revela como o jornalismo interage com as forças económicas, políticas, sociais e culturais que modelam os sistemas de *media*. O conceito de «autonomia» define-se pelo culminar do processo moderno de diferenciação e separação institucional, o qual é necessário para que as instituições sirvam o interesse público preservando a racionalidade que separa os profissionais jornalistas dos governos e dos mercados, entre outras instituições sociais (Waisbord, 2013).

A fraca diferenciação entre os sistemas de imprensa (*media*) e o jornalismo, e a pouca atenção dada ao desempenho e aos conteúdos jornalísticos na sua relação com o sistema de imprensa e na sua interação com o contexto sociopolítico são frequentes nos estudos dos *media*. Acerca do primeiro ponto, assume-se que os sistemas de imprensa são uma macroestrutura, que envolve as distintas dimensões e relações sintetizadas pelos estudos dos *media* acima discutidos. Uma análise refinada do problema encontra-se na contribuição de Garcia (2009), a qual assinala o desenvolvimento dos meios de informação de massas como produto da sociedade industrial do século XIX. A industrialização da imprensa e penetração do capitalismo no sector afetaram o jornalismo, uma vez que este passou a privilegiar a informação factual em detrimento do comentário crítico, o qual dava ao jornalismo e à atividade jornalística o estatuto de intervenção social e ação política. Foi neste processo que a diferenciação entre a imprensa (agora entendida como um meio de comunicação de massa) e o jornalismo se reforçou, com os *media* a representar a «colonização» da sociedade.

Neste cenário, embora o jornalismo continue a expressar-se sobretudo através da imprensa e dos *media*, há um processo de diferenciação no qual o jornalismo e a atividade jornalística, ainda que permeados pelos processos de industrialização, continuam a constituir um conjunto de procedimentos que culminam na produção e na disseminação de informação e conhecimento (nas suas distintas temáticas e géneros). Apesar do plano de «insignificância» para o qual os *media* relegam o jornalismo, este continua a constituir-se (não só no sentido normativo) como o principal responsável por promover a conversação no mundo contemporâneo. Conversação que, por meio da imprensa e dos jornais, fortalece o diálogo público, tornando-se uniforme no espaço e diversificando-se no tempo, como sublinhou Tarde (1969 [1898], 297–318). Na análise de Meditsch (2002, 18), o jornalismo «produz e reproduz conhecimento, não apenas de forma válida mas também útil para as sociedades e os seus indivíduos», e a forma de conhecimento produzida pelo jornalismo é «condicionada histórica e culturalmente por seu contexto». A necessidade de informação e conhecimento nos núcleos urbanos da Europa no século XVIII, bem como o desenvolvimento da ciência e da produção de conhecimento impulsionado pela modernidade, foi o fator decisivo na emergência da imprensa periódica, e deu origem à atividade jornalística e ao jornalismo em si, sendo que a necessidade de informação se articulava com as exigências de organização social, política e económica das sociedades.

*Normative Theories of the Media: Journalism in Democratic Societies* (Christians *et al.*, 2009) é o trabalho mais recente e apurado no tratamento do problema dos papéis jornalísticos em sociedades democráticas. A obra considerou que as teorias do jornalismo continuam insuficientes e inadequadas para descrever ou explicar os papéis e as «tarefas» dos meios de comunicação e afirmou a necessidade de teorias normativas enquanto «mapas cognitivos». Partindo da premissa de que existem dois tipos de teoria da imprensa, as que prescrevem as suas tarefas normativas e as que descrevem o papel factual desempenhado pelos *media* na sociedade, os autores definiram as teorias normativas do jornalismo: «Normative theories, in our view, attempts to explain why a certain organization of public discourse leads to better collective decisions and eventually to an improved quality of life» (Christians *et al.*, 2009, ix). Daí que o objetivo do estudo tenha sido refletir sobre a comunicação pública com uma abordagem normativa, incluindo para tal questões como a ética profissional, as orientações da indústria, as políticas nacionais e a filosofia moral.

Os papéis jornalísticos monitor, facilitador, radical e colaborador foram as quatro formulações de *Normative Theories* para discutir o desempenho sociopolítico dos *media* em sociedades democráticas. Sobre o papel monitor:

> *The natural first role is that of vigilante informer, which applies mainly to collecting and publishing information of interest to audience... The term «monitorial» includes the notion of providing advance intelligence, advice, warning, and everything of general utility for information seekers.*

Em relação ao papel facilitador:

> *The media provide access for legitimate claimants to public attention and for paying clients. But they also make a virtue of the facilitative relationship, provided that it is voluntary and does not compromise their integrity, credibility, or independence.*

No papel radical, «The media enact this role when they provide a platform for views and voices that are critical of authority and the established order. They give support for drastic change and reform.» E sobre o papel colaborador: «Colaboration refers specifically to the relationship between the media and sources of political and economic power, primarily the state and its agencies» (Christians *et al.*, 2009, 30–31).

O exercício de tais papéis jornalísticos está condicionado por variados fatores, entre os quais se destacam três dimensões: comunidade, poder, e legitimação e responsabilização. Inclui também clivagens sociais nos campos ideológico, religioso, étnico, de classe ou de identidades regionais. No que se refere ao poder, este tem dois significados, incluindo a influência do jornalismo na circulação de informação e opinião e o facto de o jornalismo ser afetado pelas forças sociais, a exemplo dos governos e dos interesses económicos. A qualidade do que é publicado e as suas possíveis consequências dizem respeito à legitimação, enquanto a responsabilização se refere à disponibilidade do jornalismo para responder pelos seus conteúdos e pelas consequências destes para a sociedade como um todo (Christians *et al.*, 2009, 127–133). Por fim, embora haja relação entre os papéis desempenhados pelo jornalismo e os modelos de democracia, num mesmo cenário sociopolítico podem ser observados papéis distintos, estes não são mutuamente excludentes nem estão em competição.

## As redes de comunicação e a imprensa em África

Ao longo do século XIX, o Império Britânico controlou as grandes vias de navegação e o sistema de transporte entre os espaços coloniais e as metrópoles europeias. As ligações internacionais através dos caminhos de ferro expandiram-se com as estratégias coloniais a partir do último quartel do século XIX. A missão das redes era ligar os centros administrativos à costa e aos centros produtores do Interior, bem como tornar acessíveis territórios que exigiam controlo e colonização. Entretanto, foi por meio dos cabos submarinos que se implantou uma rede de comunicação intercontinental entre 1851 e 1902. Controlada por companhias privadas britânicas, o primeiro cabo atravessou o canal da Mancha e o último conectou territórios na zona do Pacífico. O primeiro cabo a unir Europa e África ligou Portugal a Cabo Verde, mas tinha como fim alcançar a América do Sul através do Brasil. Com o cabo submarino acelerou-se a difusão de informação internacional através das agências noticiosas internacionais. A Havas (francesa), a Wolff (alemã) e a Reuters (britânica) partilharam o mercado mundial de informação por intermédio de um acordo público em 1870, no qual a Reuters se orientou para os espaços coloniais e priorizou os conteúdos comerciais e financeiros. Com o imperialismo, a comunicação tornava-se num agente colonial (Mattelart, 1991, 13–38; 1994, 205–222).

A circulação de capitais além do continente europeu, o surgimento de corporações multinacionais e de instituições financeiras, a emergência de novas tecnologias de comunicação e o advento da modernidade em novas regiões (América do Sul e Ásia, nomeadamente) foram os fatores que levaram Winseck e Pike (2007) a considerar o ano de 1860 o ponto de partida na construção das redes globais de comunicação. A conexão do continente africano à rede deu-se entre 1879 e 1887, e três fatores foram decisivos para tal: o ressurgimento dos subsídios britânicos e europeus às companhias privadas de telecomunicações; o crescimento da exploração de ouro e diamantes na costa oriental; e o «modelo de colaboração imperial» definido pela Conferência de Berlim, em 1884–85 (Winseck e Pike, 2007, 103–104). O primeiro cabo a ser implantado, entre 1880 e 1882, teve origem na ligação indo-europeia, e desceu a costa noroeste de África, conectando o Quénia, Tanganica, Moçambique e África do Sul. Em 1883, a costa atlântica de África foi ligada ao Brasil a partir do cabo submarino que passava pelo Senegal (com origem na Europa e que tinha chegado a Cabo Verde em 1874), ligando Angola e alcançando a Cidade do Cabo, o que significou que as principais cidades do continente africano, ou pelo menos aquelas com riquezas que assim o justificassem, estavam unidas às infraestruturas de comunicação mundial. A Eastern Associated Company, britânica, na prática detinha o monopólio das ligações submarinas e das operações de comunicação, tendo recebido fartos subsídios europeus, inclusive portugueses, para conectar África. A empresa assegurava as necessidades militares e de segurança do Império Britânico e, ao mesmo tempo, estruturava um império global eletrónico.

*Empire and Communications* (Innis, 1986 [1950]) é um trabalho fundador nos estudos das relações entre os impérios e as comunicações.

O estudo abrange extensos lapsos temporais e espaciais, incluindo estudos sobre os impérios egípcio, babilónico, grego e romano, e analisa o «império» como indicador de eficiência comunicativa. O desenvolvimento e o declínio dos monopólios do conhecimento em relação ao processo de construção dos meios de comunicação é destacado pelo autor, que nota a alternância da ênfase em religião, descentralização e tempo, ou em força, centralização e espaço, como elementos centrais de tais dinâmicas. Na ótica do autor, na época do «papel e da impressão», que se estende de 1500 a 1950 e que teve como estudo de caso o Império Britânico, o monopólio do conhecimento baseado na linguagem e reforçado pela mecanização da comunicação levou ao nacionalismo. Entre os desafios do império em relação aos seus meios de comunicação, os quais também serão enfrentados pelo império colonial português, Innis (1986 [1950], 169) sublinhou que

> *Large-scale political organization implies a solution of problems of space in terms of administrative efficiency, and of problems of time in terms of continuity. Elasticity of structure involves a persistent interest in the search for ability and persistent attacks on monopolies of knowledge. Stability involves a concern with the limitations of instruments of government as well as with their possibilities.*

Entre os estudos que articulam império e comunicação, é relevante salientar no caso do império português a obra *Cultura Imperial e Projetos Coloniais* (Curto, 2009). O trabalho reúne estudos sobre história cultural, entre os séculos XV e XVIII, que analisam como foi pensada e registada a expansão portuguesa, tendo como aspeto constante a existência de projetos coloniais. Entre a recente literatura que articula os estudos dos *media* com os impérios, *Media and the British Empire* (Kaul, 2006) inclui problemáticas e análises que atravessam esta investigação. A obra combina estudos de abordagem multidisciplinar, na qual a comunicação e os *media* são vistos enquanto «estruturas» e «sistemas» que se unem em relações de mútua interdependência aos fatores culturais, económicos e políticos do Império Britânico.

Embora haja registos da circulação de impressos em África desde meados do século XV, introduzidos por meio das incursões ao continente de povos árabes, indo-asiáticos e europeus, até meados do século XIX a tradição oral predominava na comunicação entre os grupos, tribos e «Estados» africanos. A primeira manifestação da imprensa periódica em África foram os boletins oficiais, introduzidos no século XIX pelos governos coloniais. A estes seguiram-se e foram contemporâneos os jornais não oficiais, privados, iniciativa de colonos europeus, de missionários ou de grupos africanos.

Estudos sobre a imprensa em África têm aparecido desde meados do século XX. *The Press in Africa* (Kitchen, 1956) propôs-se reunir os principais factos sobre o jornalismo africano e analisar o papel desempenhado pela imprensa no continente no momento em que se publicava. Com pouca atenção à emergência e ao desenvolvimento da imprensa em África, e ignorando o cenário do colonialismo europeu, Kitchen afirmou que o mais sério problema da imprensa «is how to get better staff, better equipament, better facilities to produce newspapers that will not only "spread democracy" but sustain it with "enlightened [...] expert comments and criticism"» (1956, ii). A imprensa em Angola e Moçambique foi abordada em duas páginas do estudo, nas quais Kitchen (1956, 92) assinalava que «The rise to power of the Salazar regime in 1926 put an end to political journalism in Portugal's African Colonies. Criticism of official policies is generally restricted to polite commentary on occasional discrimination by Lisbon against colonial economic needs.»

Na década de 1970, os estudos sobre a imprensa em África tinham como foco as transformações sofridas pelos meios de comunicação depois das independências africanas. *The Press of Africa: Persecution and Perseverance* (Barton, 1979, 5 e 2) assinala que as gazetas oficiais «were produced by authority to tell the people what the rulers wanted them to know», e sublinha que a imprensa «was born and developed under imperialism, a press moulded in the Western tradition, and which for the best part of two centuries followed a close parallel with the press of Europe and North America, adopting all the best and all the worst of journalism in those societies» ([10]). No entanto, o período colonial não é o foco do autor, e no caso de Angola e Moçambique, por exemplo, a contextualização da imprensa inicia-se na década de 1950. *The African Press* (Ochs, 1986) acompanhou a tendência de analisar a imprensa no pós-independência, apresentando estudos de caso sobre o continente de acordo com a língua adotada pelo jornalismo (inglês, francês e árabe), com a perspetiva de que «until roughly the 1960s, the press in Africa was almost entirely a European press» (Ochs, 1986, 4). Os países africanos de língua portuguesa não foram incluídos neste estudo.

Em *Mass Media in Sub-Saharan Africa* (1995), Bourgault explorou os fatores históricos, políticos, sociais e económicos dos *media* para analisar a sua contribuição no surgimento dos meios de comunicação, embora o seu objetivo fundamental tenha sido analisar a estrutura e o desempenho dos *media* na década de 1990 nos países francófonos e anglófonos. A autora assinalou diferenças na emergência da imprensa no período colonial. Nas regiões Sul e Leste, a imprensa originou-se sobretudo através dos colonos europeus, num modelo de jornalismo comercial financiado pelos interesses mineiros. Na África francófona, a imprensa era «inexistente» ou «descapitalizada», com uma imprensa política que favorecia a propaganda. Por sua vez, a África Ocidental anglófona caracterizou-se por uma «imprensa livre», o que se deveu à sua origem em africanos educados nos Estados Unidos e na Europa e pela atividade missionária (Bourgault, 1995, 153–172).

Entre os primeiros estudos sobre a história da imprensa na África de língua portuguesa, os trabalhos desenvolvidos por Gonçalves (1964, 1965 e 1966), os quais foram sobretudo um elenco cronológico dos títulos e dos seus proprietários, com fraca conexão ao contexto

([10]) Em relação a este autor, ver também F. Barton, *The Press in Africa* (Nairobi: East African Publishing House, 1966).

social, político e económico do colonialismo português. No que tange à imprensa, a obra de Gonçalves valorizou os títulos publicados pelos grupos sociais que apoiavam o projeto colonial, em detrimento da imprensa crítica e de oposição ao projeto e às práticas coloniais do império e dos seus governos. Neste sentido, a crítica de Curto (2009) à historiografia do império português na década de 1960 parece adequar-se aos estudos da imprensa no período colonial:

> os que enalteciam as práticas de integração dos portugueses estavam mais próximos de uma visão comemorativa da história, pejada de anacronismos, porque preocupada em servir a um regime político ansioso de encontrar na história uma base ideológica excepcional para a sua política colonial. (Curto, 2009, 10)

A imprensa da África Portuguesa no período colonial tem sido fonte decisiva para os cientistas sociais na sua investigação sobre as dinâmicas do império. No entanto, na maioria das vezes, a imprensa e o jornalismo são um manancial de informação, e não um objeto privilegiado de estudo. Aqui, apresenta-se uma síntese dos principais trabalhos dedicados à imprensa e ao jornalismo no período contemporâneo.

No estudo da imprensa de Cabo Verde, o trabalho de Gonçalves (1966, 137–193) foi precursor; relatou a chegada da tipografia ao arquipélago, o início da impressão do boletim oficial em 1842, o elenco das primeiras publicações periódicas não oficiais e acompanhou a evolução da imprensa até à década de 1960. Porém, o trabalho tem como principais limitações a fraca contextualização do percurso da imprensa à evolução sociopolítica de Cabo Verde, a insuficiente caracterização dos títulos e do seu perfil editorial.

A investigação de Oliveira (1998) abrange a história da imprensa cabo-verdiana entre 1820 e 1875, e é o estudo de referência pela qualidade do seu tratamento histórico. Entre os pontos fortes da pesquisa de Oliveira, a conexão entre o percurso da imprensa e a evolução política, económica e cultural de Cabo Verde, conjugada com o amplo e profundo estudo individualizado dos títulos, com fartas referências a conteúdos jornalísticos relevantes e ilustrativos do seu tempo. Sublinha-se também que a história de Oliveira tem atenção às relações entre a imprensa e o império colonial português. Note-se que o historiador estabeleceu dois caminhos para o estudo da imprensa no arquipélago. O primeiro tem como base os ciclos de publicação, no qual se identificam «Períodos de Letargia» e «Períodos de Intensa Actividade». O segundo vincula-se à circulação e longevidade dos títulos e define dois momentos, «Período de 1842 a 1931» e «Período de 1931 a 1975» (Oliveira, 1998, 22–24). Entretanto, o autor inclui secções específicas nas quais aborda a história da imprensa na sua relação com a Monarquia, a República e o Estado Novo.

Já para estudar as interdependências entre os conteúdos da imprensa e a construção da identidade nacional em Cabo Verde, o antropólogo Brito-Semedo (2003, 220–221) estabeleceu quatro períodos para a história da imprensa: do «Movimento Liberal ao Fim da Monarquia» (1842–1910); «Da Implantação da Primeira República à Ditadura Militar» (1910–1926); «Da Instauração da Ditadura Militar ao Estado Novo» (1926–1933); e «Do Estabelecimento do Estado Novo à Independência Nacional» (1933–1975). Apresentam-se estas periodizações com o intuito de ressaltar que estes estudiosos deram ênfase às conexões entre a imprensa e os regimes políticos, o que favorece o presente estudo.

Outros estudos relacionados com a imprensa de Cabo Verde serão assinalados ao longo do trabalho. Contudo, o que se sublinha é que o estudo de Oliveira (1998) serve de referência a esta investigação e que, no caso de Cabo Verde, a pesquisa se limitou às fontes secundárias.

O primeiro trabalho de referência no estudo da imprensa de Angola é a investigação de Lopo (1964). Este traz importantes subsídios sobre a história do jornalismo, relata a introdução da imprensa, os primeiros impressos, caracteriza os jornais mais relevantes do século XIX, inclui notas biográficas de jornalistas e apresenta uma consistente relação dos títulos do aparecimento da imprensa não oficial até à década de 1960. Também é relevante e de referência a periodização estabelecida por Lopo para o estudo da imprensa, delimitada nos seguintes períodos: «primeiros passos do jornalismo», o qual se inicia com a publicação do boletim oficial, em 1845; «imprensa livre», marcada pela publicação do semanário não oficial *A Civilisação da África Portuguesa*, em 1866; e «jornalismo industrial e profissional», que começa com a publicação do jornal *A Província de Angola*, em 1923 (Lopo, 1964, 23–24). Os pontos fracos do estudo de Lopo são os seguintes: a fraca contextualização da evolução da imprensa no cenário sociopolítico de Angola e a caracterização de um número restrito e insuficiente de jornais, na qual sobressai a ausência de títulos contestadores e conflituosos com o colonialismo.

No estudo *Angola: História e Estórias da Informação* — o qual abrange temas diversos como cultura, língua, literatura, imprensa, rádio e música, entre outros —, Coelho definiu dois grandes períodos na história da imprensa, a «Época Colonial» e a «Época Pós-Independência», as quais têm como intervalo uma «Época de Transição» (Coelho, 1999, 104). Vunge segue uma periodização semelhante, e na sua síntese histórica opta por demarcar apenas dois períodos, o colonial e o pós-colonial (Vunge, 2006, 23).

No âmbito da história da imprensa de Angola, referem-se ainda os trabalhos de Gonçalves (1964) e Melo (1993). Note-se que ambos os estudos têm como base o já referido trabalho de Lopo (1964) e pouco acrescentam sobre o percurso da imprensa em Angola no período colonial.

Nesta conjuntura, no caso de Angola optou-se por conjugar a investigação em fontes secundárias com a pesquisa em fontes primárias, a imprensa de Angola. A conciliação de técnicas justifica-se porque os trabalhos existentes são insuficientes para responder aos problemas colocados pela investigação. A pesquisa nos jornais de Angola foi realizada na Biblioteca Nacional de Portugal (BNP) e na Biblioteca Municipal de Luanda (em setembro de 2013), e incluiu todos os títulos disponíveis ao público.

Em Moçambique, os trabalhos de Dias (1954) abrangem o estudo da Imprensa Nacional de Moçambique, do boletim oficial e da imprensa periódica não oficial até meados da década de 1950. Entre os pontos fortes da investigação, o estudo sobre o boletim oficial, o elenco dos títulos publicados ao longo do tempo, a caracterização dos principais jornais, a apresentação de notas biográficas de jornalistas e da legislação de imprensa da época. A incipiente contextualização da imprensa no cenário sociopolítico de Moçambique é o ponto fraco do trabalho. Também se regista o estudo de Gonçalves (1965) sobre a imprensa em Moçambique, o qual apresenta limitações semelhantes às já identificadas nos trabalhos do autor sobre a imprensa em Cabo Verde e Angola, e que neste caso teve como referência a obra de Dias.

A história da imprensa de Moçambique de I. Rocha (2000, 7–9) preenche lacunas dos estudos anteriores, visto que relaciona a evolução da imprensa com o percurso sociopolítico do país. O autor organizou a história da imprensa em oito períodos: «Da introdução da tipografia à passagem de Lourenço Marques a cidade» (1854–1887); «Do primeiro jornal de Lourenço Marques à mudança da capital» (1888–1898); «Da mudança da capital à implantação da República» (1898–1910); «Da implantação da República ao fim da Grande Guerra» (1910–1918); «Do final da Grande Guerra à Ditadura» (1919–1926); «Da "Lei João Belo" à imprensa católica» (1927–1951); «Da imprensa católica à Tribuna» (1952–1962); e «A estatização da imprensa» (1963–1974). Destaca-se também no trabalho de I. Rocha a caracterização de diversos títulos ao longo do tempo, a identificação do perfil editorial dos jornais e das suas relações com as forças sociais, e as notas biográficas dos jornalistas.

Convém sublinhar outras estratégias de periodização da história da imprensa em Moçambique. Capela (1996) definiu dois períodos para estudar a imprensa na fase anterior à independência de Moçambique: «Da fundação à censura prévia» e «De 1926 a 1954». Matusse (1994) estabeleceu duas etapas para o percurso do jornalismo no Moçambique colonial: «a protonacionalista» e a «nacionalista» (11).

(11) No esquema do autor, a fase «protonacionalista» corresponde ao surgimento dos primeiros jornais independentes e nela já existe a «consciência da

Massingue (2000) definiu dois momentos para a trajetória da imprensa no período colonial: «regida pelas regras e perfis da Metrópole» e «imprensa de combate». Quanto a estas periodizações, assinala-se que todas elas estabelecem alguma relação com o contexto colonial de Moçambique.

Tendo em vista a diversidade de estudos de carácter histórico sobre a imprensa em Moçambique, neste caso aplicou-se apenas a investigação em fontes secundárias.

No caso de São Tomé e Príncipe, o único estudo publicado específico sobre a imprensa é o de Gonçalves (1966, 195–214). Como noutros estudos deste autor sobre a imprensa na África Portuguesa, Gonçalves relata a introdução da tipografia e das publicações oficiais e elenca os principais títulos de São Tomé e Príncipe até à década de 1960. Contudo, é incipiente a caracterização dos jornais e estes não são enquadrados no contexto sociopolítico do arquipélago. Outros estudos no campo das ciências sociais sobre São Tomé e Príncipe utilizam a imprensa enquanto fonte de pesquisa, mas não a têm como objeto de investigação, a exemplo do trabalho de Nascimento (1999) sobre a Liga dos Interesses Indígenas e do de Mata (1998) sobre literatura.

Vista a pouca atenção dedicada à história da imprensa em São Tomé e Príncipe, no caso deste território a pesquisa empírica em fontes primárias foi decisiva. Esta realizou-se na Biblioteca Nacional de Portugal e no Arquivo Histórico de São Tomé e Príncipe (em julho de 2012), e incluiu todos os periódicos disponíveis ao público.

No caso da imprensa da Guiné, o trabalho de Gonçalves (1966, 21–107) inclui referências às primeiras publicações introduzidas no território, à tipografia, ao boletim oficial e aos periódicos não oficiais. No entanto, mais uma vez, o autor não incluiu uma caracterização aprofundada dos títulos nem a sua contextualização. Desconhecem-se

---

ocupação». Na etapa «nacionalista» (refere-se ao período colonial) já seriam difundidas as problemáticas entre colonizador/colonizado. H. Matusse, «Informação e Desenvolvimento: uma opinião», *in A Nossa Situação, o Nosso Futuro e o Multipartidarismo*, ed. João Mendes (Maputo: Tempográfica, 1994), 161–162.

outros estudos específicos sobre a imprensa ou o jornalismo na Guiné. Tal pode estar associado ao tardio desenvolvimento da imprensa não oficial (a partir de 1920) e ao seu fraco protagonismo (a Guiné esteve longos períodos sem nenhum título publicado e nunca circulou mais de um título ao mesmo tempo), entre outros fatores, como se verá ao acompanhar-se a história da imprensa naquele território. Assim, no estudo de caso da Guiné recorreu-se às fontes primárias, e estas foram consultadas na coleção de periódicos da Biblioteca Nacional de Portugal.

Entre as lacunas dos estudos da imprensa na fase colonial, destaca-se a ausência de investigação que articule a história da imprensa e do jornalismo nos territórios africanos (em cada uma das colónias e também no seu conjunto) com o projeto do império colonial português e com o conflito e resistência a tal programa imperial. Esta investigação contribui para reduzir tal lacuna, visto que se dedica ao estudo da emergência e do desenvolvimento da imprensa e dos papéis desempenhados pelo jornalismo no contexto sociopolítico do imperialismo colonial português no século XIX e XX, analisando o percurso da imprensa em cada uma das colónias, comparando similaridades e divergências na trajetória do jornalismo entre as colónias, e olhando para o conjunto da África Portuguesa na sua relação com o império.

# Parte I
# A Imprensa na Monarquia Constitucional

Em meados do século XIX, a imprensa chegou às colónias portuguesas em África através dos boletins oficiais, previstos por um decreto de D. Maria II em 1836. Em 1842, deu-se início à publicação do boletim oficial em Cabo Verde, seguiu-se a sua circulação em Angola a partir de 1845, em Moçambique em 1854, em São Tomé e Príncipe em 1857, e finalmente na Guiné em 1880. À imprensa oficial seguiu-se a imprensa privada, não oficial e, por isso, também chamada de «independente». A decisão do império de publicar boletins oficiais nas colónias africanas inseriu-se num conjunto de novas diretivas para África, decorrentes das mudanças no «velho» império. As Invasões Francesas, a partida de D. João VI para a América, a Revolução Liberal, a independência do Brasil, a afirmação da esfera pública e da imprensa, a crise económica e os conflitos internos que permearam Portugal até à Regeneração foram eventos cruciais no lugar atribuído a África no processo de reconfiguração do império. Para se contextualizar o desenvolvimento da imprensa africana no período da Monarquia Constitucional, entre 1842 e 1910, na primeira secção do capítulo acompanham-se os principais acontecimentos do século XIX em Portugal e nas colónias africanas. Na segunda secção, segue-se a trajetória da imprensa e do jornalismo no contexto sociopolítico de cada uma das colónias. No terceiro momento, faz-se uma análise comparada do desenvolvimento da imprensa e avançam-se conclusões sobre as suas dinâmicas durante a Monarquia Constitucional.

## O protagonismo de África na reconfiguração do império colonial português

### *A Revolução Liberal*

As intercontinentais posses do império obrigavam Portugal a uma política externa ambígua na Europa. A neutralidade que a monarquia do Antigo Regime manteve até 1807 tornou-se insustentável quando a França decidiu que Portugal deveria juntar-se-lhe na guerra contra a Inglaterra. O facto de dois terços das receitas do Estado terem origem no comércio entre o Brasil e a Europa e o derrube de monarcas europeus por Napoleão levaram D. João VI a embarcar para o Brasil, deixando o governo entregue a um Conselho de Regência (Ramos, 2009, 440–441). A primeira invasão francesa aconteceu em novembro de 1807, e no ano seguinte rebentou a resistência à ocupação através de juntas locais que orientavam a ação popular. Entretanto, a revolta do povo direcionou-se também contra as elites proprietárias e o Estado absoluto. Embora a ordem tenha sido restabelecida, a ideia de soberania popular firmara-se, criando as condições internas para o fim do regime absoluto (Bonifácio, 2010). A opção brasileira do rei e as crescentes dificuldades financeiras do Estado agravavam a insatisfação popular, e esta foi potenciada pela afirmação da imprensa e pela emergência do espaço público, fortalecendo o nacionalismo e estimulando a revolta. Foi neste contexto que, em agosto de 1820, no Porto, os militares exigiram a convocação das Cortes para elaborar uma nova Constituição. Em setembro, em Lisboa, formou-se uma junta de governo provisória. D. João VI regressou a Portugal em julho de 1821, submeteu-se a nova ordem e jurou a Constituição liberal em outubro de 1822. O documento era radical nos padrões europeus da época: recusava o direito de veto ao rei e uma câmara para os nobres, extinguia a Inquisição e garantia a liberdade de religião e imprensa ([12]).

No entanto, os conflitos entre os que reivindicavam o Antigo Regime e os liberais deixaram o país em guerra civil até 1834, quando as pretensões absolutistas foram enterradas. Apesar do fim da guerra, a insatisfação popular mantinha-se, e a insurreição da Maria da Fonte, em 1846, reacendeu os conflitos de rua, com os radicais a exigirem reformas constitucionais na Guerra da Patuleia. Os efeitos da revolução de 1848 na Europa ecoaram em Portugal através de reuniões clandestinas, periódicos subversivos e ocasionais manifestações republicanas. Em abril de 1851, a unificação do Exército e o controlo da violência pelo Duque de Saldanha levaram ao pronunciamento da Regeneração, um acordo provisório entre radicais e conservadores que permitiu a retomada da ordem e a administração do país (Bonifácio, 2005).

Com a Revolução Liberal multiplicaram-se os jornais, e a imprensa tornou-se predominantemente política, refletindo as diversas correntes de opinião, atuando como formadora da opinião pública e como mobilizadora da ação social. Os processos de comunicação social estiveram em mudança e expansão neste período, o que foi sinalizado pela abertura e pela formação de um espaço público politizado em Portugal. Ao longo do século XIX, o desenvolvimento da opinião pública promoveu o fortalecimento da imprensa na orientação, organização e mobilização das forças sociais. Neste cenário, os jornais tornaram-se nos principais meios de «publicidade crítica»

---

([12]) Sobre a vida política em 1808–1834 — as Invasões Francesas, a partida da família real para o Brasil, a Revolução Liberal e a guerra civil —, é importante a recente contribuição de N. G. Monteiro, «A Vida Política», *in História Contemporânea de Portugal: 1808–2010*, dir. A. C. Pinto e N. G. Monteiro, vol. 1, *O Colapso do Império e a Revolução Liberal 1808–1834*, coord. J. M. Pedreira e N. G. Monteiro (Madrid e Carnaxide: Fundación Mapfre e Objectiva, 2013), 37–120.

em Portugal, assegurando a mediação entre o domínio de comunicação e opinião formal e informal, e atuando como o principal suporte dos movimentos de opinião pública após a instauração definitiva da Monarquia Constitucional (Tengarrinha, 2013, 375). O jornalismo foi alçado a fator estruturante da sociedade liberal portuguesa e a imprensa constituiu-se como um meio no qual se geriu parte da conflitualidade social, atuando como porta-voz dos grupos sociais e permitindo-lhes a intervenção. A afirmação do jornalismo e da imprensa e o seu peso no espaço público levaram os governos liberais e conservadores a não efetivarem a liberdade de imprensa e a manterem a censura e a perseguição aos jornalistas nas fases de maior conflito ao longo do período monárquico. Refletir as ideias das forças sociais e políticas e promover as disputas e confrontos entre as elites foi característica central da imprensa portuguesa nesta fase, e este perfil ativista irá marcar o jornalismo nas colónias africanas.

## *O eldorado africano*

O Portugal que nasceu da Revolução Liberal quis-se centrado na Europa e reduziu as instâncias e prerrogativas dos poderes administrativos na colónia brasileira. Porém, era necessário manter os privilégios comerciais e económicos do outro lado do Atlântico, pois deles dependia a viabilização financeira do reino. Daí que a orientação política das Cortes Constitucionais e as diretivas económicas do governo tenham sido as razões centrais para a independência do Brasil, em 1822.

Enviar escravos para as plantações brasileiras era a função primordial dos territórios africanos para o império português. A independência do Brasil afetou as colónias, e forças locais em Angola, Moçambique e Cabo Verde ponderaram unir-se ao novo Estado americano. A crise de legitimidade do império em África levou à substituição dos governadores por juntas de governo em Moçambique e em Angola, e apenas com o Tratado Luso-Brasileiro de 1825 se encerrou a hipótese de união entre as colónias africanas e o Brasil (Alexandre, 1998b, 54–57).

Apesar do Tratado Anglo-Português de 1815, que ilegalizava o tráfico a norte do Equador, e da Convenção de 1817, que permitia a inspeção de navios suspeitos, o fluxo de escravos de África para o Brasil manteve-se até 1851, quando os portos brasileiros se fecharam. O fim do tráfico negreiro, negócio ilegítimo, levou o Estado português a perder as receitas mais importantes do comércio com as colónias africanas. Portugueses, brasileiros e afro-portugueses controlaram o tráfico, mas também se registou o envolvimento dos funcionários públicos, inclusive os enviados da metrópole, nas atividades negreiras, o que permitiu o seu enriquecimento e dificultou a administração dos territórios africanos (Clarence-Smith, 1985, 29–40).

A Revolução Liberal promoveu nas Cortes e na imprensa o debate sobre o futuro das colónias africanas. Estas deviam compensar a perda do Brasil e servir na afirmação do império português no cenário internacional. A primeira Constituição liberal seguiu o princípio da integração e da igualdade jurídica do território nacional, incluindo a representação dos territórios ultramarinos nas Cortes. Através da legislação, procurava-se resolver os problemas conceptuais da diversidade do ultramar e criar a ilusão de uniformidade, a exemplo da suposta igualdade de direitos entre os cidadãos das colónias e da metrópole, quando de facto os «cidadãos do ultramar» foram os colonos, os lusodescendentes e uma restrita elite nativa cristianizada (Silva, 2009, 430). Apesar do debate da questão ultramarina, a década de 1820 foi limitada em termos de ação, as políticas coloniais não ultrapassaram as intenções e limitaram-se ao envio de forças para proteger Moçambique e Angola.

No final da década de 1830, o debate sobre os problemas coloniais ganhou relevo na imprensa portuguesa e contribuiu para a emergência do mito do eldorado, «a crença na riqueza inabalável das colónias africanas», e da «herança sagrada», que «via na conservação de toda e qualquer parcela do território ultramarino um imperativo histórico». A ideologia colonial era propagada pelo conjunto das elites políticas, liberais-radicais e conservadores, e buscava responder ao problema da identidade coletiva de um país que perdera o império, sofria uma crise política e económica e fora destroçado pela guerra civil. As colónias africanas seriam a «tábua de salvação» de Portugal (Alexandre, 1998, 41–47).

Foram os decretos de dezembro de 1836 e de janeiro de 1837, entre os quais se incluiu o que determinava a publicação dos boletins oficiais, que estabeleceram uma nova ordem administrativa nas colónias. Entre as medidas, destacou-se a criação dos governos gerais de Cabo Verde e Guiné, de Angola, de Moçambique e de São Tomé e Príncipe; o restabelecimento das juntas de fazenda com atribuições administrativas e financeiras; e a instituição de um conselho de governo que incluía repartições judiciais, militares, fiscais e eclesiásticas. A Constituição de 1838 consagrou as diferenças entre o território ultramarino e o europeu através da criação de um sistema legislativo para as colónias no qual os governadores poderiam governar por decreto para atender às necessidades locais. Esta diretiva foi reafirmada pelo Ato Adicional de 1852 e manteve-se durante todo o período monárquico. Entretanto, a Carta Constitucional já tinha previsto a eleição de um deputado em cada uma das colónias — em 1838–1869 a representação foi aumentada para dois parlamentares e com a lei eleitoral de 1878 regressou-se a um representante por território. A representação política do ultramar funcionou como símbolo de igualdade e constituiu o veículo formal de participação das elites locais na política legislativa, no entanto, também foi um «álibi» que justificava a ausência de assembleias coloniais com poderes legislativos. A perspetiva «assimiladora» do regime permitiu a criação nas colónias de espaços de fiscalização, participação e exercício do poder por parte das elites locais. Porém, tais instituições articulavam-se com uma administração centralizada e, na maior parte dos territórios, foram «fictícias» (Silva, 2009, 429).

Três eixos constituíram a estratégia portuguesa em África na década de 1840: o económico, o demográfico e o territorial. Manter o mercado aberto aos produtos da metrópole e produzir o que faltava a Portugal eram os deveres das colónias, onde a colonização branca deveria ser promovida para garantir a posse dos territórios. Embora as trocas comerciais entre a metrópole e as colónias tenham crescido nesta década, nos demais sectores os resultados das políticas foram incipientes.

Após a Regeneração, em 1851, o Conselho Ultramarino foi restaurado e à sua frente esteve Sá da Bandeira, ministro do Ultramar. Em meados de 1850, foram estabelecidos os primeiros subsídios anuais para as colónias. Contudo, o papel do Estado foi limitado ao estímulo dos circuitos mercantis, à abertura de portos e à melhoria das rotas de comunicação no interior dos territórios. Alimentar o comércio entre a metrópole e as colónias era o maior problema, o qual teve como resposta o estímulo à produção de géneros pelos africanos e o desenvolvimento de economias de plantação (em especial dedicadas ao algodão, ao tabaco e à cana-de-açúcar). O projeto dependia de terra (e foram concedidos terrenos nas colónias); de capital (que na prática dependeu dos investimentos de antigos negreiros e investidores privados) e de mão de obra (escravos africanos, disponíveis com o fim do tráfico). No final da década, em 1858, foi publicado o decreto que previa o fim da escravatura para 1878.

A oposição ao governo na metrópole na década de 1860 passava pela questão colonial, que confrontava o «atraso» das colónias com as riquezas que estas deveriam trazer ao império. Neste período, os intuitos de expansão desapareceram e o empenho esteve na conservação dos territórios. Acentuou-se nesta fase a defesa de uma ideologia escravista — que negava aos negros africanos a sua humanidade, cultura e religião; e que os retratava como «selvagens», «indolentes», «boçais», «preguiçosos». Com estes argumentos, reforçou-se a defesa do trabalho forçado e da livre transferência de escravos entre as colónias. Em 1869 foi decretada a abolição formal da escravatura, contudo, a continuidade do estatuto de «liberto» em nada alterava a situação. Neste mesmo ano o Código Civil foi estendido ao ultramar, mas a sua aplicação permitiu que as populações nativas continuassem sujeitas a critérios distintos em razão dos seus «usos e costumes» e, assim, a legislação afirmava a oposição e a incompatibilidade entre indígenas e civilizados.

A fundação do Banco Nacional Ultramarino (BNU), em 1864, traduziu a evolução da economia colonial — na qual as exportações e importações continuavam a crescer, embora mantivessem uma importância reduzida —, procurou dar resposta às necessidades de crédito nos territórios e atendeu aos interesses dos sectores mercantis portugueses ligados ao comércio colonial (Pedreira, 1998, 251). O BNU especializou-se em empréstimos aos agricultores e casas comerciais e ganhou o monopólio das atividades bancárias e da emissão de moeda nas colónias africanas. O banco atuou também como especulador financeiro; intermediário comercial; angariador de mão de obra para São Tomé e Príncipe; controlador da situação mercantil; escoador de capitais para o exterior e para Portugal; e usurário (Torres, 1991, 95–101). A reforma administrativa desta década, em 1869, foi descentralizadora e aumentou os poderes dos governadores. O governo central desejava que as colónias sobrevivessem a partir dos seus próprios recursos financeiros, o que era uma resposta aos que viam nas colónias um peso para o Estado e que defendiam a venda de Timor, Guiné e Moçambique.

A descoberta de jazidas minerais na África Portuguesa, o desenvolvimento das relações entre Moçambique e o Transvaal e o progresso das exportações em Angola estimularam a retoma do projeto colonial português na década de 1870 (Alexandre, 1998, 104–105). Portugal entrou numa fase de crescimento económico a partir de 1870, o que favoreceu o investimento nas colónias, que deveriam ser inseridas nos processos de modernização europeia. A criação da Sociedade de Geografia de Lisboa, em 1875, e os debates na imprensa das questões africanas estimularam novas perspetivas para os territórios, ao que se juntou a abolição do trabalho servil pelas Cortes em 1875. Todavia, o sector escravista não recuou, e a partir de então teve como prioridade a cobertura legal do trabalho forçado, com práticas semelhantes à escravatura tradicional, porém defendido como trabalho «humanitário» e «civilizador» ([13]).

([13]) Em relação ao desenvolvimento económico e industrial português neste período, assinala-se o trabalho de J. Reis (1987), «A industrialização num país de desenvolvimento lento», *Análise Social*, XXIII, n.º 96 (1987): 207–227.

Na década de 1870, a liberalização mercantil, o desenvolvimento dos meios de transporte, a liberalização política e administrativa, e a incorporação social dos africanos eram as estratégias de Andrade Corvo, ministro do Ultramar entre 1872 e 1877, para a modernização das colónias (Pedreira, 1998, 263). No sector administrativo, foi criado um corpo especial do Exército para intervir no ultramar e o novo código de administração foi descentralizador. No campo económico a liberalização mercantil iniciou-se em 1877. Apesar das iniciativas do governo metropolitano, os fatores externos pressionaram Portugal e foram decisivos para modelar a sua ação em África. As missões científicas e religiosas europeias nas colónias portuguesas; o interesse dos investidores europeus no comércio com a África Portuguesa; e a pressão das potências europeias, em especial da Grã-Bretanha, da Alemanha e de França, condicionaram as políticas da metrópole. A aliança com a Inglaterra pautou o período: em Moçambique cedeu-se à liberdade de trânsito, fixação e comércio, e em Angola e Moçambique a construção dos caminhos de ferro foi igualmente concedida à Grã-Bretanha (Newitt, 1981, 24–27) ([14]).

Os interesses económicos e o desenvolvimento do capitalismo, os progressos técnicos e científicos em diversos sectores do conhecimento, a desagregação das forças políticas africanas e o reforço da presença europeia, e os interesses estratégicos dos Estados europeus estão entre os fatores que levaram à reestruturação da presença europeia em África na Conferência de Berlim, 1884–85 (Alexandre, 1998a, 112–114). A onda nacionalista e a pressão externa provocaram o aumento das ações militares nas colónias; novas explorações geográfico-militares; a criação de postos avançados de contacto com

([14]) A respeito das relações externas portuguesas entre 1834 e 1890, em especial sobre a interdependência entre a diplomacia e a preservação da soberania portuguesa e a consolidação imperial, aponta-se o trabalho de M. B. Jerónimo, «Portugal no Mundo», *in História Contemporânea de Portugal: 1808–2010*, dir. A. C. Pinto e N. G. Monteiro, vol. 2, *A Construção Nacional, 1834–1890*, coord. P. T. de Almeida (Madrid e Carnaxide: Fundácion Mapfre e Objectiva, 2013), 77–108.

os povos africanos; o aumento das missões católicas e protestantes; e a instalação de colónias de povoamento.

O projeto português de constituir um «mapa cor-de-rosa» levou ao acirrar da disputa pela África Central com a Grã-Bretanha a partir de 1887. Os conflitos entre as forças inglesas e as expedições portuguesas na região do lago Niassa, em Moçambique, foram o ápice dos diferendos e levaram ao Ultimato britânico em janeiro de 1890, no qual se exigiu a retirada das forças portuguesas sob a ameaça do rompimento das relações diplomáticas (Teixeira, 1998, 501–502). O Ultimato provocou uma explosão de nacionalismo na metrópole e nas colónias e reforçou a ideia de império.

Conjugada com o Ultimato, a crise económica e financeira e os contínuos défices das colónias (com exceção de São Tomé e Príncipe) fizeram retroceder a liberalização económica, tendo sido as pautas aduaneiras de 1892 protecionistas (com exceção da Guiné) para favorecer a burguesia metropolitana, o que prejudicou a burguesia colonial. A década de 1890 assistiu à crescente importância dos rendimentos do comércio colonial, e o benefício financeiro para a metrópole superou os saldos dos orçamentos públicos, metropolitanos e coloniais, e dos empréstimos contraídos em Portugal e no estrangeiro (Lains, 1998, 492). Uma questão fulcral deste período foi a da mão de obra: os escravos «resgatados» no Interior eram obrigados a assinar contratos de cinco anos, recebiam salários simbólicos e sofriam maus-tratos. Em 1899 foi publicado o regulamento de trabalho indígena, o qual, na prática, legalizava o trabalho nativo forçado, visto que a ele sujeitava toda a população entre os 14 e os 60 anos que não provasse possuir emprego. As campanhas internacionais contra o trabalho forçado cresceram no século XX, e em 1909 os ingleses boicotaram o cacau de São Tomé e Príncipe (Clarence-Smith, 1985, 113–115).

Apesar da centralização na administração das colónias, as burguesias coloniais procuravam influenciar as políticas metropolitanas, sobretudo através de grupos de pressão em Lisboa e nas capitais dos territórios. No entanto, os processos eleitorais estavam sob o controlo do governo central e foram frequentes as polémicas sobre a sua legalidade, com denúncias de fraude e compra de votos em todas as colónias. As elites africanas e europeias tinham maior poder no âmbito municipal, o que levou à substituição dos conselhos eleitos por nomeados em todas as colónias nas últimas décadas do século XIX.

As elites afro-portuguesas que haviam participado no tráfico negreiro e que detinham grande influência na administração das colónias entraram em declínio progressivo a partir da década de 1850. Contudo, as elites africanas (também designadas «nativas», «crioulas», «forras» ou «filhos do país») reestruturaram-se. Detinham cargos na função pública, atuavam no comércio e eram proprietárias de terras, o que lhes dava poder económico e potencial de intervenção política. Tais elites diferenciavam-se dos indígenas pela sua dupla origem, africana e portuguesa, e pela sua educação, adquirida na metrópole, no Brasil ou autodidata. As elites africanas foram protagonistas no questionamento das políticas metropolitanas e na oposição ao projeto colonial, especialmente a partir da década de 1870.

A decadência da Coroa e o fortalecimento dos ideais e dos movimentos republicanos acentuaram-se em Portugal nas duas últimas décadas da Monarquia Constitucional. O povo, os intelectuais, as elites republicanas e a imprensa pressionavam nas ruas, através dos grupos políticos e no interior das instituições a favor de reformas ([15]). Os governos das últimas duas décadas monárquicas não conseguiram superar os problemas financeiros do país e as suas reformas não obtiveram resultados capazes de restabilizar o regime político. A demarcação dos territórios africanos; a emergência de sectores

([15]) Tengarrinha aponta como primeiros jornais republicanos portugueses *O Regenerador* e *O Republicano*, ambos de 1848. Contudo, o autor assinala que o jornalismo de propaganda republicana se afirmou a partir de 1869, tendo-se fortalecido com os jornais dos partidos políticos nas décadas seguintes. J. Tengarrinha, *História da Imprensa Periódica Portuguesa* (Lisboa: Portugália Editora, 1965). Sobre a imprensa portuguesa nos últimos anos da Monarquia Constitucional, sublinha-se também o estudo de J. M. Sardica, «O poder visível: D. Carlos, a imprensa e a opinião pública no final da monarquia constitucional», *Análise Social*, XLVII, n.º 203 (2012): 344–368.

económicos que atuavam articuladamente na metrópole e nas colónias; o aumento das campanhas de ocupação e o prestígio do Exército; e formas sociais arcaicas foram o principal legado português do século XIX para África (Alexandre, 1998, 126).

Ainda que nas colónias africanas os partidos políticos e os movimentos sociais fossem incipientes, que os conflitos de classe estivessem a emergir e que as revoltas indígenas fossem esmagadas, os territórios estavam a ingressar nos debates e desafios da modernidade e as elites europeias e africanas promoviam o confronto com as políticas metropolitanas e com o projeto colonial. Sintomáticas do conflito são a reivindicação de autonomia e de independência nas colónias; a defesa do republicanismo; a denúncia da desigualdade de tratamento entre europeus e africanos; a crítica ao trabalho forçado e à continuidade das práticas escravistas; o alarde da precária situação económica e social; e os conflitos nos processos eleitorais. Estas temáticas foram privilegiadas pela imprensa não oficial que emergiu nas colónias a partir de meados de 1860 e que se fortaleceu ao longo do período.

## A emergência e a afirmação da imprensa

### CABO VERDE

Composto por dez ilhas (Sotavento: Santiago, Maio, Fogo e Brava; Barlavento: Boa Vista, Sal, São Nicolau, Santa Luzia, São Vicente e Santo Antão), o arquipélago de Cabo Verde era desabitado quando da chegada dos portugueses, em 1455. Em 1533 a Ribeira Grande, na ilha de Santiago, tornou-se capital administrativa do arquipélago e da Guiné. A posição estratégica de Cabo Verde fez do território entreposto de escravos e de mercadorias, ponto fundamental no Atlântico para o abastecimento dos navios e para as trocas comerciais. O arquipélago voltou-se para a agricultura devido ao declínio do tráfico de escravos a partir do século XVII, o que propiciou a povoação da maioria das ilhas ([16]). A população de Cabo Verde constituiu-se de africanos, europeus e da sua mistura. A classe dominante era composta pelos europeus, sempre minoritários na estrutura social do arquipélago, na qual se encontravam os proprietários, os militares, o clero e parcela do funcionalismo público. A maioria da população era negra e mestiça, composta por rendeiros, artesãos e pequenos comerciantes (Andrade, 1996).

Uma população dispersa, entre as ilhas e em cada uma delas, a pequena dimensão do mercado interno e a falta de procura externa encontraram-se entre as razões da baixa produtividade económica do arquipélago. A crise de produção e a fome, o crescimento da população livre, a situação dos escravos, as relações conflituosas entre proprietários e rendeiros foram alguns dos fatores que contribuíram para as tensões sociais na primeira metade do século XIX.

A segunda metade do século XIX foi marcada pela abolição do regime de morgadio, pelo princípio da diáspora cabo-verdiana, com destaque para as roças de São Tomé e Príncipe e para os Estados Unidos, e pelas novas políticas coloniais. Entre as novas diretrizes da metrópole para o arquipélago, a reforma da administração, que permitiu população local em cargos públicos, e a reorganização financeira, com a criação de impostos para promover a agricultura e as obras públicas. Em 1865, o BNU inaugurou a sua primeira agência no arquipélago e abriu o crédito para comerciantes e agricultores, promovendo algum desenvolvimento nas ilhas e levando à decadência os grandes proprietários (Estevão, 1998).

Cabo Verde foi pioneiro na implementação da imprensa e, a partir de 1842, foi publicado o *Boletim Official do Governo Geral da Provincia de Cabo Verde*. Nos seus primeiros tempos, a imprensa nacional esteve instalada nas ilhas da Boa Vista e da Brava. Semanal, o boletim apenas se tornou regular a partir dos anos de 1850; até

---

([16]) Um resumo sobre o tráfico de escravos e a escravidão em Cabo Verde encontra-se no trabalho de R. A. Lobban, *Cape Verde: Crioulo Colony to Independent Nation* (Boulder: Westview Press, 1995).

então, problemas com os impressores e dificuldades técnicas tinham-no interrompido por longos períodos. Quando se tornou regular, a imprensa nacional estava estabelecida na cidade da Praia, ilha de Santiago, capital do arquipélago. Com quatro páginas, o boletim estava dividido entre a «Parte Oficial» (com leis, regulamentos, decretos), a «Parte não Oficial» (com notícias económicas, informação marítima e conteúdos culturais) e a secção «Exterior», com informações internacionais. Poesia, crítica literária, relatos de viagem, comentários políticos e a vida social estiveram entre os conteúdos do boletim, sobretudo até ao final do século XIX. Os secretários de governo eram os redatores do boletim e, no caso de Cabo Verde, estes já tinham exercido a atividade jornalística, o que contribuiu para a organização e seleção editorial do informativo (Gonçalves, 1966, 142–146).

O ensino primário em Cabo Verde começou pela Brava em 1847 e estendeu-se às demais ilhas ao longo do século XIX. Também houve iniciativas privadas de ensino através da Igreja Católica, de sociedades culturais e de particulares. A Igreja estruturou um seminário-liceu na Brava em 1866. Por ser privado, o seu acesso ficou limitado às classes abastadas; entretanto, foi o seminário-liceu que formou a elite administrativa e intelectual do arquipélago, de funcionários públicos a escritores. Sociedades recreativas, culturais e literárias existiram na segunda metade do século XIX nas ilhas de Santiago, São Nicolau, São Vicente e Boa Vista, e contribuíram para o cultivo de um ambiente intelectual. O *Novo Almanaque de Lembranças Luso-Brasileiro* (1851–1932) e o *Almanaque Luso-Africano* (1884 e 1899), nos quais colaboraram cabo-verdianos, foram outros fatores que estimularam a imprensa escrita. Por fim, panfletos que serviram para disputas políticas, para o ataque e defesa nos confrontos que se deram no arquipélago entre as elites, precederam e alavancaram a emergência da imprensa não oficial.

O semanário *Independente, literário, comercial, dedicado aos interesses da província de Cabo Verde*, foi o primeiro jornal não oficial do arquipélago, publicado na ilha de Santiago entre 1877 e 1879. Com tipografia própria e liberal, o jornal foi crítico da administração, o que provocou o surgimento do *Correio de Cabo Verde* (1879), que durou apenas sete números e serviu para os funcionários públicos atacados se defenderem. Fragilizado o *Independente*, o mesmo grupo passou a publicar o *Echo de Cabo Verde* em 1880 (Oliveira, 1998, 119–126 e 127–133).

Efémero, o *Correio de Cabo Verde* comprou a tipografia dos adversários e passou a publicar o jornal *Imprensa* (1880–81). Na sua primeira fase, o semanário apoiou o governo, contudo, no segundo ano atacava o governador acusando-o de abuso de poder e pedindo a demissão de funcionários públicos. O jornal também denunciava casos de despotismo e funcionários que desenvolviam atividades privadas em Cabo Verde e na Guiné, abordava os problemas locais e discutia problemas nacionais. A *Justiça* surgiu em 1881 e afirmava, no seu editorial de lançamento, defender a causa do povo cabo-verdiano e abster-se do debate da política local. Luís Frederico de Barros, delegado da Fazenda, dirigiu o jornal e foi punido pelo governador por suas faltas, o que levou o título a ser crítico do governo. Gonçalves (1966) regista ainda o jornal *O Protesto*, uma folha quinzenal «consagrada à defesa dos direitos e interesses gerais da província de Cabo Verde», que se publicou entre fevereiro e outubro de 1883.

Em março de 1879, a Guiné foi desanexada de Cabo Verde e passou a ter governo e instituições próprios. Articulada com a criação do governo da Guiné e o fim do tráfico, a abolição da escravatura levou à decadência do comércio entre Cabo Verde e a costa africana e à emergência da ilha de São Vicente, com o Mindelo a constituir-se cidade em 1879. Entre 1889 e 1890 circulou a revista mensal *A Esperança*, editada pelo cónego Teixeira, na qual colaboraram cabo-verdianos e portugueses e que tinha como conteúdos poemas, contos, biografias, temas religiosos e curiosidades (Oliveira, 1998, 161).

A reestruturação dos concelhos e das freguesias na década de 1890 implicou o desaparecimento do concelho do Paul, o que provocou uma revolta popular em 1894 e o recrudescer das críticas no arquipélago ao governo central. Enquanto as elites locais reivindicavam o estatuto de adjacência para Cabo Verde, a crise económica levou Portugal a ponderar a venda do arquipélago. Foi neste cenário que surgiu pela primeira vez a reivindicação da independência de Cabo Verde, que teve entre os seus defensores a *Revista de Cabo Verde* (1899). Criada e dirigida por Luís Loff de Vasconcelos, teve entre os seus colaboradores o intelectual e funcionário público cabo-verdiano Eugénio Tavares. Era editada na ilha de São Vicente e impressa em Portugal. A transferência da capital da Praia para São Vicente; o ataque à hipótese de venda do arquipélago e a defesa da independência de Cabo Verde; a denúncia das arbitrariedades na administração e da discriminação entre europeus e crioulos; a reivindicação de uma escola de artes e ofícios e de medidas para se evitar a fome; o apelo ao desenvolvimento da agricultura, do comércio e da indústria; e o tema das eleições estiveram entre os principais assuntos da revista.

Ao clima de tensão que havia nas ilhas veio juntar-se a fome (entre 1900 e 1904) e os conflitos eleitorais de 1900. Na altura, o governador António Mateus Sampaio substituiu os administradores dos concelhos por militares, de modo a garantir uma vitória no pleito legislativo, o que provocou a indignação pública e manifestações populares. As ideias republicanas fortaleciam-se em Cabo Verde, e foi neste clima que apareceu em 1902 o quinzenário *A Liberdade*, que tinha como redator o republicano Aurélio Martins. Publicado em São Vicente, foi um periódico crítico do governo local e central, de carácter nativista e republicano. O proletariado, a continuidade dos morgadios na ilha de Santiago e a «mordaça» imposta à imprensa estiveram entre os temas abordados pelo jornal *Opinião*, dirigido por Loff de Vasconcelos, publicado em São Vicente e que circulou em 1902. Também há registo nesta altura do jornal *O Espectro*, defensor dos «oprimidos» e crítico do governo metropolitano. Foi dirigido pelo português Gaspar de Matos e publicado em São Vicente em 1904 (Oliveira, 1998, 224–230).

## *A imprensa em Cabo Verde na Monarquia Constitucional*

Na transição do século XIX para o XX, a decadência do regime de morgadio levou à adoção de um sistema de patronato na mediação das relações entre as populações locais e o sistema nacional. Também deste processo emergiu uma classe proprietária não branca e com poder económico que desejava intervir na administração do território. Com a estruturação do ensino no arquipélago, africanos emergentes e europeus em declínio fizeram da formação educacional o espaço para aquisição de conhecimentos que, aliados ao argumento de pertença à terra, levaram ao surgimento de uma intelectualidade que atuou como um novo grupo mediador das relações sociopolíticas entre as autoridades coloniais. Daí que a «invenção» da identidade mestiça cabo-verdiana se tenha constituído em oposição às identidades portuguesa e africana, pois a elite intelectual fez da cabo-verdianidade fator comum a todos os que nascessem no arquipélago. Ou seja, de uma sociedade estruturada por critérios étnicos passou-se a uma suposta homogeneidade fundamentada na pertença ao arquipélago, o que amenizava as tensões sociais da viragem do século, marcada por conflitos raciais, económicos, políticos e culturais (Anjos, 2006).

O surgimento da imprensa independente do Estado esteve relacionado com os conflitos entre os grupos sociais que disputavam espaço na condução política e económica do arquipélago. A demarcar estes grupos não estão os critérios de raça e ideologia, mas sim a ideia de pertença a Cabo Verde e a defesa dos interesses do território e das suas elites. Assim, foi uma elite cabo-verdiana que se opunha ao governo local e aos planos coloniais da metrópole que criou uma imprensa independente do governo para disputar o poder de influenciar e dirigir o arquipélago.

Em relação aos conteúdos jornalísticos, neste período observa-se a predominância de uma prática monitora, na qual se denunciam os abusos do poder público, reivindicam programas sociais como a expansão do ensino e, em especial, se demanda autonomia política. Num segundo nível, a orientação republicana num contexto monárquico e a reivindicação da independência apontam para uma faceta radical do jornalismo, desempenhado sobretudo pelos jornais ligados às elites crioulas. Entretanto, também se assinala um jornalismo de tipo colaborador, que corroborou as práticas do governo central e local, inclusive com a criação de jornais para responder às críticas da imprensa e apoiar a administração.

Governo, funcionários públicos e comerciantes foram proprietários nesta fase, refletindo os principais atores na cena social e política. O fraco desempenho económico do arquipélago, a dispersão populacional e o analfabetismo limitaram a criação de jornais a Santiago, São Vicente e São Nicolau, justamente pelo facto de serem as ilhas mais importantes e por nelas se concentrar o poder político e económico e o sistema de ensino. Tais fatores determinaram o perfil da imprensa como político e não comercial, tendo como público-alvo as elites. Num total de 19 jornais que circularam entre 1842 e 1910, 11 foram produzidos na Praia, cinco em São Vicente e dois em São Nicolau. Destes, cinco foram semanários, quatro, quinzenários, duas edições comemorativas únicas e um mensário. Em 1898, circularam nas ilhas um total de 3354 exemplares de jornais produzidos em Cabo Verde (Brito-Semedo, 2003, 227–233).

Os intelectuais de Cabo Verde, na sua maioria funcionários públicos, eram homens de causas, entre elas a ideia da cabo-verdianidade (o nativismo), a defesa da autonomia política do arquipélago, o republicanismo e o anticlericalismo. Assim, os que praticavam o jornalismo tinham em comum a origem nas elites locais, a formação educacional, o ativismo político e um cargo no funcionalismo público que lhes dava a base económica para um jornalismo de advocacia. Entre a primeira geração de intelectuais cabo-verdianos, na qual se destacou Eugénio Tavares, despertou um «sentimento nativista» em razão da crise sociopolítica que permeou o arquipélago. Através da imprensa, esta elite de «ideologia nativista» reclamou um estatuto jurídico de igualdade em relação aos portugueses metropolitanos (Brito-Semedo, 2003, 259 e 535). Em síntese, a atividade jornalística esteve associada à militância política.

Os conteúdos disseminados pelos jornais, a propriedade dos títulos, a orientação militante dos jornalistas e os conflitos entre os periódicos indicam um forte paralelismo político na imprensa de Cabo Verde ao longo da Monarquia Constitucional. O governo local apoiou (através da reprodução na Imprensa Nacional, por exemplo) a criação de jornais que respondessem às proposições nativistas e suportassem as suas políticas e ações. Embora a censura não tenha impedido a circulação dos jornais, o governo intimidou a imprensa e os jornalistas. A perseguição a Eugénio Tavares recorrendo a um processo judicial por mau uso do dinheiro público visava suprimir a sua intervenção crítica na imprensa e é sintomática dos conflitos entre as elites promovidos através da esfera pública. Deste modo, o Estado teve forte intervenção na imprensa, visto que foi proprietário do boletim oficial, subsidiou jornais privados, recebeu o apoio da imprensa não oficial e reprimiu o jornalismo quando este se opunha aos seus interesses.

## ANGOLA

Em 1825, a ocupação portuguesa efetiva em Angola restringia-se a dois núcleos na costa, Luanda e Benguela. A população da colónia incluía portugueses, africanos e os afro-portugueses, chamados de «filhos do país», e a sua distribuição acompanhava as dinâmicas do tráfico de escravos. Estes tinham conquistado uma posição privilegiada nas estruturas do poder colonial e ocupavam cargos administrativos importantes. Os comerciantes brancos concentravam-se em Luanda e representavam firmas metropolitanas com sede em Lisboa e no Rio de Janeiro, e junto com os oficiais do Exército e da Marinha formavam a elite da colónia. No Interior, o limite da ocupação portuguesa coincidia com os territórios dos «Estados» africanos, e nestas zonas a administração colonial incluía as autoridades indígenas, designadas «sobas». O abandono dos presídios e distritos no interior do território indicava a precariedade da ocupação militar portuguesa, que devia a sua sobrevivência à articulação dos interesses do governo colonial, das famílias afro-portuguesas e das lideranças políticas dos Estados africanos autónomos (Dias, 1998, 366).

A primeira fase da expansão portuguesa em Angola aconteceu entre 1836 e 1861. A ilegalização do tráfico de escravos, em 1842, na prática exigiu a reconversão económica do território. Impostos sobre a população africana e o aumento das taxas aduaneiras dos portos, abertos ao comércio estrangeiro em 1844, foram a resposta do governo colonial para a substituição das receitas. O plano de expansão português centrou-se em campanhas militares na região norte de Angola e na costa entre Luanda e Cabinda. Entretanto, a população africana resistia ao pagamento de impostos através de revoltas armadas e da migração (Wheeler, 2009, 91–95). O aumento gradual dos géneros de exportação colonial a partir de 1840 deveu-se à produção africana, e até ao último quartel do século XIX os africanos dominaram a vida económica colonial por meio da produção, do transporte e do comércio (Torres, 1991, 54).

Em 1846, a população branca em Angola era de cerca de 1830 pessoas, e a maioria da comunidade portuguesa era constituída de degredados. Estes fizeram parte das forças militares e policiais e participaram de missões para fomentar ou evitar o tráfico de escravos, coletar impostos e para capturar mão de obra forçada. As políticas metropolitanas previam que os degredados contribuíssem no povoamento de Angola e para tal foram desenvolvidos projetos de colónias penais agrícolas, que, contudo, não obtiveram sucesso (Bender, 1978, 64–80).

No governo de Pedro Alexandrino da Cunha, em 13 de setembro de 1845, foi publicado o primeiro número do *Boletim do Governo Geral da Província de Angola*. Semanário, além dos conteúdos oficiais — decretos, legislação, resoluções do governo central e colonial —, o boletim incluiu informação estatística e económica local; notícias do império português e da colónia; anúncios de instituições públicas e particulares e conteúdos culturais. Entretanto, a sua variedade temática diminuiu à medida que foram surgindo jornais não oficiais, e a partir do século XX o boletim restringiu-se aos conteúdos legais, embora o periódico se mantivesse como fonte de informação para a imprensa privada (Lopo, 1964, 11–26; Gonçalves, 1964, 29–35).

Depois da abolição do tráfico, o eixo comercial de Angola mudou do Brasil para Portugal, onde se instalaram diversos traficantes com os seus lucros acumulados. Nas décadas seguintes, este grupo financiou parte do comércio lícito e ilícito de Angola através de negociantes residentes nas colónias. É também deste período, 1850–60, a instalação de câmaras municipais e julgados nos concelhos coloniais e, até 1890, as oligarquias afro-portuguesas regionais fizeram destas instituições espaços de oposição ao poder militar. Os impostos municipais foram importantes no desenvolvimento local, mas também se tornaram numa fonte de corrupção. Em 31 de maio de 1856 saiu em Luanda *A Aurora*, fundado por funcionários públicos, militares e advogados. O jornal dedicou-se aos conteúdos literários e recreativos, publicou poucos exemplares e Angola teve de esperar uma década para que surgisse novo título não oficial (Lopo, 1964, 45).

A concentração costeira, o desencorajamento da expansão para o Interior, a redução dos militares e a atenção à política laboral caracterizaram a segunda fase da ocupação portuguesa em Angola, entre 1861 e 1877 (Wheeler, 2009, 96). Até finais do século XIX, a região do Cassange, na fronteira nordeste de Angola, permaneceu turbulenta, com frequentes assaltos por diferentes grupos africanos, aos quais se juntavam escravos fugidos. Os moradores do Interior reivindicavam o apoio do governo colonial para as suas operações, que pretendiam o monopólio do comércio, e as campanhas militares tinham como objetivo o saque de escravos e marfim e visavam estender a cobrança de imposto à população africana (Dias, 1998, 412–413).

A sul do rio Cuanza, nas regiões centro e sul de Angola, a expansão militar portuguesa deu-se no final do século XIX, devido à falta de recursos para dominar a região frente ao poder africano. A vila de Moçâmedes foi fundada em 1840 e tinha em vista o controlo alfandegário português a sul de Benguela e a intensificação do comércio legal. No sul de Angola, os Estados gambos guerrearam por duas décadas contra a ocupação portuguesa e a cobrança de impostos. Neste contexto, as autoridades coloniais aliavam-se aos reinos africanos mais fortes para promover «guerras pretas» contra as populações rebeldes. Estas estenderam-se até ao final do século XIX e foram a principal fonte da mão de obra exportada para São Tomé e Príncipe. Em 1855, foi fundado o distrito administrativo de Ambriz, a norte, mas na década seguinte os povos africanos da região continuaram impedindo a fixação e o controlo do comércio pelos portugueses. As tentativas portuguesas de controlar o Reino do Congo também fracassaram até ao final do século (Dias, 1998, 420–425).

Em 1865, o BNU instalou-se em Angola e a partir de então concedeu empréstimos às grandes casas comerciais. Apesar do crescimento do comércio nas diversas regiões, o orçamento colonial mantinha-se insuficiente em relação às despesas na década de 1870. Os incentivos do governo à agricultura foram escassos e foi o capital privado o principal responsável pelo desenvolvimento das plantações agrícolas a partir da década de 1850.

### *A imprensa independente*

*A Civilisação da África Portuguesa, semanário dedicado a tratar dos interesses administrativos, económicos, mercantis, agrícolas e industriais da África portuguesa, particularmente de Angola e S. Thomé*, foi o primeiro jornal noticioso publicado em Angola. Semanário e com tipografia própria, teve como proprietários e redatores os advogados Alfredo Mântua e Urbano de Castro. O primeiro número foi publicado em 6 de dezembro de 1866 e o título manteve-se até 1869. No editorial do n.º 1, o jornal assumiu os seus propósitos: «Exijamos dos governos o que é das suas atribuições; mas da iniciativa particular exijamos também o muito, que lhe pertence fazer» ([17]).

([17]) Todas as citações retiradas dos jornais analisados foram atualizadas na sua ortografia e acentuação, a pontuação original foi mantida.

A má administração das câmaras municipais e as ameaças contra os jornalistas por dizerem «as verdades» sobre os juízes e militares no governo foram os temas do n.º 6, em janeiro de 1867. Em novembro do mesmo ano, no n.º 46, o jornal denunciava a perseguição aos seus jornalistas, que tinham perdido as licenças para advogar. Gonçalves Cardoso, governador de Angola entre 1866 e 1869, esteve entre os alvos de *A Civilisação*, que em outubro de 1868, n.º 102, dizia que, «por desgraça, depois de tantas provas de incapacidade, de facciosidade e de despotismo, continua governando, ou desgovernando a mais rica das possessões da Europa na África Ocidental». O clientelismo no governo da colónia e a dissolução das câmaras municipais foram os temas do jornal em março de 1869, n.º 125. Burlas nos processos eleitorais e a defesa dos trabalhadores africanos estiveram na edição n.º 151, de setembro de 1869. Em razão das suas críticas ao governador, o jornal foi suspenso em 1867 e os seus proprietários estiveram presos durante meses.

*O Commercio de Loanda* foi contemporâneo de *A Civilisação*, tendo sido publicado em setembro de 1867 e janeiro de 1870. Semanário, tinha tipografia própria e foi editado por Pascoal Gabriel dos Anjos. Notícias da província de Angola e de Portugal e informação económica estiveram entre os seus conteúdos. Porém, o jornal teve como agenda privilegiada a defesa do governo de Angola, em resposta às críticas à administração pública promovidas por *A Civilisação*, e o ataque aos jornalistas Alfredo Mântua e Urbano de Castro.

Alterações económicas afetaram Angola a partir da década de 1870. O declínio das exportações e do preço dos produtos coloniais atingiu a economia, e as secas e epidemias agravaram a situação da colónia. A apropriação pelos colonos portugueses das terras indígenas cresceu, obrigando os africanos a buscar trabalho nos empreendimentos agrícolas, e provocou o acirramento das lutas com as comunidades africanas nas diversas regiões de Angola (Wheeler, 2009, 106–107).

### *Jornalismo de denúncia*

O semanário *O Mercantil* foi publicado entre 1870 e 1897, teve como proprietário e diretor José Pinto da Silva Rocha, que viveu da publicidade do jornal, e como redatores dois funcionários públicos. Com uma tiragem de 700 exemplares, o jornal teve correspondentes em diversos pontos da colónia, em Portugal e no Brasil. Em fevereiro de 1883, n.º 707, o título alertava o governo: «Pense pois o governo cordatamente no estado da província, e sem perda de tempo, trate de cortar o mal que a vai lançando precipitadamente a braços com uma desastrosa crise.» As críticas do jornal ao governo valeram-lhe a sua suspensão e o confisco dos seus bens em 1883. Ao longo dos seus 27 anos, o jornal denunciou os funcionários públicos corruptos (n.º 442, maio de 1877); defendeu a importância dos degredados no desenvolvimento da colónia (n.º 558, agosto de 1879); criticou o abandono das instituições do Estado e as irregularidades cometidas pelos militares (n.º 621, junho de 1881); aplaudiu a ocupação e a expansão militar portuguesas em Angola (n.º 689, outubro de 1882); e defendeu a colonização em África e o projeto colonial do governo central (n.º 806, janeiro de 1885):

Na maioria dos distritos de administração portuguesa, encontravam-se grupos crioulos com fortes raízes nas sociedades africanas. Conhecidos como «filhos do país» (também designados «nativos» e «afro-lusos» em diferenciação de «gentios» e «indígenas», como eram tratados os africanos), formavam uma elite que, pela sua riqueza e educação, ocupava posição privilegiada em relação aos africanos. A integração de valores e crenças africanos e europeus e a posse privada da terra caracterizavam esta elite, a qual tinha enriquecido com o tráfico de escravos e concentrava a sua «aristocracia» em Luanda. Um segundo nível desta elite compunha-se pela mistura das famílias tradicionais com agregados crioulos mais recentes. Um terceiro sector incluía as «oligarquias» mestiças de ascendência predominantemente negra que se concentravam nos centros de comércio e administração colonial. A parte inferior do grupo constituía-se de artesãos e operários que, pelo acesso à educação e pela adoção dos hábitos europeus, ascenderam a esta elite. A inserção das elites africanas nos cargos de administração colonial deu-lhes prestígio social. Entretanto, a partir de 1850, devido às alterações económicas e políticas, os grupos dirigentes de Luanda e do Interior deram lugar a uma elite africana formada sobretudo por funcionários subalternos e pequenos comerciantes. A partir da década de 1860, houve uma crescente consciência por parte dos «filhos do país» da sua exclusão política, económica e social (Dias, 1984). Foram os intelectuais desta elite que promoveram as primeiras iniciativas de uma imprensa africana.

A emergência da literatura angolana, protagonizada neste período pela comunidade dos «filhos do país» de Luanda, coincidiu com o surgimento do boletim oficial, no qual as elites intelectuais se expressaram, além de terem publicado livros e panfletos. Entretanto, a literatura e os escritores angolanos ganharam protagonismo e visibilidade com o aparecimento da imprensa não oficial, especialmente da imprensa africana, e fizeram do espaço jornalístico e da literatura ferramentas para a expressão das ideias nativistas e para reivindicações político-sociais (Corrado, 2008, 159–160). Como sublinha Ervedosa, o jornalismo e a poesia foram as formas literárias que se evidenciaram na primeira geração de intelectuais angolanos (Ervedosa, 1979, 40).

*O Cruzeiro do Sul, Órgão dos Interesses das Províncias Ultramarinas*, circulou entre 1873 e 1878. O semanário teve tipografia própria e os seus proprietários foram o «filho do país» Lino Maria de Sousa Araújo, funcionário público, e o português Francisco António Pinheiro Bayão, capitão do Exército. José Fontes Pereira, advogado afro-luso, foi colaborador frequente do jornal, que teve correspondentes em diversos pontos da colónia. *O Cruzeiro do Sul* atacou o governador da colónia e as políticas metropolitanas para Angola; denunciou o trabalho forçado em São Tomé e Príncipe e a continuidade das práticas escravistas; criticou a ausência de escolas e serviços sociais; defendeu os direitos dos africanos e contribuiu para a sua afirmação social (Wheeler, 1972, 76). As posições críticas do jornal levaram à suspensão de Lino Araújo do seu emprego nas alfândegas e a um processo por abuso de liberdade de imprensa em 1876 ([18]).

Em 1875 chegaram a Angola novos missionários católicos, permitindo o recomeço da ação missionária portuguesa na colónia. Missionários evangélicos norte-americanos e ingleses também se instalaram no Interior e significavam uma ameaça cultural e económica para a colonização portuguesa, uma vez que promoviam o ensino e comerciavam com os povos africanos. Também em 1875, circulou em Luanda *O Correspondência de Angola*, noticioso, literário e político; outro título desta altura foi *O Meteoro*, de curta duração.

O *Jornal de Loanda* foi publicado entre 1878 e 1882. Semanário e com tipografia própria, foi propriedade do português, curador dos serviçais e deputado pela colónia, Alfredo Troni. A denúncia dos favorecimentos promovidos pelo BNU na concessão de créditos agrícolas; as prisões arbitrárias e os abusos da polícia; e a «triste» situação da agricultura em Moçâmedes foram os temas do *Jornal de Loanda* em março de 1880, n.º 60. O benefício das gratificações para alguns funcionários públicos, a falta de estradas e o elogio ao governo central foram manchetes em abril de 1881, n.º 96. Em outubro do mesmo ano, n.º 114, o *Jornal de Loanda* sublinhava que o povo estava farto do «fictício sistema constitucional». A edição assinalava ainda que Sales Ferreira, candidato ao concelho de Luanda apoiado pelo *O Mercantil*, era «inelegível», e que a confirmação da sua desistência permitiria que tudo corresse «bem» nas eleições, o que era «raro» em Luanda. A oposição do jornal ao governo provocou a anulação do mandato de deputado de Troni e a sua transferência para Moçambique pelo governador. Entretanto, Troni demitiu-se do serviço público e montou banca como advogado em Luanda, onde também foi presidente da associação comercial e da câmara municipal.

---

([18]) Sobre *O Cruzeiro do Sul*, assinala-se também o estudo de V. Salvadorini, «Os Primeiros Números de um Jornal de Angola: O Cruzeiro do Sul», *in Actas da I Reunião Internacional de História de África, Relação Europa–África no 3.º Quartel do Séc. XIX*, dir. M. E. M. Santos (Lisboa: Instituto de Investigação Científica Tropical do Centro de Estudos de História e Cartografia Antiga, 1989), 117–127.

### *A imprensa africana*

O avanço do projeto colonial português, a desestruturação das sociedades africanas no interior e o enfraquecimento das elites afro-lusas dos centros urbanos contribuíram para o aumento das contradições entre os europeus e os africanos. Neste cenário, ao longo das décadas de 1880–90 fortaleceu-se uma imprensa africana que defendeu a república, advogou a independência de Angola, lutou pelos direitos dos africanos e pela sua igualdade de estatuto em relação aos europeus.

*O Echo de Angola* foi republicano e saiu em Luanda a partir de novembro de 1881, propriedade do «filho do país» Inocêncio Mattoso da Câmara, que tinha sido vereador da Câmara de Luanda, e impresso na gráfica do *Jornal de Loanda*. O n.º 1 apresentava os objetivos do jornal: «advogar a causa, zelar os interesses desta infeliz província, que tão descurados — tão esquecidos — têm sido da metrópole». O jornal saiu logo depois das eleições para deputado, e um artigo observava que o «atraso» de Angola se devia aos «filhos do país», pois estes trocavam os seus votos por benefícios pessoais, o que teria resultado na derrota de Mattoso nas eleições parlamentares. Entretanto, também se anunciavam as eleições municipais em Luanda, e a edição criticava o atual presidente da câmara e defendia a lista de Mattoso. Em 1881 também foi publicado o primeiro número do *Gazeta de Angola*, em 17 de novembro, o qual focou as notícias locais e da metrópole. O semanário anunciava uma tiragem de 800 exemplares e foi impresso no *Jornal de Loanda*.

*O Futuro d'Angola* saiu em março de 1882, fundado e dirigido pelo comerciante «filho do país» Arsénio de Carpo, e assumiu a defesa do republicanismo. O n.º 206, de junho de 1894, denunciava a «administração do país na exploração do povo», os favorecimentos e abusos do governador. Em relação à reforma judicial do ultramar, o título criticava o «rancor» contra os «filhos da província» e a intenção de se «aniquilar a raça negra». José Fontes Pereira colaborou no título com artigos que criticavam o projeto colonial português e que defenderam a independência de Angola, tendo o Brasil como referência (Bittencourt, 1999, 51). O jornal também defendeu os interesses do comércio e das elites afro-lusas; denunciou a discriminação racial; reivindicou o ensino escolar; atacou os processos eleitorais como ilegítimos; e criticou as políticas metropolitanas em Angola. As posições críticas do jornal resultaram na perseguição dos seus jornalistas, com um processo movido contra Arsénio de Carpo em 1892 (Ribeiro, 2012, 63–70).

A *União Áfrico-Portuguesa* também circulou em 1882, título político e noticioso dirigido por Urbano de Castro. O n.º 1, em maio, apresentava os princípios do jornal:

> a integridade dos territórios, que constituem a nação; quer a solidariedade, em todos eles, da dignidade e do interesse nacional; exige para todo o país em todas as espécies de administração, exceto na militar, naval e política, a máxima descentralização; requer para Angola o *self-government*, sem quebra, nem relaxamento, do vínculo, pelo qual devem todas as províncias do ultramar com todas as da metrópole constituir uma unidade política; discute a constituição fundamental, as instituições, as leis e a governação da monarquia; reclama as reformas necessárias à garantia dos direitos individuais e sociais.

O título procurou ser diário, embora tenha saído de forma irregular. A *União Áfrico-Portuguesa* criticou o governo central pelo seu descaso com as colónias, porém, defendeu o projeto colonial, a ocupação e a exploração do território; atacou a política de concessão de crédito do BNU; criticou o governo da colónia; reclamou a construção de infraestruturas e serviços sociais; entre outros temas. O jornal terminou em 1883 devido à morte do seu editor, em agosto daquele ano.

Ainda em 1882, circulou *O Ultramar*, que se propunha «promover, zelar e advogar os interesses morais e materiais da província» (Bittencourt, 1999, 49). *A Verdade* circulou entre 1882 e 1888, propriedade do advogado Alfredo Mântua. Embora irregular, foi político e crítico. O ataque à monarquia e a defesa da república; o combate sistemático aos governadores; a defesa dos direitos da população africana; a denúncia dos abusos cometidos pelo sector privado, em especial pela Real Companhia dos Caminhos de Ferro; e o combate ao clericalismo estiveram entre os temas privilegiados do jornal (Ribeiro, 2012, 47–49).

*O Pharol do Povo*, folha republicana, saiu em Luanda em 10 de fevereiro de 1883 e circulou até 1885. O semanário teve tipografia própria e correspondentes no Interior, o redator principal foi o «filho do país» João da Ressureição Arantes Braga e o periódico também contou com os textos de José Fontes Pereira. O jornal assumiu-se como «verdadeiramente africano» e propunha-se «iluminar o espírito do povo, esclarecê-lo dos seus direitos, obrigações e deveres; incumbe esta tarefa de propaganda de ideias e pensamentos, com o fim de desbravar a natural independência desta raça Africana». O jornal advogou a república e a independência de Angola; denunciou a corrupção dos governos e as guerras promovidas contra a população africana do Interior; defendeu os interesses das elites afro-lusas mas também dos indígenas de Angola; e apoiou os candidatos republicanos nas eleições legislativas. As denúncias do jornal, principalmente da burla eleitoral e do comércio de escravos, resultaram em processos contra os jornalistas do *Pharol do Povo*, o que levou Fontes Pereira a deixar de colaborar com o título (Silva, 2000; Ribeiro, 2012, 50–62).

*Mukuarimi* (falador), semanário com tipografia própria, propriedade de Alfredo Troni, circulou em 1888. Contudo, teve curta existência e, em 1891, deu lugar a *Os Concelhos de Leste*, do mesmo proprietário. Também de 1888, em 20 de maio, saiu *O Imparcial*, que teve como proprietário o «filho do país» Carlos da Silva e como redator principal Afonso Botelho.

*O Imparcial* foi substituído por o *Arauto Africano*, visto que o semanário, com tipografia própria, teve como proprietário e redator principal Carlos da Silva e manteve a mesma linha editorial. A primeira edição saiu em 17 de maio de 1889 e tinha como manchete as denúncias do vereador Bernardino Massi sobre as irregularidades e abusos cometidos pelos seus pares na câmara municipal e pedia ao governador a realização de uma sindicância. O título afirmava que «o seu fim principal é o de advogar perante os altos poderes os interesses comuns de todos, quer africanos quer europeus. Procurará chamar à união os filhos do país, formando uma liga, para que mutuamente nos protejamos, para que não nos invejemos.» No seu n.º 7, em junho de 1889, o jornal voltava a atacar o governador, «o mais infeliz de todos»; apontava a reforma da Fazenda como necessária para pôr fim «aos abusos da administração financeira no ultramar». As posições republicanas do jornal e os artigos críticos do governo metropolitano quando do Ultimato resultaram na perseguição de Carlos da Silva e num processo contra Fontes Pereira, que levou este a perder o seu emprego como funcionário público (Ribeiro, 2012, 74).

*Muen'exi* (senhor da terra), órgão democrático, publicou o seu primeiro número em junho de 1889, propriedade de C. Castro Francina. «O nosso jornal é dedicado à política, ao comércio, à indústria e à agricultura, e defenderá com especialidade os interesses da província», afirmava o seu título na primeira edição. O mesmo número atacava o *Arauto Africano* por publicar acusações «infundadas e banais» contra a Câmara Municipal de Luanda e o governador da colónia. O n.º 2, de junho de 1889, apontava que «toda a imprensa de Angola, com exceção do *Arauto Africano*, tem sido unânime em render homenagem ao benemérito governador».

*O Desastre: órgão político-noticioso* saiu em 30 de setembro de 1889. Propunha-se quinzenário, mas foi irregular por razões políticas, por não ter uma tipografia própria e pelas dificuldades financeiras. Propriedade do «filho do país» Mamede de Sant'Anna e Palma (funcionário público que se demitiu antes de fundar o jornal), o periódico foi republicano, defendeu a independência de Angola e os direitos dos africanos (Silva, 2000).

Publicados em Luanda, circularam ainda na década de 1880 os seguintes títulos: *Noticiário de Angola* (1880); *O Raio* (1884); *O Bisnagas* (1884); *O Arauto dos Concelhos* (1886); *A Tesourinha* (1886); *O Rei Guilherme* (1886, do Partido Regenerador); *O Serão* (1886, ligado ao Partido Progressista); *O Progresso de Angola* (1887); e *O Foguete* (1888). Na Catumbela circulou em 1886 *A Ventosa* e, em Moçâmedes, entre 1881 e 1885, o *Jornal de Mossamedes*.

### *A imprensa republicana*

Na década de 1890, foram demarcadas as fronteiras na região norte de Angola através de acordos bilaterais assinados com a França e a Bélgica entre 1885 e 1891. A partir de 1890, o poder colonial optou pela ocupação militar e pelo domínio direto, em lugar das relações de vassalagem com as sociedades africanas. Se até então a guarnição militar da colónia tinha sido reduzida, ganhou força com oficiais e soldados da metrópole, e, no final do século XIX, o equipamento europeu permitiu uma rápida progressão do domínio português (Freudenthal, 2001, 261–270). Em 1895 existiam cinco distritos em Angola: Luanda, Benguela, Congo, Moçâmedes e Lunda.

É deste período a intensificação do republicanismo, que vinha acumulando força na colónia desde a década de 1880, e entre 1890 e 1892 houve uma conspiração para tornar o território independente e proclamar uma república. A falta de autonomia financeira, o transporte de degredados para Angola, a má gestão dos interesses económicos, a negociação da fronteira com o Congo e a questão laboral eram as principais críticas do grupo ao governo colonial e metropolitano. Note-se que ao longo do século XIX três grupos desenvolveram atividades nacionalistas em Angola: os príncipes e chefes africanos rebeldes; os colonos europeus e os africanos «filhos do país». Os dois últimos grupos tiveram como plataforma privilegiada a imprensa (Wheeler, 2009, 138–161).

O *Correio de Loanda*, semanário que teve como dono Abílio de Almeida Soares, advogado e funcionário público, começou a circular em janeiro de 1890. O n.º 1 esclareceu os seus propósitos: «dar conta dos factos mais notáveis que forem ocorrendo nesta província e fora dela [...] É possível que, no decorrer da sua existência, tenha algumas vezes de reprovar atos públicos, e outras de os aplaudir.» A mesma edição denunciava os vereadores que lucravam com o fornecimento de bens e serviços à câmara municipal. O movimento republicano acumulava força na perspetiva do jornal, que no n.º 13, de abril de 1890, fazia eco da proibição de manifestações patrióticas em Lisboa, «o que denota a grande fraqueza do ministério que está no poder». Em 1892, n.º 114, o *Correio de Loanda* cogitava que a gravidade da situação política em Lisboa levaria Portugal a ser administrado por uma comissão de potências estrangeiras e analisava as consequências de tal mudança para Angola: «Pensa-se, pois, num *self-government* para a província, a exemplo das colónias inglesas da Austrália e do Cabo.» O *Correio de Loanda* foi publicado até 1896 e garantia não receber subsídios e viver apenas «por favor» dos seus anunciantes e assinantes.

O semanário *A Província* circulou em Luanda entre 1893 e 1894, propriedade da Empreza e dirigido por Feliciano Ferreira. O n.º 56, de setembro de 1894, assinalava: «O autoritarismo está-nos conduzindo, na política, para a tirania, na economia nacional, para a bancarrota, nas finanças para a trapaça, nas relações sociais para o bandoleirismo.» Republicano e ligado aos interesses do comércio, a mesma edição criticava que «a comissão composta para a exposição de produtos industriais portugueses inclui apenas funcionários, a Associação Comercial de Loanda foi ignorada, bem como os comerciantes africanos».

*O Imparcial*, *Semanário Monárquico Independente*, tendo como proprietário e redator principal Carlos A. B. Vasconcellos, circulou em Luanda em 1894. O n.º 9, de junho de 1894, relatava que o inspetor encarregado da sindicância à Câmara Municipal de Luanda regressava a Lisboa: «diz-se que nada foi descoberto, mas Júdice da Costa tem um lustre igual ao da sala de sessões da câmara municipal e móveis feitos de madeiras e por marceneiros compradas pelo estado». O BNU também era alvo de denúncias pela forma como distribuía o crédito agrícola e a ineficácia da polícia era atacada: «Não sabemos como classificar uma sociedade que é policiada, vigiada, defendida, por vadios e gatunos.» Uma carta ao redator narrava os «abusos e perseguições» contra os africanos para lhes roubar cabeças de gado.

*O Independente* foi criado em resposta ao conteúdo editorial de *O Imparcial*. Semanário, publicou o seu n.º 1 em maio de 1894 e neste afirmava «pugnar pelos interesses da Província [...] sendo sentinelas sempre vigilantes, e prontas a soltar o grito de alarme a todos os escândalos que aqui se deem». O título atacava *O Imparcial*: «o fim que se propõe é malsinar, descendo até à calúnia abjeta e vil». O jornal alegava que *O Imparcial* tinha sido criado para «servir os ódios e as vinganças de um descontente» e acusava «injustamente» o Matheus Sampaio, deputado por Luanda. Na perspetiva de *O Independente*, as colónias precisavam de «libertar-se das dependências», aumentar a instrução e «modificar o modo indígena, civilizá-lo».

Destes títulos foi contemporâneo o *Bofetadas*, dirigido por José Alves d'Oliveira, proprietário da Tipografia Minerva. O n.º 1 saiu em setembro de 1894 e atacava a imprensa de Angola: «Eu amedronto com a minha voz de trovão e tenho dinheiro, eu aterrorizo os povos com o meu jornal, e eles dão-me dinheiro.» O *Bofetadas* criticava também o chefe de concelho e sua administração, os favorecimentos na governação e os abusos de autoridade para benefício de particulares. No n.º 24, de abril de 1895, o *Bofetadas* desejava que «descanse em paz» o governador Pereira de Miranda, que se retirava de Angola, e apontava o «desgraçado caos» do tesouro público. Na edição seguinte, n.º 25, o jornal assumia-se republicano: «Não conspiramos contra o absolutismo? Pois trabalhamos também hoje por uma nova forma de governo.»

*O Sul d'Angola: órgão quinzenal dos interesses do distrito de Mossamedes*, propriedade de Francisco José da Costa Rubim e com redação de Artur Gomes, circulou entre 1892 e 1895. Em outubro de 1893, n.º 23, o jornal atacava a tentativa de reeleição do governador distrital: «com o fim de prestarmos um importante serviço ao distrito, procurando afastar semelhante indivíduo de qualquer cargo de representação [...] os funcionários trabalham nas suas obras particulares».

Embora o jornal promovesse a luta política local, o governador da colónia, Álvaro da Costa Ferreira, que tinha governado Moçâmedes, foi elogiado pelo *O Sul d'Angola.*

*A Tesoura (ridendo castigant mores)*, folha que se propunha mensal, circulou em Moçâmedes em 1892. O título declarava usar a sátira para apresentar «os ridículos da terra» e registava que «não será o nosso periódico uma nauseabunda e massuda caldeirada, obrigada a elogio aos que estão alto». Sobre a colonização, *A Tesoura* apresentava quatro modelos: «Sistema inglês: colónias com colonos. — Sistema francês: colónias sem colonos. — Sistema alemão: colonos sem colónias. — Sistema português: nem colónias nem colonos.»

A perseguição do governo aos jornais e aos jornalistas, sobretudo aos periódicos de propriedade de africanos, levou ao enfraquecimento da imprensa e à desestruturação de muitos periódicos ao longo da década de 1890. Contudo, não deixaram de surgir títulos, ainda que efémeros, a exemplo de *O Polícia Africano*, que substituiu o *Arauto Africano* a partir de 1890 e manteve como diretor Carlos da Silva, bem como a sua linha editorial. *Os Concelhos de Leste, semanário especialmente dedicado aos interesses d'estes concelhos*, foi publicado em 1891, propriedade de Alfredo Troni. *O Chicote* também circulou em Luanda em 1890. *O Notícias de Angola* saiu em 1891.

*O Commercio D'Angola, semanario dedicado aos interesses geraes da provincia e muito especialmente aos do commercio e da agricultura*, foi editado e administrado pelo «filho do país» Eusébio Velasco Galiano, circulou entre 1892 e 1893 e defendeu os direitos da população africana. *O Propaganda Colonial: o futuro d'Angola depende só de um regime de liberdade e justiça* pertenceu a Arsénio de Carpo, saiu em 1896 e manteve a linha editorial de *O Futuro d'Angola.* Apreendido pelo governo, o jornal passou a chamar-se *Propaganda Angolense* e circulou em 1897. Ainda em 1896, *O Santelmo* e *Revista de Loanda.* Em 1899 foi publicada *A Folha de Loanda.* Registam-se ainda, em Benguela, *A Semana: folha semanal*, dirigida por P. Machado e que circulou entre 1892 e 1893, e, em Ambriz, *A Africana*, em 1893.

### *A retração da imprensa*

Em 1900, a «pacificação», a descentralização administrativa e a ocupação europeia persistiam como pilares do projeto colonial também em Angola. A população da colónia naquele ano era de 4 789 946 pessoas, das quais 3112 eram mestiças e 9198 eram brancas numa esmagadora maioria negra. Na viragem do século, a maioria dos aglomerados africanos tinha sido destruída ou abandonada como resultado das campanhas militares, e as cidades coloniais desenvolviam-se como consequência dos fatores geopolíticos e económicos. Destacavam-se os centros urbanos de Luanda, Moçâmedes, Novo Redondo, Benguela, Porto Alexandre, Catumbela e Ambriz. A população ativa nesta época era de cerca de 400 000 pessoas, a maioria agricultores e serviçais, estes, substitutos dos escravos e dos libertos. Nesta altura, houve um aumento no custo da mão de obra, o que se deveu à resistência africana, ao fim do regime dos libertos e ao desenvolvimento económico (Freudenthal, 2001, 309–324).

Na primeira década do século XX, a burguesia da colónia alternou crises comerciais com curtas fases de prosperidade. Inclusive porque as pautas aduaneiras de 1892 tinham favorecido a metrópole e prejudicado os médios e pequenos comerciantes da colónia, visto que tinham como objetivo reservar Angola para as exportações portuguesas enquanto os produtos da colónia tinham direitos «insignificantes» (Valério e Fontoura, 1994, 1197). A circulação de mercadorias ainda dependia em larga escala dos carregadores, embora houvesse transporte fluvial no Interior e de cabotagem entre os portos do Litoral. Ainda que os projetos de construção da via-férrea datassem do século XIX, foi apenas na década de 1900 que arrancaram as obras para o caminho de ferro.

Em 1900, o único jornal que circulava em Luanda era o semanário *Gazeta de Loanda*, o qual provocou polémica na colónia quando um artigo denunciou a «injustiça» de um branco ter sido punido por insultar um negro; além de defender justiças distintas para brancos e negros, o texto apregoava castigos corporais. A reação dos africanos deu-se no livro *Voz d'Angola Clamando no Deserto*, que reuniu textos de intelectuais e jornalistas publicados nos jornais de Angola nas décadas anteriores.

A maçonaria iniciou as suas atividades em Angola em 1843 e fundou lojas em Luanda, Benguela e Moçâmedes, entre outras localidades. As lojas fundadas no princípio do século XX foram as mais estáveis e em geral mantiveram-se ativas até à ilegalização da maçonaria, durante o Estado Novo (Oliveira Marques, 1986, 77–78). Foi por iniciativa do grupo maçónico Grémio Português de Luanda que circulou, entre 1903 e 1907, o quinzenário *A Defeza de Angola: libertando pela paz, egualando pela justiça, progredindo pela autonomia*. O jornal foi dirigido pelo jornalista José Macedo, deportado para Angola devido às suas atividades republicanas, e teve tipografia própria.

O quinzenário *Voz de Angola, libertando pela paz, igualando pela justiça, progredindo pela autonomia*, 1908–10, substituiu *A Defeza de Angola*. Republicano, crítico da estratégia do governo metropolitano e defensor dos direitos dos africanos, foi dirigido pelo funcionário público, militar e político Júlio Lobato. O n.º 1, em janeiro de 1908, definia a linha editorial do título: «o desejo do ressurgimento de Angola sob um regime de paz, fomento e economia». A mesma edição abordava as prioridades de Angola: um regime descentralizador; a remodelação do contrato dos serviçais para o fim da escravatura; o saneamento das povoações; a redução da presença militar; a revisão das despesas; a civilização dos indígenas; a criação de núcleos de exploração agrícola pelos indígenas e pontos comerciais pelos europeus; a proteção das aspirações industriais da economia; a exploração dos minérios com auxílio do Estado; o barateamento das tarifas dos transportes de mercadorias. As medidas do governador Paiva Couceiro eram aplaudidas pelo quinzenário no n.º 51, dezembro de 1908. Porém, o jornal também criticava o governo local e metropolitano, pois não tinha sido posta em vigor a lei para o fomento do algodão e para a construção do caminho de ferro para Benguela, e os juros bancários eram muito altos: «Portugal não tem vantagem alguma em conservar as suas colónias na decadência, dando-lhe défices anuais.»

A criação de uma Liga de Defesa dos Interesses de Angola era defendida pelo jornal em agosto de 1909, n.º 89. Em outubro, n.º 98, o jornal criticava o governo por adiar «propositadamente a solução de problemas fundamentais para o desenvolvimento económico da província», entre eles a separação entre os interesses da metrópole e da colónia; a ausência de um serviço militar nas zonas onde a soberania portuguesa era fraca; e os conflitos entre os «dominados e dominadores». «A morte da monarquia» foi o tema do *Voz de Angola* em janeiro de 1910, n.º 109: «O fantasma da monarquia, assente sobre o que resta do seu passado, e que não é mais do que as tábuas desconjuntadas de um trono, anda assim aos vaivéns desta desordem de viela.»

*O Angolense*, semanário editado pelo «filho do país» Eusébio Velasco Galiano, circulou entre 1907 e 1911. O n.º 1, de setembro de 1907, apresentava a missão do título: «Pugnar pelos interesses de Angola e dos seus filhos inculcando a estes são princípios, eis a nossa missão, que protestamos cumprir até ao fim, com toda a serenidade, e verdade, mas também com toda a intransigência.» A mesma edição defendia a autonomia de Angola e a constituição de um conselho legislativo para as províncias.

Refletindo o crescimento dos centros urbanos do Interior, apareceram jornais em diversas cidades. *O Benguella, semanário noticioso, literário, anunciador, defensor dos interesses do districto e da provincia* circulou entre 1906 e 1910, propriedade da Tavares e Companhia e editado por José Tavares. Em fevereiro de 1910, n.º 169, o jornal apontava as dificuldades da Associação Comercial de Benguela, denunciava «tropelias» praticadas no Interior e sublinhava que «atrocidades» não eram cometidas apenas contra os indígenas. A mesma edição trazia uma carta ao governador-geral de Angola em defesa dos agricultores do Bié e do Bailundo. Em Benguela circulou também *A Realidade*, em 1908. Registam-se ainda os seguintes títulos que circularam em Angola na década de 1900: *O Agarra* (1909), em Luanda; *O Correio de Mossamedes* (1903) e *O Mossamedense* (1909), em Moçâmedes; e em Novo Redondo, o *Echos do N'Gunza* (1904) e a *Folha do Sul* (1905).

### *A imprensa em Angola na Monarquia Constitucional*

O primeiro jornal não oficial em Angola surgiu 21 anos depois da implementação do boletim oficial. A partir de então, e ao longo da Monarquia Constitucional, sobressaiu o desempenho do papel jornalístico monitor na imprensa de Angola. A fiscalização das atividades do governo da colónia; a denúncia das irregularidades cometidas pelas instituições administrativas e por funcionários públicos; as críticas às políticas do governo metropolitano; as acusações contra os favorecimentos do sector público aos privados; e os ataques aos abusos cometidos contra a população africana estiveram entre os temas centrais do jornalismo ao longo da monarquia e são indicadores do papel monitor. Note-se que os jornais dos distintos grupos sociais desempenharam um papel de monitoria e denúncia dos poderes, promovendo no emergente espaço público o debate dos assuntos políticos, económicos e sociais, e atuando como mediadores da informação entre governo e sociedade.

Num segundo nível, destacou-se o exercício do papel jornalístico radical, visto que ao longo do período monárquico coube à imprensa a luta por transformações radicais, a exemplo da defesa do regime republicano, da independência de Angola e da igualdade entre africanos e europeus no contexto da dualidade colonial — que se refletiu nas distintas condições e tratamentos entre africanos e europeus.

A maioria dos jornais que defenderam a república e a independência foi propriedade de «filhos do país». As ideias republicanas entre os africanos expressavam a sua ligação política a Portugal e, simultaneamente, contribuíram para a formação do pensamento protonacionalista. A «originalidade» do pensamento republicano dos «filhos do país» deveu-se à defesa dos interesses da população africana, e não apenas das elites afro-lusas; às críticas aos governos locais e à monarquia; e à reivindicação da independência de Angola. Deste modo, a imprensa africana entrava em conflito com o republicanismo europeu, visto que este advogava o projeto colonial, ainda que reivindicasse a autonomia e a descentralização (Ribeiro, 2012,

119–122). Sublinhe-se que o desempenho do papel radical foi sobretudo protagonizado pelos jornais africanos.

O papel colaborador também se manifestou ao longo da monarquia. Entre 1845 e 1866, o único impresso foi o boletim oficial, que serviu os propósitos do governo de Angola e do projeto colonial. Quando surgiu *A Civilisação da África Portuguesa*, com uma linha editorial crítica do governo da colónia, os grupos favoráveis ao governo reagiram criando *O Commercio de Loanda*, a quem coube a defesa do governo de Angola. *O Imparcial* foi outro jornal a exercer a colaboração com o regime, já que defendia a monarquia, ainda que criticasse as políticas metropolitanas e locais. O apoio às políticas do governo também foi dado pelos jornais *O Independente*, *O Sul d'Angola* e o *Muen'exi*. Ainda que jornais como *O Mercantil*, a *Voz de Angola* e a *União Áfrico-Portuguesa*, entre outros, tenham exercido sobretudo o papel monitor e fossem críticos do governo da colónia, também foram defensores do projeto colonial europeu, o que implicou a colaboração. O *Muen'exi* relatava em 1889 que «toda» a imprensa de Angola, com exceção do *Arauto Africano*, rendia homenagem ao governador. *A Tesoura*, em 1892, garantia que não serviria para o elogio «aos que estão alto», ironizando com a imprensa da época. Em 1894, o *Bofetadas* acusava a imprensa de Angola de «aterrorizar» para obter dinheiro e poder.

Ao longo da Monarquia Constitucional a imprensa floresceu sobretudo em Luanda, refletindo a concentração das elites e do poder político e económico na capital da colónia. Entretanto, os jornais circulavam nos principais núcleos urbanos de Angola, o que se pode constatar pelas cartas dos leitores, pela existência de correspondentes em localizações distintas e pelos conteúdos noticiosos, que abrangiam as diversas regiões do território. Contudo, já nesta época se assinala o princípio da regionalização da imprensa, com o surgimento de jornais em Moçâmedes, na Catumbela, em Benguela, em Ambriz e em Novo Redondo, ainda que tenham sido efémeros. Na altura não era prática dos jornais indicar a tiragem, o que dificulta estimar a sua circulação. Porém, em 1881 o *Jornal de Loanda* anunciava uma impressão de 800 exemplares e, em 1883, *O Mercantil* assinalava reproduzir 700 exemplares. Um grande número de jornais era impresso em tipografias próprias. Estas realizavam trabalhos gráficos para particulares e, inclusive, imprimiam outros periódicos, casos da Tipografia Minerva e do *Jornal de Loanda*. Não há notícia de nenhum periódico que tenha sido impresso na Imprensa Nacional de Angola, o que indica a autonomia da imprensa na sua reprodução. Os jornais tiveram como público-alvo as elites, o que também se deveu à negação do estatuto de cidadão aos africanos e à sua frágil condição económica e social, que os alienava e dificultava a sua intervenção no espaço e nos assuntos públicos.

Funcionários públicos, comerciantes, profissionais liberais (sobretudo advogados) e políticos foram os proprietários de jornais nesta altura. Estes atuavam também como redatores e jornalistas dos títulos, mas não desempenhavam o jornalismo com exclusividade nem dependiam dos jornais para a sua sobrevivência. De facto, a atividade política motivava o surgimento dos jornais, bem como definia a sua linha editorial. O conjunto dos indicadores de análise da dimensão, origem e desenvolvimento da imprensa mostra que esta teve sobretudo um carácter político e não comercial, servindo os interesses das elites em conflito.

Na dimensão do profissionalismo, a atividade jornalística esteve relacionada com a atuação política dos que exerciam o jornalismo, e, na maioria dos casos, os jornalistas eram os fundadores e proprietários dos jornais nos quais escreviam. O jornalismo foi desempenhado pelas elites intelectuais europeias, de «filhos do país» e africanas. Como já foi dito, os jornalistas não dependiam dos ganhos na imprensa para a sua sobrevivência, e não formavam uma categoria profissional articulada em clubes, associações ou sindicatos. No entanto, na perspetiva de Lourenço, são deste período os primeiros sinais de uma identidade de «classe» entre os jornalistas angolanos. O autor sustenta que o tratamento solidário entre os títulos e os seus profissionais, observado nos textos publicados na imprensa, aponta para tal identidade, bem como a proposta do jornal *O Sul d'Angola*, em 1894, de se criar uma associação de profissionais de modo a responsabilizar os que atuavam como jornalistas (Lourenço, 2002).

Os jornalistas estavam vinculados aos grupos sociais e políticos (na maioria dos casos informais) aos quais pertenciam e faziam da imprensa uma plataforma de propagação das suas ideias. Nos seus textos, proclamavam escrever a «verdade», fazer uso da «imparcialidade» e da «justiça», mas faziam-no de acordo com as suas crenças e os interesses dos grupos dos quais faziam parte. Visto que há coincidência entre a propriedade dos jornais e o exercício do jornalismo, bem como uma relação direta entre as ideias dos que exerciam o jornalismo e o conteúdo dos jornais, não se pode falar de instrumentalização ou de autonomia profissional dos jornalistas, mas sim do exercício jornalístico articulado com a militância política.

Os diversos indicadores precedentes — imprensa de carácter político, propriedade vinculada aos grupos políticos e atividade jornalística articulada com a militância política — apontam para um forte paralelismo entre a imprensa e as forças políticas da época. Ao longo da Monarquia Constitucional destacaram-se dois grupos políticos, ambos constituídos por elites intelectuais, económicas e sociais: o grupo dos colonos europeus e o grupo dos africanos. Tal dualidade manifestou-se na imprensa, e aparece como a sua principal clivagem nesta época. Em linhas gerais, pode dizer-se que o grupo europeu apoiou o projeto colonial, enquanto o grupo africano defendeu a independência de Angola. No entanto, a composição e a atuação dos grupos sociais e os seus reflexos na imprensa são mais complexos. Embora a maioria dos jornais de europeus tenha apoiado o projeto colonial e criticado as políticas dos governos locais, houve títulos que defenderam a república e outros que advogaram a monarquia. Entre os jornais de propriedade de europeus, houve os que defenderam os direitos dos africanos, mas também os que propalaram a distinção entre as raças e a inferioridade dos africanos. Outra segmentação no domínio dos jornais europeus referiu-se à reivindicação da descentralização e da autonomia de Angola, em contraposição aos que pretendiam a manutenção do poder político centralizado na metrópole. Os jornais fundados por colonos europeus também se dividiram entre apoiar ou criticar os governos locais, o que na maioria das vezes se explicou pelos seus laços políticos e económicos. No âmbito dos jornais propriedade de africanos, Freudenthal observa a existência de dois grupos, em que o «moderado» criticava a colonização portuguesa mas defendia a integridade do império colonial e a integração das raças. Já a ala radical exacerbou a crítica ao programa colonial e defendeu a autonomia e a independência de Angola (Freudenthal, 2000, 564–566). Além dos elementos já assinalados, registam-se ainda os conflitos entre os jornais (que traduziam os conflitos entre os grupos), a criação de jornais em resposta à linha editorial dos títulos em circulação e a perseguição promovida pelo governo aos periódicos que o atacavam. Tais fatores reforçam o forte paralelismo entre o jornalismo e as forças políticas em Angola ao longo da Monarquia Constitucional.

A intervenção do Estado na imprensa neste período foi forte. O governo foi proprietário do boletim oficial e, porque este não se limitou aos conteúdos oficiais, através dele procurou propagandear o governo e fortalecer o projeto colonial. Há registo de perseguição aos jornais e aos jornalistas, a exemplo da prisão dos jornalistas de *A Civilisação da África Portuguesa*; da transferência de Alfredo Troni para Moçambique pelas suas críticas ao governador; e dos processos judiciais e da perseguição a diversos jornalistas africanos ao longo do período. Note-se que a imprensa africana e os seus jornalistas foram as principais vítimas da perseguição dos governos de Angola, o que implicou a desarticulação dos seus periódicos e o silenciamento da imprensa que se opunha ao projeto colonial e reivindicava o protagonismo da população africana. Apesar de ao longo do tempo diversos títulos terem colaborado com o governo, porquanto apoiaram as suas políticas, inclusive sendo criados com este fim, não há indicadores de subsídios públicos aos jornais.

Coube às elites europeias — em conflito com as políticas do governo central e com o governo da colónia, bem como descontentes com as perdas da burguesia colonial em razão das práticas mercantilistas da burguesia metropolitana — promover os primeiros jornais de Angola. A partir da década de 1870, as elites africanas fizeram da imprensa um espaço de luta e de reivindicação, até porque o seu poder político e económico continuava em decadência com o avanço do projeto colonial. Embora estes grupos tenham polarizado a imprensa ao longo da Monarquia Constitucional, as contradições em Angola eram mais complexas e existiam no interior dos dois grandes grupos, refletindo-se na diversidade de títulos na imprensa.

Em síntese, em Angola ao longo da monarquia foram desempenhados os papéis jornalísticos monitor, radical e colaborador. A imprensa teve um perfil político e não comercial, com a propriedade vinculada aos grupos sociais e tendo como público-alvo as elites. A atividade jornalística foi determinada pela militância política, tornando os conceitos de autonomia e instrumentalização impróprios. O paralelismo político foi vigoroso e o jornalismo acompanhou as tendências dos grupos políticos da época. A intervenção do Estado foi forte, com a perseguição dos títulos que se opunham às políticas coloniais.

## MOÇAMBIQUE

A Ilha de Moçambique, Sofala, Quelimane, Pemba, Tete, Inhambane e Lourenço Marques eram os principais estabelecimentos portugueses em Moçambique em 1820. A presença de funcionários e militares era simbólica e cabia à comunidade comercial o maior peso político e económico. As casas indianas forneciam capital e ligações com o mundo exterior, e os contactos com o interior e a manutenção das redes de comércio eram feitos pelas famílias afro-portuguesas e afro-indianas. Os «prazos», terras cedidas pela Coroa com o direito de jurisdição sobre o território e a população a partir do século XVII, tinham-se desenvolvido sobretudo no centro e norte de Moçambique; eram dominados por famílias afro-portuguesas e comunidades muçulmanas, cobravam impostos aos camponeses, mantinham exércitos privados e dominavam a administração local (Newitt, 1998, 582–585).

Até 1850, o tráfico de escravos foi a principal atividade económica de Moçambique e apenas terminou em 1864. Nesta altura, os portos abriram-se ao comércio estrangeiro e foram criadas alfândegas ao longo da costa. Houve incremento na produção agrícola e de marfim e a maior parte das importações e exportações era dominada pelas casas comerciais da Índia e de França, com Portugal a ter pouca influência no comércio. Na segunda metade do século XIX, reforçar a presença e a soberania portuguesas em Moçambique era a prioridade, através de povoamentos que deveriam atuar como postos militares em Tete, em Pemba, no Zambeze e em Lourenço Marques.

A primeira edição do *Boletim Official do Governo Geral da Província de Moçambique* foi publicada em 13 de maio de 1854. «A imprensa é um dos melhores inventos do espírito humano. Ela tem prestado os mais importantes serviços ao comércio, à indústria, aos interesses, e à civilização duma grande parte dos povos do universo», assinalava o texto do então governador de Moçambique, Vasco Guedes de Carvalho e Meneses. A imprensa e a tipografia nacionais estiveram instaladas na Ilha de Moçambique, então capital da colónia, até 1898. Leis e decretos da Coroa, os despachos dos governadores, as notícias locais e internacionais, os óbitos, as datas religiosas e até reportagens (como a que relatou a aclamação de D. Pedro V) fizeram manchete no boletim oficial (Dias, 1954, 11–17).

Na década de 1860 iniciou-se a reconfiguração política de Moçambique, e neste processo quatro fatores de ordem económica foram decisivos: a entrada maciça de capital e comércio indianos; as pressões britânicas para a liberalização do comércio; os interesses comerciais da metrópole em África e a revolução mineira sul-africana. Neste quadro criaram-se estruturas económicas mais produtivas, e estas colaboraram na união de sociedades até então autossuficientes. O reforço da atividade económica também exigiu instituições governamentais mais fortes para prover o território de infraestruturas e para garantir a segurança dos investimentos (Newitt, 1997, 293).

Se efémera, a vida do primeiro jornal independente teve a marca política e de opinião que caracteriza o percurso da imprensa em Moçambique. A edição única de *O Progresso*, em 9 de abril de 1868, anunciava que o jornal se pretendia *hebdomadário religioso, instrutivo, comercial e agrícola*. O artigo editorial valorizou a liberdade de imprensa, e o conteúdo informativo noticiou um caso judicial que envolvia os interesses do governador. Daí que dois dias depois fosse instituída a censura. O despacho do governador ordenava que os jornais não deveriam incluir correspondência de natureza política ou pessoal e que uma prova deveria ser remetida à secretaria-geral, antes da sua impressão, para receber o visto.

O incipiente desenvolvimento económico e social na década de 1870 e as revoltas indígenas contra a ocupação dificultavam o projeto colonial em Moçambique. A partir de meados da década, a estratégia no território implicava a colaboração estreita com a Inglaterra, à qual se cedia a liberdade de trânsito, fixação e comércio. O arranque do comércio na zona litoral e as relações entre Lourenço Marques e os territórios de Natal e do Transvaal reacenderam o ímpeto colonial. O BNU instalou-se em Moçambique em 1876 e a liberalização mercantil chegou em 1877, com a concessão de terras na Zambézia para o plantio de ópio.

Em resposta às limitações legais instituídas à imprensa em 1868, os proprietários de jornais adotaram a estratégia de substituir os títulos para se manterem na rua quando as publicações eram suspensas ou censuradas. A Ilha de Moçambique continuava a ser o polo da imprensa e, entre 1870 e 1873, foi publicado o semanário *A Imprensa, político, literário e noticioso*. A partir de 1872, veio a público o bissemanal *Noticiário de Moçambique*. Propriedade de tipógrafos, passou a *Jornal de Moçambique* em 1873. Três anos depois, em 1876, o periódico mudou de nome para *África Oriental*, o primeiro jornal a contar com tipografia própria e o mais longevo de então, publicado até 1887. Dias (1954, 51) regista que o *África Oriental* tinha «características governamentais, pois dizia bem de todos os governadores da Província a propósito de tudo e de nada».

As primeiras tentativas para se instalar a agricultura de plantação em Moçambique dataram da década de 1880 e visaram o mercado sul-africano de álcool e ópio. A entrega de território para a exploração privada provocou o surgimento do primeiro jornal de oposição ao governo. A partir de Quelimane, publicava-se *O Africano, Instrução — Religião — Moralidade*. Semanário, passou de quatro a oito páginas sendo editado até 1881. Tinha correspondentes na Ilha e nas localidades de Inhambane, Lourenço Marques e Tete. O periódico «não estava nem com o poder estabelecido nem com os militares que o controlavam», denunciava a corrupção na metrópole e a paralisia do governo por não fomentar o desenvolvimento económico e político da colónia (I. Rocha, 2000, 47).

Os jornais que emergiram na década de 1880 deram continuidade a uma imprensa crítica do governo colonial, embora fiel à ocupação, junto do reduzido público europeu. Daí que *O Gato* (1880–82), na Ilha de Moçambique, fosse criticado pela imprensa leal ao governo como «ridículo órgão jornalístico, ínfimo excremento de literatura nacional». Ainda que a vida dos jornais permanecesse curta, os títulos que surgiram eram críticos do governo. Entre eles, na Zambézia, contam-se *O Quelimanense* (1881–83); *O Vigilante* (1882–83); *Correio da Zambézia* (1886–87); *Gazeta do Sul* (1889–1891).

A baía de Lourenço Marques tornou-se estratégica com o crescimento económico de Natal e do Transvaal e, no final da década de 1860, foram assinados acordos de livre-comércio entre estas zonas. Sentindo-se ameaçada, a Grã-Bretanha contestou os direitos portugueses sobre a baía, mas a arbitragem de França na disputa resultou na posse portuguesa em 1875. Os planos e as concessões para a construção de vias-férreas foram deste período, embora os primeiros troços só viessem a entrar em funcionamento em 1889.

A condição de vila de Lourenço Marques a partir de 1888 e os interesses económicos e políticos da Sociedade de Geografia de Lisboa levaram à criação do primeiro semanário na região sul. O *Distrito de Lourenço Marques*, 1887–88, fundado por sócios da Sociedade, defendia a política colonial e teve como eixo temático a transferência da concessão do caminho de ferro dos britânicos para os portugueses.

A emigração livre de trabalhadores africanos para as minas do Transvaal chegou ao fim em 1875, quando o governo estabeleceu medidas de controlo, tornando-se por completo regulada com a criação do Departamento de Trabalho Indígena, em 1893. Até ao fim do século, a Igreja Católica pouco contribuiu para o projeto colonial. Os únicos padres a atuar em Moçambique até 1870 eram goeses; em 1879, os jesuítas, que tinham perdido os seus «prazos» em 1834, retornaram; e, em 1885, a Companhia de Jesus arrendou um «prazo» em Tete e instalou uma missão no Zambeze. Contudo, os missionários anglicanos estavam instalados no Norte desde 1863, e a missão suíça desenvolveu-se no Sul, em 1875, criando serviços de saúde e educação e provocando tensões com os colonos portugueses (Newitt, 1998, 618).

Remodelar as instituições de exploração da terra, «pacificar» a região, dada a revolta das populações indígenas, e atrair o capital estrangeiro para o desenvolvimento económico de Moçambique eram as principais demandas dos governadores. Ceder territórios em Manica, na Beira, no Niassa e na Zambézia a investidores privados foi a solução encontrada pela Coroa para transferir a administração do país na zona acima do rio Save. Na década de 1890, as Companhias de Moçambique, da Zambézia e do Niassa usaram da força para submeter a população e controlar os territórios, cobrar impostos e recrutar mão de obra. Com as companhias, iniciou-se a produção extensiva de cana-de-açúcar, sisal, chá e algodão (Neves, 2001, 493).

A Companhia de Moçambique instalou uma tipografia na qual imprimiu o *Boletim da Companhia de Moçambique* entre 1892 e 1942. Em 1893, surgiu o *Correio da Beira*, quinzenário, noticioso, bilingue e com correspondentes na África Austral. Porém, faltava-lhe independência, não só era impresso na tipografia da Companhia como defendia a sua política. Com interrupções, mudanças de título e de linha editorial, o *Correio da Beira* chegou a 1981. Com o mesmo fim de defender a administração privada do território, entre 1897 e 1929 foi publicado o *Boletim da Companhia do Niassa*. Títulos críticos do governo na Zambézia neste período foram os periódicos privados *Clamor Africano* (1892–94) e *Eco da Zambézia* (1893–95).

Foi no clima de crescimento económico da década de 1890 que apareceram novos jornais em Lourenço Marques. Publicado durante dois meses, em 1890 surgiu o semanário *A Situação*, de opinião e defensor da política colonial. O *Comércio de Lourenço Marques* saiu às ruas entre 1892 e 1893 e refletiu os interesses dos negociantes da cidade. O primeiro jornal noticioso foi o semanário bilingue *O Futuro de Lourenço Marques*, 1894–95, que se justificava pelos interesses comerciais ingleses e que teve uma abordagem económica. Todavia, as notícias sobre as revoltas da população indígena e sobre as operações militares de repressão levaram à sua suspensão pelo governo local. Três anos depois, com o título *O Futuro*, o semanário reapareceu e foi publicado até 1908. A distribuição gratuita e os textos exclusivamente em inglês diferenciavam o *The Lourenzo Marques Advertiser*, publicado semanalmente entre 1898 e 1899 e propriedade de um jornalista inglês.

Os conflitos com a população indígena e a ocupação portuguesa intensificaram-se em Moçambique no final do século XIX, provocando a desestruturação e o enfraquecimento dos reinos africanos. Na região do lago Niassa, as sociedades ajauas mantiveram um Estado independente e conflitos com a Companhia do Niassa até 1912. Em 1891, o reino de Gaza, liderado por Gungunhana, era um Estado independente e o único governo estabelecido na região entre o Zambeze e o Limpopo. Para a administração portuguesa, o reino de Gaza era uma ameaça ao desenvolvimento económico da região sul e ao recrutamento da mão de obra. As campanhas militares contra o reino aconteceram ao longo de 1895, e Gungunhana foi capturado em dezembro deste ano, provocando o colapso de Gaza. Os povos do Médio e Baixo Zambeze estiveram submetidos ao poder das famílias afro-portuguesas e dos clãs islâmicos entre 1840 e 1891. A administração portuguesa procurava estabelecer um governo efetivo na Zambézia, contudo, até ao fim do século, a região dependeu de alianças entre os governos e o poder local (Newitt, 1998, 622–639). Com o Ultimato, além de acabar a ilusão portuguesa de um «mapa cor-de-rosa», definiram-se as fronteiras de Moçambique através do Tratado Anglo-Português de 1891.

No princípio do século XX o território foi organizado em cinco províncias: Lourenço Marques, Inhambane, Quelimane, Tete e Moçambique. Nesta altura também foram criados departamentos responsáveis pela educação, saúde, agricultura e obras públicas, entre outros. A população de Moçambique era composta por negros, brancos, amarelos, indianos e mistos e, em 1900, era de cerca de três milhões de pessoas. Em relação aos estrangeiros, predominavam os portugueses seguidos dos britânicos, e registavam-se chineses, gregos, alemães, italianos e franceses, entre outros (Neves, 2001, 487–88).

Lourenço Marques integrava o circuito comercial da África do Sul, crescia e afirmava-se como capital política e polo económico. Neste ambiente favorável ao comércio e à indústria, foi publicado entre 1903 e 1904 o *The Delagoa Gazette of Shipping and Commercial Intelligence*, o primeiro jornal diário de Moçambique. Voltaria em 1908 como *Delagoa Bay Gazette* e seria mensal até 1911. O bissemanário *The Lourenço Marques Guardian*, bilingue, surgiu em 1905 e manteve-se até 1951.

A presença maçónica em Moçambique data de 1840, com a fundação da primeira loja na cidade de Moçambique. Em 1872, surgiu a loja Humildade, que desenvolveu atividades até 1876. A atividade maçónica rearticulou-se na colónia em 1902 com a loja Progresso e Humanidade, e, em 1906, apareceu a Oriental, que se manteve ativa até à proibição da maçonaria, em 1935 (Oliveira Marques, 1986, 77–78). Foi no princípio do século XX que os maçons se afirmaram e constituíram como burguesia colonial republicana preocupada em criar infraestruturas urbanas e desenvolver a capital. *Semanário independente, noticioso, literário e comercial* foi como se anunciou *O Português*, jornal republicano fundado pelos maçons e que seria suprimido dois meses após a sua fundação, por «denúncia das irregularidades cometidas pelos dirigentes municipais» (I. Rocha, 2000, 81).Os mesmos proprietários publicaram a partir de 1902 *O Progresso de Lourenço Marques*, também censurado por ordem governamental. Seguiu-se o *Progresso de Lourenço Marques*, que em 1906 foi assaltado por monárquicos e teve a sua tipografia destruída.

Em reação à propaganda republicana, apareceu entre 1901 e 1902 o *Imparcial*, que embora crítico da administração defendeu o regime monárquico. Semanário, era propriedade de advogados e comerciantes. Também crítico do governo e defensor da monarquia foi o *Jornal do Comércio*, propriedade de advogados, negociantes e latifundiários, publicado entre 1904 e 1905. Entretanto, a oposição à monarquia não se restringiu aos maçons. *O Distrito* era republicano e tinha como proprietários jornalistas, pretendia-se noticioso e queria sobreviver dos anúncios e das vendas ao público. Foi diário entre 1904 e 1905, até ser suspenso por ter publicado artigos ofensivos às autoridades locais. Voltou às ruas 15 dias depois, como *Diário de Notícias*, mantendo-se até 1907. O humor também serviu à oposição monárquica em *O Mignon, Semanário humorístico, ilustrado*, publicado em 1902.

Com um historial de receber deportados, Moçambique abrigou a partir de 1896 operários expulsos da métropole pela Monarquia. Foram estes que fundaram, em 1899, a Associação de Classe dos Empregados do Comércio e Indústria de Lourenço Marques, que publicava panfletos e edições únicas em datas como o 1.º de Maio. Daí que tenha sido um metalúrgico o fundador e proprietário do *Vida Nova, Semanário Republicano*, crítico do regime e das elites económicas locais. Os seus jornalistas foram perseguidos, e o título não sobreviveu à destruição da sua tipografia, em 1910. Também se assinalam as edições únicas dos jornais libertários *Pró-Mártir* e *O Chocarreiro*, que defendiam a unidade dos trabalhadores.

As elites africanas de Lourenço Marques, descendentes das antigas famílias locais e então proprietárias de terras, comerciantes e funcionários públicos, começaram a reagir de forma organizada ao domínio colonial no princípio do século XX. Criticavam a fragilidade da situação social e económica na qual se encontravam e reclamavam da sua marginalização do poder político. Em 1906, estruturou-se informalmente o primeiro grupo nativo, que tinha entre os seus líderes os irmãos João e José Albasini, responsáveis pela publicação do semanário *O Africano* a partir de 1909. Defender os interesses da população africana era o propósito do grupo, traduzido na orientação do jornal. O movimento e a imprensa africana ganharam protagonismo no período republicano, e tiveram uma intervenção semelhante à ação dos «filhos do país» de Angola (A. Rocha, 2006, 113–114).

## *A imprensa em Moçambique na Monarquia Constitucional*

O primeiro título não oficial em Moçambique surgiu 14 anos após a implementação do boletim oficial. Contudo, *O Progresso* foi suspenso na sua primeira edição e foi preciso esperar pelo ano de 1870 para que surgisse *A Imprensa*, à qual se seguiram outros títulos. As primeiras iniciativas de uma imprensa independente dependeram das elites europeias que apoiavam o projeto colonial. Apenas em 1880, com a publicação de *O Africano*, se iniciou a circulação de títulos críticos ao governo local, e estes também foram promovidos pelas elites europeias, neste caso aquelas que discordavam das estratégias locais do governo metropolitano. Entretanto, ao longo de todo o período mantiveram-se jornais que apoiavam o programa colonial e o governo local. O papel jornalístico colaborador sobressaiu em Moçambique entre os papéis desempenhados pelo jornalismo ao longo da Monarquia Constitucional. O boletim oficial, os jornais das companhias de exploração e os títulos que apoiavam a monarquia e as políticas coloniais metropolitanas estiveram entre os periódicos que exerceram a colaboração nesta etapa.

Num segundo nível, verifica-se o papel de monitoria do ambiente sociopolítico e económico através do jornalismo, a exemplo das denúncias de corrupção no governo local, especialmente pelos jornais republicanos, noticiosos e operários. Assinala-se que a fiscalização e as críticas às políticas coloniais estiveram vinculadas às divergências e disputas entre os grupos europeus ([19]).

Ainda que moderados, há traços do jornalismo radical ao longo da Monarquia nos títulos que advogaram a república e, assim, defenderam uma ordem social alternativa. A interpretação de Capela (2010, 151) é que a imprensa operária de Lourenço Marques foi «aguerridamente combativa». O emergente jornalismo africano seguiu a linha radical a partir de 1909, defendeu a república e reivindicou igualdade de tratamento entre europeus e africanos.

Entre os proprietários da imprensa na Monarquia Constitucional, destacaram-se o Estado e as companhias privadas que administravam o território; os seus títulos foram os mais duradouros e regulares, inclusive devido aos seus projetos e recursos políticos e económicos. O segundo grupo incluiu proprietários de terras, empresários e comerciantes. Um terceiro segmento foi o dos jornalistas e tipógrafos. Já no século XX, ainda incipientes, apareceram os jornais propriedade das associações de trabalhadores e de africanos. A utilização do português e do inglês na imprensa contribuiu para uma circulação restrita às elites europeias e africanas educadas, visto o analfabetismo da maioria da população. Deste modo, os jornais tinham como proprietários e público a elite urbana e politicamente ativa e serviram ao processo de debate e disputa entre as forças sociais, mas também como espaço de negociação dos interesses das elites coloniais em conflito. É importante referir que, neste período, a imprensa em Moçambique teve um alto grau de regionalização, com o aparecimento de títulos em diversas partes do território. Esta característica reflete a ocupação da colónia, o seu desenvolvimento económico, a distribuição do poder político e os interesses e conflitos entre os diversos grupos.

---

([19]) Sobre este tema, indica-se o trabalho de P. Fernandes, «"A África pertence aos afrikanders": imprensa e "nacionalismo afro-europeu" em Moçambique nos finais do século XIX», *in Em Torno dos Nacionalismos em África*, org. A. Nascimento e A. Rocha (Maputo: Alcance Editores, 2013), 44–84.

Em Moçambique, os jornalistas não dependiam da imprensa para sobreviver, eram proprietários de terras e comerciantes, funcionários públicos, profissionais liberais e operários. A atividade jornalística alicerçava-se nas crenças e nos projetos políticos e económicos destes grupos. Desta forma, o jornalismo esteve associado ao ativismo político.

Os conteúdos veiculados pela imprensa neste período — defensores ou críticos das práticas coloniais, proponentes da mudança de regime ou da sua manutenção — indicam um forte paralelismo político no jornalismo. Assinala-se também uma conexão direta entre os proprietários dos jornais e as ideias que representavam, a exemplo dos maçons e dos operários. Nesta mesma linha, verifica-se a coincidência entre os que eram jornalistas e estavam envolvidos na vida política. A prevalência do jornalismo de opinião também corrobora a orientação paralela entre o jornalismo e as forças políticas. Por fim, o pluralismo externo — a variedade de jornais no conjunto da imprensa a expressar as diferentes tendências políticas — aponta para um acentuado paralelismo político durante esta época.

Ao longo da Monarquia Constitucional, o Estado desempenhou um papel forte no sistema de imprensa. Foi proprietário e apoiou iniciativas privadas com a impressão de títulos na Imprensa Nacional. O governo local legislou no sentido de limitar a liberdade de imprensa e exerceu a censura, ainda que se desconheça «a forma como era aplicada esta legislação» (Sopa, 1991, 254). Além disso, o governo de Moçambique ameaçou e perseguiu jornalistas e periódicos quando os conteúdos expressos por estes não coincidiam com os seus interesses. Aliás, a efemeridade de muitos jornais neste período e as frequentes mudanças de título foram sobretudo determinadas pela censura.

## SÃO TOMÉ E PRÍNCIPE

Descobertas em 1470–71, as ilhas de São Tomé e Príncipe eram despovoadas e foi em 1483 que Portugal ali fundou uma colónia, a segunda europeia em África depois de Cabo Verde. A cana-de-açúcar fez das ilhas uma economia de plantação a partir da mão de obra escrava trazida do continente. A população era insuficiente para povoar o território, e as uniões entre brancos e negros foram encorajadas, inclusive com uma política de alforria para garantir o crescimento populacional. Foi neste grupo de negros livres que tiveram origem os «ilhéus», que tinham identidade africana e portuguesa e constituíram o seu poder dos laços de parentesco e das atividades comerciais e políticas que mantinham com ambos os grupos. A prosperidade das ilhas levou a que fossem atacadas, pilhadas e ocupadas diversas vezes por franceses, ingleses e holandeses. Os assaltos só terminaram com o declínio económico do território a partir do século XVII, o que se deveu à concorrência da indústria açucareira do Brasil. A redução dos colonos europeus fortaleceu a sociedade africana local, os ilhéus tornaram-se nos principais proprietários da terra e continuaram a abastecer os navios negreiros com a sua produção, ainda que a primeira colonização tenha fracassado (Seibert, 2002).

Em 1852, a capital foi transferida do Príncipe para São Tomé, marco do início da segunda colonização. Pela compra, fraude e força, os portugueses passaram a apropriar-se das terras e fundaram roças produtoras nas quais trabalhavam centenas de pessoas. As fazendas possuíam infraestruturas próprias e gozavam de autonomia administrativa, constituindo-se como «Estados» dentro do território colonial. O problema da escassez de mão de obra para a agricultura, até mesmo pela recusa dos ilhéus no trabalho da roça, levou Portugal a criar mecanismos legais para o transporte de escravos entre as suas possessões. Daí que, a partir de 1850, a mão de obra tenha tido origem sobretudo em Angola e o regime de escravatura se tenha reforçado (Nascimento, 1998).

Em 3 de outubro de 1857, circulava a primeira edição do *Boletim Official do Governo da Província de S. Thomé e Príncipe*. Especialmente ao longo do século XIX, o boletim oficial desempenhou diversas funções informativas, divulgava a legislação e ordens oficiais, disseminava notícias locais e internacionais e trazia conteúdos culturais. O boletim estava estruturado em «Parte Oficial», que incluía as ordens do reino, as portarias do governo da província e as informações da Junta da Fazenda, e «Parte não Oficial», que trazia conteúdos diversos como o boletim policial, o mapa nosológico das ilhas, a lista de óbitos, estatísticas populacionais, anúncios publicitários e o movimento marítimo. Além do quotidiano do arquipélago, os conteúdos não oficiais propagavam o projeto colonial português e as suas ações em África, incluindo colaborações pontuais de colonos radicados em STP e, eventualmente, a reprodução de textos publicados na imprensa da metrópole. Para ilustrar os conteúdos do boletim oficial antes do surgimento da imprensa não oficial, e para sublinhar a sua relação com o contexto sociopolítico, por exemplo, a edição de 23 de fevereiro de 1861 avisava de que tinha sido presa, «por fugir, Felicidade, escrava de Julião Alves de Carvalho». A população total da ilha do Príncipe em 1869 era de 2785 pessoas, 49 brancas, informava o boletim de 6 de março daquele ano. Em 1869, emergiu a imprensa não oficial em São Tomé e Príncipe com a publicação de *Equador, Semanário Agrícola, Comercial e Científico.*

O boletim oficial passou a ter oito páginas em 1874 e na edição de 6 de junho reproduzia o projeto de lei de Sá da Bandeira para a emancipação dos libertos das províncias ultramarinas. Em julho de 1875, foi publicada a «relação dos libertos passados à condição de livres em virtude da lei ou por requerimento dos seus senhores». À abolição seguiu-se uma crise braçal na agricultura, para a qual a contratação de trabalhadores estrangeiros, especialmente de Angola, foi a solução. A partir daqui, as relações de trabalho passaram a ser legitimadas por leis e regulamentos. Contudo, os serviçais estavam sujeitos a péssimas condições de trabalho, com grandes jornadas e baixos salários, com a coerção e os castigos a fazerem parte da rotina. A partir de 1890, reforçou-se o domínio europeu da propriedade da terra e o capital estrangeiro chegou ao arquipélago, com a formação de companhias que recrutavam mão de obra noutras colónias portuguesas em África ([20]).

([20]) Sobre a escravatura e o trabalho forçado e contratado em São Tomé e Príncipe, assinala-se o trabalho de A. Nascimento, «Escravatura, Trabalho Forçado

A crescente intervenção da metrópole na administração local fragilizou o poder político e económico dos ilhéus. A histórica importância que os nativos tinham tido nas administrações municipais tornou-se insignificante a partir de 1902, quando o governador Xavier de Brito dissolveu as câmaras eleitas. A insatisfação dos ilhéus conjugou-se com as críticas de alguns sectores entre os colonos europeus em STP (comerciantes e funcionários públicos, por exemplo) à administração no arquipélago e ao governo na metrópole. A aliança entre ilhéus e europeus traduziu-se no manifesto *Ao Parlamento Português* em 1908, o qual criticava a subserviência do governo de STP aos interesses dos roceiros e os crescentes desvios de recursos financeiros pela administração local. Tais recursos destinavam-se às colónias deficitárias, em práticas clientelistas do governo de STP com os grandes proprietários de terra (Nascimento, 2001, 224).

A intervenção militar e policial sempre foi incipiente em São Tomé e Príncipe, mas em cada ilha havia um corpo militar e um corpo policial, além de corpos de segurança constituídos por ilhéus. Embora não fossem tão intensos quanto noutras colónias, os conflitos armados entre indígenas e europeus atravessam o percurso colonial. Em fevereiro de 1891, deu-se a revolta da Pedroma; em 1892, trabalhadores das obras públicas reclamavam a libertação de companheiros detidos e o motim acabou com a prisão dos insubordinados. Em 1900, na Trindade, o coice de um cavalo montado por um europeu atingiu um ilhéu e seguiu-se a desordem pública, com feridos e a destruição do comércio.

O florescer económico de São Tomé e Príncipe, o aumento dos rendimentos do território e o fortalecimento do governo local não resultaram em melhorias nas estruturas locais e no aumento da participação dos nativos na administração. Pelo contrário, o poder português no arquipélago tendeu à hegemonia, a intervenção política e social dos indígenas reduziu-se e os conflitos intensificaram-se.

---

e Contrato em S. Tomé e Príncipe nos séculos XIX e XX: sujeição e ética laboral», *Africana Studia*, n.º 7 (2004): 183–217.

A história da imprensa de São Tomé e Príncipe durante a Monarquia Constitucional está por fazer ([21]). Gonçalves (1966) apontou a relação dos periódicos da época, porém, estes não estão disponíveis para consulta na Biblioteca Nacional de Portugal devido à sua deterioração. Também não existem exemplares destes jornais no Arquivo Histórico ou na Biblioteca Nacional de São Tomé e Príncipe. Os registos históricos apontam que, entre 1881 e 1884, circulava no arquipélago *O Jornal de S. Tomé* e, entre 1887 e 1890, era publicado *O Correio de S. Tomé*. Em 1892, veio a público *O Comércio de S. Tomé*, contudo, só se conheceu o seu primeiro número. O semanário *A Liberdade* (n.º 23, 1 de fevereiro de 1921) noticiava que iria reaparecer o jornal *A Acção*, «sustentado pelos trunfos da agricultura» e que teria terminado por «ter feito guerra ao governador» ([22]). Supõe-se que *A Acção* tenha sido publicado no período monárquico, visto que *A Liberdade* observava, na altura do seu reaparecimento, que o jornal seria «defensor do regime monárquico, não se sabe se constitucional ou absolutista, e dos interesses capitalistas. Na sua primeira versão nunca tratou do interesse público, apenas de histórias da carochinha.» Há ainda registos do *Equatorial*, referido como defensor da retomada das eleições municipais, através de uma notícia em *O Africano* na qual se relata que o Ministério Público lhe moveu um processo (*O Africano*, n.º 39, abril de 1910).

A inexistência de uma história da imprensa em São Tomé e Príncipe e o facto de os jornais do período não estarem disponíveis para consulta impedem a elaboração de conclusões sobre os papéis

([21]) Nascimento observa que diversos domínios do conhecimento histórico estão por ser explorados em São Tomé e Príncipe. A. Nascimento, «A construção de São Tomé e Príncipe: achegas sobre a (eventual) valia do conhecimento histórico», *in Como Fazer Ciências Sociais e Humanas em África: Questões Epistemológicas, Metodológicas, Teóricas e Políticas (Textos do Colóquio em Homenagem a Aquino de Bragança)*, coord. T. C. e Silva, J. P. B. Coelho e A. N. Souto (Dacar: CODESRIA, 2012), 171–194.

([22]) O jornal *A Acção* foi fundado e redigido por Agostinho Correia Afonso, advogado e notário goês radicado em STP. A. M. da Costa, *Dicionário da Literatura Goesa*, vol. 1 (Macau: Fundação Cultural, 2002), 221–222.

desempenhados pelo jornalismo e das características do sistema de imprensa no arquipélago ao longo da Monarquia Constitucional. No entanto, os indicadores disponíveis permitem algumas reflexões. Como noutras colónias, o boletim oficial desempenhou o papel colaborador, servindo de suporte ao projeto colonial. A imprensa não oficial emergiu 12 anos após a implementação do boletim oficial e dependeu da iniciativa dos colonos europeus. Os jornais tiveram um perfil político e a sua propriedade esteve vinculada aos interesses da agricultura e do comércio.

## GUINÉ

A situação portuguesa na Guiné no século XIX divide-se em dois períodos. O primeiro estendeu-se a 1859 e caracterizou-se pelas tentativas de reconversão económica do comércio negreiro, no qual se destacou o controlo do poder político nas feitorias portuguesas pelos luso-africanos. O segundo período identificou-se pela busca de um espaço colonial que afirmasse a soberania portuguesa, o que exigiu a construção de um aparelho de Estado, fase que terminou com as campanhas militares de 1912–15 (Silveira, 1998, 213). Apenas no final do século XIX foram definidos os limites do território guineense, e a diversidade étnica dos povos da Guiné é uma marca da região.

Desde meados do século XV, comerciantes portugueses e colonos cabo-verdianos estavam instalados nas regiões costeiras da Guiné e miscigenados com os povos locais. A presença portuguesa e luso-africana caracterizou-se pela informalidade e pela iniciativa privada. Os «lançados», como eram conhecidos os portugueses e seus descendentes na Guiné, controlaram o tráfico de escravos e o poder político até meados do século XIX, apesar das autoridades instituídas pelo governo metropolitano. Entre 1776 e 1842, o governo português na Guiné esteve dividido, com um capitão-mor em Cacheu e outro em Bissau. O envolvimento das autoridades públicas nas atividades comerciais ajuda a explicar o fraco poder político do governo local e o domínio luso-africano (Soares, 2000).

Cacheu e Bissau eram as praças no século XIX, nas quais em 1842 a população era estimada em 6000 pessoas, constituída por europeus, cabo-verdianos, luso-guineenses, grumetes e escravos. O grupo dominante era formado pelos grandes negociantes e negreiros, representantes comerciais e funcionários superiores. A classe média incluía os pequenos comerciantes, os proprietários das embarcações, os oficiais militares e os membros da Igreja. A classe mais baixa abarcava os soldados, degredados e os grumetes. Estes descendiam de escravos alforriados e africanos cristianizados, diferenciavam-se pela sua cultura e atividade e constituíam a maioria da população. Tinham o direito de escolher o seu juiz, que era o governador de facto do grupo em cada uma das feitorias. No último escalão social estavam os escravos. As atividades comerciais eram o principal ponto de articulação destes grupos sociais (Silveira, 1998, 227–228).

Ao longo do século XIX, foram inúmeros os conflitos que opuseram as praças aos povos africanos, lutas motivadas sobretudo pelos impostos e pelas reivindicações das populações vizinhas às feitorias. Contudo, os portugueses e luso-africanos defrontavam-se exclusivamente com as povoações limítrofes, e não há indícios de confrontos com as unidades políticas africanas fortes.

A incapacidade do governo metropolitano em suprir os encargos dos funcionários e militares instalados na Guiné levou ao aluguer dos rendimentos das alfândegas, a partir de 1840. Deste modo, consolidou-se a posição económica da elite afro-lusa, pois esta apropriou-se do único rendimento da região, responsabilizando-se pelos salários dos funcionários com o argumento de defender o império português. Embora exportasse amendoim desde os anos de 1830, a agricultura era quase inexistente. A atividade manufatureira limitava-se aos têxteis, aos artefactos indígenas e à construção e reparação naval. No campo económico, preponderou o tráfico ilícito de escravos na maior parte do século XIX e a ele articularam-se as trocas comerciais, com o domínio dos navios franceses e americanos. Ressalte-se que o transporte marítimo e o comércio com Portugal eram quase inexistentes nesta época.

Em meados do século XIX, a presença portuguesa na Guiné dependia da solução de três problemas: a definição da sua zona de influência, de modo a afastar as ameaças inglesas e francesas; a viabilização do comércio lícito; e o estabelecimento de uma política com os povos africanos que garantisse a estabilidade da região. Neste contexto, os afro-lusos reconheceram a necessidade de intervenção do governo metropolitano (Silveira, 1998, 251). A questão com os ingleses, que ocupavam a ilha de Bolama, resolveu-se em 1870 e eliminou a presença britânica na Guiné.

A desagregação do Império Gabú; os conflitos étnicos e a imposição do islamismo aos povos animistas; as tentativas de dominação europeia e as intrigas; a inexistência de uma língua franca e o destaque social dos crioulos caracterizavam a situação da colónia quando o governo metropolitano decidiu autonomizar a Guiné de Cabo Verde, em 1879, dando ao território governador e instituições próprias, com Bolama como capital (A. E. D. Silva, 2010, 22–23). A Imprensa Nacional instalou-se em 1880 e, com ela, iniciou-se a publicação do boletim oficial no mesmo ano. Semanal e com quatro páginas, o *Boletim Oficial da Guiné* seguiu o padrão das demais colónias, dividido em «Parte Oficial» e «Não Oficial». A edição n.º 26, de 3 de julho de 1886, publicou o relatório da junta de saúde da vila de Bissau, o qual afirmava: «Os gentios da Guiné, conquanto selvagens, são suscetíveis de se converterem ao cristianismo e de receberem educação, pois que possuem em subido grau o orgulho de se transformarem em brancos, isto é, de se civilizarem.»

O problema dos limites territoriais com a França foi resolvido num tratado assinado em 1886, no qual Portugal cedeu territórios mas obteve vantagens na sua pretensão de um «mapa cor-de-rosa» em África. O n.º 39 do boletim oficial, de 24 de setembro de 1887, publicou o acordo com a França: «O Governo da República Francesa reconhece a Sua Majestade Fidelíssima o direito de exercer sua influência soberana e civilizadora nos territórios que separam as possessões portuguesas de Angola e Moçambique.»

A cultura do amendoim foi o foco da reconversão económica, com a expansão das culturas em explorações agrocomerciais que utilizavam trabalhadores livres e escravos africanos. Assim, a produção e a exportação de amendoim cresceu entre 1840 e 1880 e foi acompanhada pelo predomínio francês no negócio, com o comércio guineense passando a depender dos estrangeiros nas importações e exportações (Forrest, 1992, 16–17).

O boletim oficial incluía nesta altura o relatório dos concelhos de Bolama e Bissau, trazendo informações sobre o comércio, a educação e a saúde, entre outros. O n.º 2 de 1891, de 10 de janeiro, referia que a situação sanitária de Bissau em dezembro de 1890 era «sofrível», o estado comercial era declarado como «pouco animado», o sossego público «não foi alterado» e as obras municipais eram «nenhumas» ([23]). Em relação às «ocorrências extraordinárias», o boletim informava de que «os balantas de Cumeré e Nagué atacaram uma canoa de mandingas que vinha com produções para a casa Alemã, roubaram toda a carga, mataram e feriram a tripulação».

Foi a partir da década de 1890 que os conflitos entre os portugueses e os africanos se agravaram. Em abril de 1891, os portugueses foram derrotados em Bissau e, entre 1892 e 1895, a Guiné tornou-se num distrito militar, com os poderes concentrados no governador para se restringir o papel dos moradores contestatários, que deixavam de ter concelhos municipais eleitos. Pélissier (1989, 114–119) registou 21 ações militares portuguesas contra os africanos entre 1891 e 1908 e considerou que nesta etapa a conquista estava a «meio caminho», com as campanhas a avançarem para o interior do território, embora Bissau permanecesse inalcançável ao domínio luso.

Data de 1895 o começo do pagamento de impostos pelos nativos à administração portuguesa, sendo que a partir de 1903 este se tornou imposto de palhota. A edição n.º 7 de 1892, de 13 de fevereiro, do boletim oficial dava conta dos conflitos militares entre portugueses

([23]) A cada ano, com início em janeiro, o *Boletim Oficial da Guiné* reiniciava a sua numeração a partir do n.º 1.

e africanos. O chefiado do presídio de Geba informava de que «uma guerrilha composta de gente do Feridú, Gandafé e Gussará-Dandú atacou os subúrbios deste presídio tendo derrotado Gandacunda fazendo algumas vítimas».

Na Guiné, as pautas aduaneiras de 1892 exoneraram as importações de direitos e as exportações foram taxadas em 10%. Simultaneamente, iniciou-se a concessão das terras não cultivadas, e com a abertura ao capital estrangeiro foram criadas duas companhias, uma francesa e outra ítalo-portuguesa, que entretanto fracassaram. Em 1894–95, o domínio francês nos negócios entrou em declínio e a Alemanha afirmou-se no comércio. Note-se que os alemães, franceses e italianos dominavam o comércio na costa africana e na ligação com a Europa, inclusive porque Portugal não assegurava carreiras marítimas regulares. Neste período deu-se o apogeu da exportação de borracha, mas também se comerciava o coconote, a cera, os couros e o óleo de palma (Reis, 2001a).

Informações económicas também tiveram destaque no boletim oficial. O n.º 10 de 1893, de 25 de março, dava conta dos «valores médios» dos principais géneros de exportação. O arroz limpo saía a 50 centavos o quilo; o âmbar, a 2$800 o quilo; o azeite de palma, a 160 $ o litro e o marfim, a 800 $ o quilo. O quinto centenário do nascimento do Infante D. Henrique foi razão de «júbilo» na Guiné, anunciou o boletim n.º 17 de 1894, de 28 de abril. A mesma edição registava os conflitos em Bissau: «fez-se um reconhecimento ofensivo à povoação mais próxima da praça [...] tendo-se bombardeado as duas povoações». O boletim oficial foi testemunho da crescente concessão de terras nesta altura e, na edição n.º 33 de 1898, de 13 de agosto, anotava a decisão do governador de conceder dez hectares no presídio de Farim para o cultivo de cana-de-açúcar, cacau e café. O mesmo número relatava a «animação» dos trabalhos agrícolas indígenas, com a distribuição de 1300 quilos de mancarra pelo governo para as sementeiras.

O boletim oficial n.º 50 de 1902, de 13 de dezembro, avisava da exoneração do professor do presídio de Buba pelo governador, devido ao «irregular procedimento [...] e por várias faltas cometidas». No comando militar de Bissau, as obras públicas em 1906 incluíam a construção de um barracão para o depósito de guerra, de uma casa para a instalação do correio, de um paiol no ilhéu do Rei e consertos na muralha da fortaleza e na ponte do cais. O padre Henrique Lopes Cardozo apresentou-se em Geba em 1907 e fez 26 batizados, segundo a edição n.º 22 do boletim, de 1 de junho. No mesmo número, a repartição da fazenda do concelho de Cacheu reclamava dos contribuintes o cumprimento das suas obrigações: «provando-se evidentemente que parte dos senhores contribuintes, proprietários e usufrutuários deste concelho têm desde muitos anos deixado de cumprir em seu tempo com as obrigações que lhes são impostas pelas leis».

Em 1908, o governo dotava o orçamento de recursos para a construção dos edifícios da Repartição da Fazenda e da Imprensa Nacional, obras hidráulicas e a construção de pontes-cais em Bolama, Bissau e Cacheu, informava o boletim oficial n.º 28, de 18 de julho. A relação dos régulos e chefes de tabanca que foram cumprimentar o governador em julho de 1909 foi publicada na edição n.º 33, de 14 de agosto. Lideranças africanas de vários pontos da colónia estiveram em Bolama e foram recebidas pelo governador, a quem foi oferecido um dente de marfim e 200 cabeças de gado bovino.

## *A imprensa na Guiné na Monarquia Constitucional*

Como se explica que na Guiné não tenha emergido uma imprensa privada, não oficial, ao longo da Monarquia Constitucional, como aconteceu nas demais colónias portuguesas em África? A inexistência de autoridade portuguesa sobre as populações nativas, o regime de administração indireta e a multiplicidade de unidades políticas nativas, e a inexequibilidade das reformas administrativas são os fatores que caracterizam o estatuto político da Guiné no século XIX na perspetiva de Silva (A. E. D. Silva, 2010, 24) e nos ajudam a compreender a ausência da imprensa.

O aparecimento da imprensa independente nos demais territórios da África Portuguesa exigiu das elites que a promoveram um conjunto de recursos, entre eles os meios financeiros, a existência de gráficas, pessoas com um mínimo de formação educacional e disponibilidade para atuar como jornalistas, a existência prévia de um espaço público e de um potencial público leitor. Mais, a emergência da imprensa requer factos sociais, políticos e económicos que exijam a circulação de informação, que motivem as elites para a discussão pública e que estimulem os grupos sociais a assumirem as suas crenças e a defenderem os seus interesses.

Dependentes do governo de Cabo Verde até 1880, as instituições da administração pública tardaram na Guiné e a implementação destas coincidiu com a decadência das elites luso-africanas, que até então controlavam os recursos económicos no território. Seguiu-se o predomínio dos investimentos estrangeiros nas explorações agrícolas e comerciais. Ou seja, além da escassez de colonos portugueses na Guiné, estes eram fracos do ponto de vista económico.

O reforço das instituições políticas e administrativas da Guiné aconteceu ao mesmo tempo que o acirrar dos conflitos com os nativos e das guerras entre as distintas etnias africanas. Assim, o governo teve dificuldade em se afirmar e predominou uma elite militar que estava preocupada com a «pacificação» do território. Noutra vertente, a luta portuguesa pelo domínio do território e pela subjugação dos povos africanos reduziu os conflitos entre elites coloniais, governo local e metropolitano. A debilidade política e económica da presença portuguesa na Guiné decorreu também do seu lugar «marginal» no contexto do império e das baixas expectativas que suscitava na metrópole (Alexandre, 1998a, 151). Logo, a existência da imprensa não foi um imperativo para as elites coloniais e luso-africanas, que estavam preocupadas com a ocupação do território e com a sua sobrevivência económica.

Era escassa a presença de colonos portugueses e europeus na Guiné, e a maioria da população africana vivia fora do espaço urbano e não tinha acesso ou mesmo contacto com os elementos estruturais da modernidade, inclusive o ensino. Também não existem indicadores de atividades culturais, sociais e recreativas que estimulassem a interação comunitária. Além disso, era reduzido o potencial público leitor, bem como eventuais jornalistas ou empreendedores da imprensa. Tais fatores contribuíram para a fraqueza do espaço público local, que poderia ter estimulado o surgimento da imprensa não oficial.

Ao longo da Monarquia Constitucional, o boletim oficial foi o único meio de informação na Guiné e exerceu sobretudo o papel colaborador, apoiando o governo na execução dos seus planos. Contudo, não fosse o boletim oficial, não haveria nenhum tipo de mediação nas relações entre o governo e o público, e não existiria um mínimo de informação sobre as decisões políticas, administrativas, económicas e militares do que se passou na Guiné entre 1880 e 1920, quando apareceu o primeiro jornal privado do território.

## A AFIRMAÇÃO DE UMA IMPRENSA POLÍTICA E DE ELITES

A Revolução Liberal derrubou o regime absoluto e negou o poder divino dos reis, mas o liberalismo clássico não entregou o poder ao povo. Com a Monarquia Constitucional, os poderes foram regulados, separados e limitados, e instituíram-se garantias constitucionais de cidadania e participação política. No entanto, tal não implicou o nivelamento das desigualdades, e supunha-se que o progresso (económico, social, cultural e político) seria gradualmente alcançado por meio do alargamento das condições de cidadania, numa democratização controlada pelas elites dirigentes através de reformas e sem concessões aos sectores revolucionários (Sardica, 2011, 20–21).

Neste cenário, as colónias africanas deveriam prover Portugal de riquezas e devolver a força ao império português, substituindo o papel até então desempenhado pelo Brasil. Todavia, as populações africanas não foram incluídas entre os cidadãos portugueses e foi incipiente a integração político-administrativa dos territórios africanos.

A dicotomia entre «selvagem» e «civilizado», que implicou a negação da cidadania aos indígenas, serviu de referência aos políticos e intelectuais do período e conduziu um discurso centrado na «missão civilizacional» (Silva, 2009, 56).

Os processos de transição para a ordem política moderna foram graduais, e é como um regime liberal representativo que se caracteriza a Monarquia Constitucional portuguesa (Freire, 2011, 25). Se foi difícil ultrapassar os obstáculos à modernização em Portugal (Almeida, 1991, 25), a modernidade não se concretizou nas colónias portuguesas, inclusive porque é incompatível com a ausência de soberania, pressuposto do colonialismo.

A substituição do tráfico de escravos pelo comércio legal foi progressiva e apenas no final do século XIX os territórios africanos começaram a produzir riqueza. Todavia, as políticas económicas do império favoreceram a burguesia metropolitana e prejudicaram as emergentes burguesias coloniais. O modelo da história colonial portuguesa no século XIX foi o mercantilismo, dominado por um protocapitalismo protecionista e autoritário, resultante da derrota do capitalismo liberal (Torres, 1991, 38–42).

A população africana resistiu ao projeto colonial ao longo de todo o período, dificultando a ocupação do território pelos portugueses e a efetividade dos seus planos e políticas, articuladas com a «pacificação» e os obstáculos na afirmação das instituições e das autoridades públicas, frequentemente envolvidas em práticas ilegais. A formação dos núcleos urbanos foi lenta e tardou a implementação de serviços públicos nas diversas áreas; quando estes chegaram, dirigiram-se às elites.

## *Dinâmicas do jornalismo na Monarquia Constitucional*

Foi neste contexto sociopolítico, aliado ao imperativo do desenvolvimento económico dos territórios africanos, que o império decidiu publicar, em 1836, os boletins oficiais na África Portuguesa.

Quando efetivado, o boletim desempenhou nas cinco colónias o mesmo papel, fomentar o programa colonial através da informação pública divulgada, das diretrizes metropolitanas reproduzidas e do apoio incondicional aos governos locais. A efetivação dos boletins oficiais em diferentes períodos nas cinco colónias refletiu a diversidade da situação de cada um dos territórios, nos quais tiveram peso os seguintes fatores: proximidade da metrópole; ocupação do território; contexto administrativo e institucional do governo; desenvolvimento económico; e recursos humanos e financeiros locais.

Após a implantação do boletim oficial, a emergência da imprensa privada levou um mínimo de 12 anos, caso de São Tomé e Príncipe, e um máximo de 35 anos, situação de Cabo Verde. Porém, na Guiné a imprensa privada não emergiu ao longo da Monarquia Constitucional, o que se deveu sobretudo à fraqueza das elites locais e à prioridade destas e da administração em conquistar o território, enfraquecendo os conflitos entre as elites e destas com o governo local e metropolitano.

Nas quatro colónias, a emergência da imprensa privada dependeu das elites coloniais portuguesas, como aconteceu noutras colónias europeias em África. Inclusivamente, tal processo ganhou estímulo com a afirmação da imprensa e da esfera pública no Portugal liberal enquanto plataforma de disputa e negociação entre as forças políticas.

Em Cabo Verde, Angola e Moçambique, os primeiros jornais independentes expressaram os conflitos das elites europeias com os governos locais e com as políticas da metrópole para os territórios africanos. Em reação a estes títulos críticos, não do projeto colonial em si, mas das suas estratégias, apareceram jornais nas três colónias que referendavam os governos locais e central, respondiam às críticas e atacavam os periódicos e jornalistas que divergissem dos programas de governo. Ao longo da Monarquia Constitucional, por diversas vezes os governos estimularam (incluindo com recursos materiais, a exemplo do uso da Imprensa Nacional) a criação de periódicos que defendessem os seus interesses, políticos e económicos.

A partir da década de 1870, em Cabo Verde e Angola, as elites africanas apropriaram-se da imprensa como espaço de reivindicação e luta. Tal imprensa defendeu os interesses das elites afro-lusas, mas também os direitos da população africana; promoveu o confronto com o projeto colonial; e reivindicou autonomia e independência para os territórios ([24]).

Em Moçambique, a imprensa africana apenas emergiu em 1909 e só ganhou protagonismo no período republicano. A dispersão das elites afro-lusas pelo interior do território e não nos núcleos urbanos; a Ilha de Moçambique enquanto capital até ao final do século XIX e o isolamento do centro político num território de administração fragmentada; o domínio do comércio pela comunidade de origem asiática (em Cabo Verde e Angola as elites africanas tinham força neste sector); a concessão de território para administração por companhias privadas de capital estrangeiro (o que contribuiu para o enfraquecimento das elites afro-lusas); e a influência moderada das elites africanas na administração e nos cargos públicos ajudam a compreender o tardio surgimento da imprensa africana em Moçambique, se comparado com Cabo Verde e Angola. Em São Tomé e Príncipe, a indisponibilidade das fontes primárias impede a análise da participação das elites africanas na imprensa neste período, embora venham a ser atores centrais do espaço público no período republicano.

Em Cabo Verde, Angola e Moçambique, o jornalismo desempenhou o papel monitor através da fiscalização das práticas do poder público e privado; da denúncia dos abusos cometidos pelas autoridades; e das notícias sobre a administração local e metropolitana, mediando as relações entre governo e cidadão. A divulgação de informação económica e internacional; a promoção de temas culturais

([24]) No seu estudo sobre a construção da identidade nacional em Angola, Serrano conclui que «a produção literária e jornalística de protesto e denúncia» é uma das raízes, entre outros fatores, da história da luta de libertação dos povos africanos das colónias portuguesas. C. Serrano, *Angola: Nascimento de Uma Nação, Um estudo sobre a construção da Identidade Nacional* (Luanda: Kilombelombe, 2008), 205–206.

e de entretenimento; as cartas dos leitores e os textos de opinião, os quais expressavam as ideias e tendências sociais, também são indicativos do jornalismo monitor. Note-se que a monitoria foi exercida pelos jornais que pertenciam aos distintos sectores sociais.

Nestas colónias também foi desempenhado o jornalismo colaborador, já que existiram títulos que apoiavam as políticas dos governos, locais e metropolitano. A colaboração foi preeminente ao longo de todo o período monárquico, visto que os títulos de suporte aos governos surgiam em resposta às lutas políticas promovidas pelos jornais críticos e de oposição. O boletim oficial também colaborou com o regime, bem como os títulos das companhias de administração do território, em Moçambique, e os títulos vinculados aos interesses económicos que dependiam das relações com os governos das colónias. A colaboração do jornalismo com o governo foi exercida sobretudo pelos jornais ligados às elites europeias.

A defesa do regime republicano indica a prática do jornalismo radical, uma vez que advogar a república implicava uma alteração estrutural, a mudança de regime político. Jornais de Cabo Verde, Angola e Moçambique, associados às elites europeias e africanas, defenderam a república e, por isso, desempenharam o papel jornalístico radical. Entretanto, sobressaiu o jornalismo radical em Cabo Verde e Angola, pois nestas colónias os jornais africanos reivindicaram a independência dos territórios e os direitos dos africanos num contexto de dualidade colonial (com políticas e práticas distintas para europeus, afro-portugueses e africanos), o que refletia o combate e a resistência ao colonialismo em África.

Em todas as colónias, a propriedade dos jornais esteve associada aos proprietários de terras; empreendimentos privados; comerciantes; profissionais liberais; funcionários públicos e políticos. A principal clivagem na propriedade dos jornais deu-se entre as elites europeias e africanas, mas, como se viu, havia interesses distintos, e por vezes conflituosos, no interior de ambos os segmentos. A respeito desta fase são escassas as informações sobre as tiragens dos jornais, como indicador tem-se o *Jornal de Loanda*, que afirmava reproduzir

800 exemplares por edição. Também não existem dados sobre o alfabetismo nas colónias nesta altura, no entanto, o sistema de ensino, além de restrito, dirigia-se aos europeus. Deste modo, os jornais tinham como público-alvo as elites africanas e europeias educadas ([25]). A maior parte dos títulos foi publicada nas capitais das colónias, porém, estes circulavam no interior das mesmas, o que se indica pela cobertura noticiosa, pelas cartas dos leitores e pela existência de correspondentes. Também houve uma certa regionalização da imprensa em Angola, Cabo Verde e Moçambique, com títulos publicados em diversos espaços urbanos, o que esteve relacionado com a ocupação e desenvolvimento do território pelos europeus. A propriedade, o público-alvo, a circulação e a predominância de conteúdos políticos apontam para o perfil político e não comercial da imprensa na Monarquia Constitucional em todas as colónias africanas.

A atividade jornalística foi desempenhada sobretudo pelos profissionais liberais, funcionários públicos, políticos, comerciantes e intelectuais, refletindo a propriedade dos jornais. Na maioria dos títulos, e em todas as colónias, os proprietários atuavam como jornalistas, embora não com exclusividade, e não dependiam dos rendimentos do jornalismo para a sua sobrevivência. O exercício jornalístico foi propalado pelos que o praticavam e reconhecido pelas comunidades nas quais se inseria como atividade social de interesse público. No entanto, não se configurou como uma profissão no sentido de ser remunerada, praticada em regime de exclusividade, que exigisse conhecimentos específicos ou que tivesse normas próprias, formais ou informais. Nem os jornalistas nem os jornais estiveram reunidos em clubes ou associações, embora se assinale a solidariedade entre os títulos e os profissionais, por exemplo, na saudação de um novo

---

([25]) Tengarrinha calculou que em 1830 cada exemplar de um jornal em Lisboa atingia entre 15 e 20 pessoas, pois este era lido em sessões públicas. Se aplicarmos o mesmo cálculo para as colónias portuguesas, no caso do *Jornal de Loanda*, que indicava uma tiragem de 800 exemplares, os conteúdos de uma edição poderiam atingir 12 000 pessoas. J. Tengarrinha, *Nova História da Imprensa Portuguesa: Das Origens a 1865* (Lisboa: Círculo de Leitores, 2013), 290 e 304.

periódico ou na crítica aos governos que suprimiam ou censuravam. Tal cumplicidade assinalava a defesa da instituição imprensa e da prática jornalística, e não entrava em contradição com os conflitos políticos e ideológicos mantidos pelos jornais. O exercício do jornalismo esteve associado às crenças e ideias dos que o praticavam. O jornalismo era um espaço de atuação política, no qual os jornalistas propagavam as suas opiniões de modo a intervir no espaço público. Neste contexto, os conceitos de autonomia ou instrumentalização dos jornalistas são impróprios, visto que a atividade jornalística esteve associada à militância política.

Os papéis desempenhados pelo jornalismo e a sua relação com as forças sociais; os conteúdos disseminados pelo jornalismo de acordo com as tendências dos grupos sociais (inclusive o seu posicionamento nos períodos eleitorais); a propriedade dos periódicos; a atividade jornalística articulada com a militância política; e o papel desempenhado pelos governos na imprensa apontam para um forte paralelismo político ao longo da Monarquia Constitucional, com a imprensa a traduzir as tendências sociopolíticas.

A intervenção do Estado e do governo foi intensa no período monárquico. As constituições liberais garantiram a liberdade de imprensa, porém, embora a liberdade de publicar tenha vigorado na maior parte da Monarquia Constitucional, o Terreiro do Paço restringiu-a devido ao papel crítico e mobilizador nos conflitos sociopolíticos da época. Em 1823–26, 1828–33 e 1907–10, a censura foi resposta. Na última fase, o governo instituiu um «gabinete negro» para analisar os conteúdos dos jornais em Lisboa ([26]). Sobre a legislação de imprensa para as colónias, depois do decreto que previu os boletins oficiais, em 1836, sublinha-se a carta de lei de 17 de maio de 1866, que aboliu todas as cauções financeiras e restrições para a imprensa periódica, ainda que exigisse o registo da publicação

([26]) Não existem estudos sobre os efeitos da censura entre 1907 e 1910 nas colónias africanas. Sobre a censura à imprensa no período da Monarquia Constitucional, ver G. Franco, *A Censura à Imprensa* (Lisboa: Casa da Moeda, 1993), 11–33.

e do editor, e que este fosse maior de idade e cidadão de plenos direitos ([27]). Tal legislação pode ter favorecido a emergência da imprensa nas colónias, visto que foi no final da década de 1860 que apareceram os primeiros jornais não oficiais. Não existem estudos sobre a legislação de imprensa no ultramar, lacuna que ultrapassa o âmbito deste estudo. No entanto, vistos os poderes legislativos dos governadores, sabe-se que estes legislaram de acordo com os seus interesses locais, a exemplo do estabelecimento da censura prévia em Moçambique em 1868.

Além de legislar, os governos foram proprietários dos boletins oficiais e subsidiaram a imprensa privada, estimulando o surgimento e a manutenção de jornais que respondessem aos títulos críticos e que lhes dessem suporte local e às políticas metropolitanas. Os governos das colónias também perseguiram os jornalistas e títulos que discordavam das suas orientações, apreenderam e suspenderam jornais que atacassem as suas políticas ou o projeto colonial. A perseguição à imprensa incluiu processos judiciais e a prisão de jornalistas; ameaças e violência contra os profissionais da imprensa; multas e suspensões aos títulos e a destruição de tipografias e redações.

### *O perfil político da imprensa*

Ao longo de 68 anos — da publicação do primeiro boletim oficial, em 1842, até à instauração da República, em 1910 —, a imprensa emergiu, afirmou-se e tornou-se numa plataforma privilegiada das lutas políticas nos territórios africanos. A reflexão comparada do percurso da imprensa nas colónias permite a elaboração de algumas proposições sobre a imprensa na África Portuguesa. Primeiro, Portugal virou-se para o continente africano na expectativa de sobreviver

([27]) Sobre a legislação de imprensa na Monarquia Constitucional, ver A. G. V. Paiva, *Collecção Completa da Legislação sobre Liberdade de Imprensa desde 1834 até Hoje, Acompanhadas dos Accordãos do Supremo Tribunal de Justiça Proferidos por Abuso de Liberdade de Imprensa* (*S.l.*: Livraria do Archivo Jurídico, 1889).

enquanto império no século XIX e, para tal, estendeu o seu regime político e instituições. Neste contexto, os boletins oficiais foram um instrumento do Estado e dos governos coloniais na governação dos territórios, na propagação e no suporte das suas diretrizes políticas e na disseminação, defesa e afirmação do império português. Segundo, a emergência da imprensa não oficial dependeu sobretudo dos colonos europeus, e o jornalismo tornou-se num instrumento de confronto e disputa em relação às políticas coloniais no âmbito do suporte, da legitimação e da defesa do império e do colonialismo. Terceiro, o projeto colonial provocou conflitos com as elites africanas, as quais se apropriaram da imprensa para resistir, negociar e reivindicar alterações nas políticas e nos paradigmas coloniais. Por fim, entre as dimensões que compõem o sistema de imprensa da África Portuguesa neste período, observam-se as seguintes características: o jornalismo desempenhou papéis característicos dos regimes liberais; a imprensa desenvolveu-se como instituição política e não comercial, voltada para as elites e com a propriedade vinculada aos grupos sociais; o jornalismo tendeu ao paralelismo político, com a imprensa a traduzir as ideias e as opiniões dos atores políticos; a atividade jornalística esteve articulada com a atividade política e os processos de profissionalização e profissionalismo foram incipientes; e o Estado e os governos mantiveram uma forte intervenção na imprensa.

# Parte II

# A Imprensa na República

Na África Portuguesa, a imprensa consolidou-se enquanto espaço privilegiado de intervenção das forças sociais e políticas durante a República. Com o novo regime, Portugal passou por transformações estruturais nos seus princípios e práticas políticas, as quais também foram afetadas pelas alterações no cenário internacional. Os territórios africanos não se limitaram a sofrer o impacto das mudanças, as elites das colónias, europeias e africanas, já tinham feito a propaganda republicana durante a Monarquia e, no princípio do século XX, estavam fortalecidas e desejosas de maior protagonismo político e económico. Neste cenário, a imprensa e o jornalismo consolidaram-se e reforçaram-se enquanto espaço de intervenção social e como plataforma de confronto político entre os diversos grupos. Na primeira secção desta Parte, percorre-se as principais realizações da Primeira República e as suas diretivas para a África Portuguesa. Num segundo momento, segue-se o percurso da imprensa e do jornalismo no contexto sociopolítico de cada um dos cinco territórios. Na última etapa, procede-se à análise comparada da imprensa nas colónias africanas e esboçam-se proposições sobre as suas dinâmicas no período republicano.

## A República e o império colonial africano

As dinâmicas económicas e tecnológicas do capitalismo associadas à emergência de novas classes e grupos sociais foram determinantes para a crise dos sistemas liberais oligárquicos na Europa e provocaram uma vaga de revoluções sociais. Em Portugal, o descrédito dos governos «rotativos», a crise financeira e o problema ultramarino foram decisivos para a coesão entre os sectores republicanos, que pretendiam «resgatar a pátria pela República», com um projeto nacional, democrático e regenerador. O bloco social e político que levou à revolução e ao regime republicano em 5 de outubro de 1910 constituiu-se da plebe (proletários, assalariados, artesãos e populares) articulada com a pequena burguesia urbana (Farinha, 2009; Rosas, 2009) ([28]).

A democratização política, a universalização do sufrágio, a redução do papel da Igreja na sociedade, a descentralização administrativa, a extensão do sistema de ensino, a modernização económica e social, a independência da tutela externa e a atenção aos territórios africanos estiveram entre as principais demandas da revolução (Serra, 2009). As políticas adotadas pelo novo regime procuravam responder a estas aspirações no contexto da nova conjuntura política, a qual incluía a correlação de forças no Estado e no governo e as pressões populares e dos grupos organizados. Entre as principais clivagens sociopolíticas da República, o problema religioso, que se tornou central na vida política; a questão do regime, devido à resistência à República pelos sectores monárquicos; e a divisão entre a cidade e o campo, relacionada com a intermediação de interesses, o acesso político ao Estado e o processo de tomada de decisão (Pinto, 1999, 34).

A extinção do Conselho de Estado, da Câmara dos Pares e dos títulos nobiliárquicos esteve entre as primeiras medidas do novo

([28]) Outra leitura importante para se compreender as dinâmicas da revolução republicana é o trabalho de V. P. Valente, *O Poder e o Povo* (Lisboa: Alêtheia Editores, 2010 [1975]).

regime. Os crimes políticos foram amnistiados, as leis de exceção, revogadas e uma nova lei de imprensa foi promulgada. Universidades foram criadas, a par de instituições do ensino infantil, primário e normal. Além de muitas medidas repressivas à Igreja, em 1911 foi publicada a lei que laicizava o país, separando o Estado da Igreja.

O sufrágio manteve-se restrito ao longo da Primeira República, as mulheres não tiveram o direito de voto e o número de eleitores caiu em 1915 devido à exigência de instrução mínima, que requeria dos eleitores saberem ler e escrever. As restrições ao voto inibiram a massificação da vida política, o que «hipotecou» a legitimidade democrática do regime (Almeida, 2010, 67). A cisão no Partido Republicano Português deu origem a três partidos com representação parlamentar: o Democrático, que se manteve na liderança, o Evolucionista e a União Republicana. Foram partidos fracos, que não tiveram personalidade jurídica nem proteção legal, estruturavam-se a partir de uma liderança, um grupo parlamentar na câmara e outro no senado, um jornal, e, no caso dos evolucionistas e dos democráticos, estruturas de base espalhadas pelos municípios portugueses na Europa. Havia ainda os partidos Católico e Socialista. Depois de 1919, reforçaram-se as diferenças ideológicas e, no campo da esquerda, surgiram o Partido Comunista (1919), o grupo Seara Nova (1921) e a Esquerda Democrática (1925). Na ala direita, havia grupos católicos e monárquicos, tendo-se destacado o Integralismo Lusitano. Contudo, foram os partidos Democrático e Nacionalista (que resultou da fusão de evolucionistas e unionistas) que ganharam as eleições e governaram sozinhos ou combinados ao longo da Primeira República (Oliveira Marques, 1988, 24–26; Matos, 2010, 118–122).

As forças políticas do período republicano tiveram representação nas colónias através de estruturas partidárias locais ou de centros republicanos, e exerceram a sua influência sobretudo por meio das organizações da sociedade civil e da imprensa. Ao longo da República, a representação parlamentar das colónias aumentou. Em Angola e Moçambique foram eleitos três deputados em cada uma das colónias; em Cabo Verde foram eleitos dois deputados, e São Tomé e Príncipe e Guiné elegeram em cada território um parlamentar.

A herança da Monarquia em África eram territórios «atrasados» que enfrentavam a resistência da população autóctone. Os princípios culturais, políticos e económicos relativos aos territórios ultramarinos foram preservados pela República, com um discurso que mantinha como prioridades «civilizar» e colonizar, garantir a unidade e a soberania portuguesa e promover o desenvolvimento económico. A Constituição de 1911 determinou que uma administração descentralizada deveria predominar nas províncias ultramarinas, e as leis de 1914 previram cartas orgânicas que atendessem às especificidades de cada uma das colónias. Contudo, as bases orgânicas da administração colonial apenas entraram em vigor em 1917, quando foram aprovadas e promulgadas as cartas orgânicas das colónias (com exceção de Moçambique). Entretanto, estas foram suspensas por Sidónio Pais em julho de 1918 e repostas em maio de 1919. Com as cartas, a gestão administrativa cabia ao governador-geral, nomeado pelo Ministério das Colónias e subordinado ao mesmo, auxiliado por um conselho de governo consultivo, e eventualmente deliberativo, dos problemas mais importantes. Na hierarquia de governo, seguiam-se os governadores distritais, com os respetivos conselhos distritais, as câmaras ou comissões municipais, e as juntas locais. Estas instituições eram complementadas pelos chefes de concelho, pelos comandantes militares, pelos chefes de delegação e pelos administradores locais.

Na primeira fase da República, entre 1910 e 1919, as prioridades para as colónias africanas foram a conclusão das campanhas militares; a luta contra a influência alemã; a implementação de uma política nativa e de uma administração civil descentralizada; o desenvolvimento da agricultura, do comércio e da exploração de matérias-primas no sentido de aumentar os lucros da metrópole; e iniciativas infraestruturais (Wheeler, 1999, 139).

No campo económico, as linhas mestras da ação republicana incluíram a implantação de uma rede ferroviária que ligasse o Litoral ao Interior em Angola e Moçambique; o desenvolvimento da agricultura e da pecuária; a libertação do modelo mercantilista e a fixação de colonos europeus em África. Contudo, os problemas financeiros e os défices coloniais, a desorganização das contas públicas e uma burguesia metropolitana que lucrava com as práticas mercantilistas inviabilizaram a planeada emergência colonial. Se o discurso republicano propagava o crescimento das colónias, a prática das elites políticas e financeiras mantinha uma conceção colonial atrasada (Proença, 2009, 217–218). No entanto, entre 1901 e 1936, enquanto a importância dos produtos nativos diminuía, a exportação derivada das plantações aumentava: esta duplicou entre 1901 e 1919, declinou durante a Primeira Guerra e estabilizou até 1929 (Lains, 1998, 482).

Até 1915, os orçamentos coloniais foram equilibrados e, a partir de 1914, as colónias tiveram autonomia fiscal e puderam contrair empréstimos. As transferências de fundos para as colónias para cobrir os défices foram reduzidas e as despesas do Estado com os territórios africanos baixaram. Contudo, a partir de 1916, com o envolvimento de Portugal na Primeira Guerra Mundial, as despesas cresceram e a situação financeira agravou-se, o que exigiu o aumento da emissão de papel-moeda e resultou na perda do controlo da inflação. Graças às dívidas coloniais, Portugal incrementou os pagamentos às colónias e concedeu-lhes empréstimos (Clarence-Smith, 1985, 122–123).

No contexto internacional, nas vésperas da Primeira Guerra, Portugal encontrava-se ameaçado: no continente, pela Espanha, nas colónias, pela Alemanha, e, no geral, pela Inglaterra, o que deixava o país vulnerável no cenário continental e colonial. Em 1912, a Inglaterra havia renovado o acordo de 1898 com a Alemanha, o qual negociava a partilha das zonas de influência em África e alargava a legitimidade de intervenção nos territórios portugueses. Assim, a decisão de Portugal de abandonar a neutralidade na Primeira Guerra deveu-se à necessidade de preservar as colónias, de afastar o perigo espanhol e de consolidar a legitimidade democrática da República, ameaçada pelos conflitos internos (Teixeira, 1999, 173).

As crises económica, social e política, sobretudo provocadas pela Primeira Guerra, levaram ao golpe que deu o poder a Sidónio Pais.

O governo sidonista indicava uma crise que contestava o próprio sistema liberal, manifestando «descontentamentos políticos e culturais» (Samara, 2009, 392). Mortos Sidónio e a República Nova em 1918, que pouco significado prático tiveram na gestão colonial, o governo reviu a Constituição e tomou medidas legais, inclusive a que em 1919 pôs fim à autoridade administrativa das companhias. As cartas orgânicas foram repostas e, para Angola e Moçambique, foram criadas as figuras dos altos-comissários, nomeados pelo governo metropolitano, e instituídos conselhos legislativos, com membros escolhidos pelo governo e eleitos. A segunda fase do período republicano, entre 1919 e 1926, assistiu ao «renascer e ao fortalecer do interesse público pelas colónias africanas», no qual prevaleceu o esforço em prol do desenvolvimento económico e da liquidez monetária (Wheeler, 1999, 149).

Os conflitos entre o capital internacional e o português, a inflação, a falta de convertibilidade da moeda colonial (que travava o comércio e os investimentos) e as dívidas das colónias marcaram a década de 1920. A crise generalizada da época deveu-se a fatores endógenos, os problemas estruturais do modelo de exploração português, e exógenos, decorrentes da Conferência de Paz, que decidiu que a «ocupação efetiva» era insuficiente, e que deveria ser promovido o desenvolvimento dos espaços coloniais e dos seus povos no sentido de uma progressiva autonomia (Proença, 2009a, 506–507).

As classificações «indígena» e «não indígena» tinham antecedentes na lei do trabalho de 1899, contudo, foi no período republicano que a distinção entre «civilizado» e «indígena» se reforçou. A consagração do conceito de «indígena» deu-se através da regulamentação do seu estatuto civil, político e criminal na primeira Lei Orgânica da Administração Civil do Ultramar, de 1914, que entregou aos governos-gerais a tarefa de diferenciar «indígena» de «assimilado». As cartas orgânicas de 1914 de Angola e de Moçambique distinguiam os indivíduos de «cor» — naturais das províncias que não tivessem «alcançado» o uso pleno dos direitos civis e políticos — dos «cidadãos portugueses», e uma portaria de Moçambique, em 1917, discriminou «indígenas» e «assimilados». Tais definições consolidaram-se em 1917, por meio do estatuto legal e racial da República. Para alcançar a condição de «civilizados», os africanos deveriam saber ler e escrever, possuir os meios necessários para a sobrevivência da sua família, ter bom comportamento atestado pela autoridade e costumes «civilizados» (Moreira, 1997, 103; Wheeler, 1999, 148; Oliveira Marques, 2001, 26; C. N. da Silva, 2010, 107–108). Com tais distinções, os indígenas ficaram excluídos da representação e da participação política. Embora em Cabo Verde todos os africanos fossem considerados cidadãos, e em São Tomé as leis indígenas se aplicassem somente aos serviçais, os arquipélagos também foram atingidos pela discriminação entre europeus e africanos.

O regulamento do trabalho indígena de 1911 teve como base a lei de 1899 e manteve o trabalho obrigatório. O regulamento instituiu contratos máximos de dois anos, aboliu os castigos corporais, não permitiu o recrutamento sem a autorização do governador e estabeleceu o salário mínimo, entre outras cláusulas. Contudo, era permitido que os patrões «corrigissem» os seus empregados, o que significou a continuidade dos castigos e da violência. O decreto sobre o trabalho indígena de 1914 distinguiu os contratos de prestação de serviços na colónia de origem do trabalhador e nas demais, estabeleceu o repatriamento facultativo dos trabalhadores, admitiu sociedades de recrutamento para induzir os africanos ao trabalho e instituiu a caderneta indígena como método de controlo.

A colonização europeia em África caracterizou-se pela dualidade e por uma governação bifurcada, na qual as administrações diretas e indiretas foram complementares no controlo dos povos nativos. Nos espaços urbanos a administração direta excluía os nativos da cidadania, restrita aos europeus. A administração indireta foi aplicada nos espaços rurais e implicou a incorporação dos nativos num sistema de governação consuetudinário. Em suma, «colonial powers generalized decentralized despotism as their principal answer to the native question» (Mamdani, 1996, 18). O dualismo na sociedade colonial, consagrado na divisão indígena e não indígena, pretendeu garantir a dominação e a exploração dos territórios e evitar que o poder colonial fosse questionado. Manifestou-se nas relações sociais, na divisão do trabalho e na distribuição dos privilégios. Os dualismos da sociedade colonial portuguesa, definidos pela hierarquização e pela negação do outro, eram entre «branco e preto», «indígena e colonizador», «civilizado e primitivo», «tradicional e moderno», «cultura e usos e costumes», «oralidade e escrita», «sociedade com história e sociedade sem história», «superstição e religião», «regime jurídico europeu e direito consuetudinário», «código de trabalho indígena e lei do trabalho», «economia de mercado e economia de subsistência» (Cabaço, 2010, 36).

Pesem embora os dualismos da situação colonial, das oposições entre europeus e africanos, no interior destes grupos houve divergências, disputas e conflitos. Como ressaltam Hardt e Negri (2000, 128): «Reality always presents proliferating multiplicities. Our argument here, however, is not that reality presents this facile binary structure but that colonialism, as an abstract machine that produces identities and alterities, imposes binary divisions on the colonial world.»

Como resposta ao agravamento das dualidades entre africanos e europeus, e como consequência do acréscimo de liberdades políticas da República, fortaleceram-se as organizações de representação e luta dos africanos. Foram criadas associações de defesa dos interesses africanos em Lisboa e nas colónias, que atuavam de forma articulada e tinham ideais e causas comuns. A comunidade africana em Lisboa sofreu as influências europeias e americanas do pan-africanismo e organizou as suas associações e jornais ([29]). Em 1912, foi

---

([29]) A ideia de pan-africanismo foi utilizada pela primeira vez em 1900, na Conferência Pan-Africana realizada em Londres. William Burghardt Du Bois e Marcus Mosiah Garvey Junior são considerados os dois principais teóricos e líderes do pan-africanismo, que advogava a unidade dos negros, a promoção da cultura e do orgulho racial e a autodeterminação para os povos e nações negros. Sobre o pan-africanismo, anota-se o trabalho de I. Duffield, «Pan-Africanismo since 1940», *in The Cambridge History of Africa*, ed. J. D. Fage e R. Oliver, vol. 8: from c. 1940 to c. 1975, ed. M. Crowder (Cambridge: Cambridge University Press, 1984), 95–141.

criada em Portugal a Junta de Defesa dos Direitos de África (JDDA), que tinha entre os seus objetivos federar as províncias da África Portuguesa, defender o regime de autonomia para as colónias, revogar as leis de exceção em vigor e promover a educação dos «naturais». Através dos jornais *A Voz d'África* (1912) e *Tribuna d'África* (1913) eram disseminadas as reivindicações da JDDA. Em razão de divergências entre os dirigentes da Junta, em 1920 tornava-se oficial a Liga Africana, que tinha objetivos semelhantes aos da Junta, e que publicou o *Correio de África* (1921–24), «quinzenário defensor dos interesses de África». Entretanto, em 1921, reuniram-se em Lisboa antigos líderes da Junta, que havia sido dissolvida, e criaram o Partido Nacional Africano, que defendeu os direitos dos povos africanos e a reforma do Estado português com bases descentralizadas e federalistas (Andrade, 1998, 115–120; A. Rocha, 2000).

A crítica à situação colonial — na denúncia do trabalho forçado e das práticas escravistas; na luta contra o racismo; na defesa dos direitos dos africanos; na divulgação das ideias, congressos e partidos pan-africanos; na formulação de ideais independentistas e na propaganda pelo fim do colonialismo — foi uma constante na imprensa africana de Lisboa. Mas não só. Diversos jornais, a exemplo do diário anarquista *A Batalha*, publicaram conteúdos noticiosos e textos de opinião sobre o problema colonial. Entre estes, destacaram-se os artigos do afro-português Mário Domingues, os quais, como assinalou Garcia, eram «indicativos da presença na opinião pública desse período de uma discussão contínua sobre o problema colonial e de questionamento da ideologia colonialista e das práticas do colonialismo português, em particular sobre o tema da persistência de formas de escravismo» (Garcia, 2012, 481).

A imprensa foi o espaço privilegiado para a propaganda republicana nas colónias africanas desde a década de 1870, tendo-se reforçado a partir de 1890. Daí que as elites do ultramar, africanas e europeias, tenham recebido a instauração da República como uma vitória. As elites africanas esperavam que o novo regime promovesse a sua ascensão social e económica, lutavam pela autonomia, desejavam a sua inclusão na governação dos territórios e almejavam a igualdade de tratamento entre africanos e europeus, bem como a melhoria das condições de vida da população africana. As elites europeias acreditavam que a República consolidaria a descentralização e a autonomia das colónias, promoveria o reforço da sua intervenção nos governos e a estabilidade governativa, além de concluir a ocupação dos territórios e alavancar o seu desenvolvimento económico.

A República promoveu o reforço do associativismo, que despontara no período monárquico, em todas as colónias. Os grupos sociais e políticos fortaleceram a sua agenda e ação reivindicativa e reforçaram a imprensa e o jornalismo como espaços privilegiados para a luta política. A defesa da República, a reivindicação de autonomia e descentralização administrativa, o debate das políticas metropolitanas, a demanda por reformas que promovessem as atividades económicas das colónias, a exigência de infraestruturas e serviços nos territórios, as divergências sobre as políticas indígenas e os conflitos entre europeus e africanos foram os temas privilegiados pela imprensa na África Portuguesa neste período. Com esta agenda, o jornalismo acompanhou a evolução da República, traduziu as divergências da época e foi o palco de excelência dos conflitos entre as distintas forças sociais.

## A consolidação da imprensa como palco da luta política

### CABO VERDE

A reivindicação de autonomia, através do estatuto de adjacência e/ou da independência; o movimento nativista, a defender igualdade de facto entre africanos e europeus; as disputas eleitorais, entre os grupos da terra e os ligados à metrópole; e as questões económicas, por meio do debate sobre o desenvolvimento agrícola e industrial do arquipélago, foram os temas que marcaram o percurso republicano colonial de Cabo Verde e fizeram manchete na imprensa da época.

O Corpo de Voluntários Republicanos da Praia, o Centro Democrático Marinha de Campos (em São Vicente) e o Clube Republicano Marinha de Campos (na Brava) estiveram entre as organizações que surgiram para dar suporte ao novo regime. Em 1920, a população do arquipélago era de 159 675 pessoas e estava distribuída pelas seguintes ilhas: Santiago (72 154); Santo Antão (28 973); Fogo (21 563); São Vicente (14 639); São Nicolau (10 753); Brava (6383); Boa Vista (2454); Maio (2082); e Sal (674). A localização geográfica do arquipélago e a distância entre as ilhas dificultavam as comunicações no interior do território e entre Cabo Verde e o mundo. Desde o século XIX, Santiago estava ligada por cabo submarino, ao qual se conectava São Vicente, e tinha uma estação telegráfica. Em 1930, também estavam ligadas ao cabo as ilhas de Maio, da Brava e de Santo Antão. Barcos à vela faziam as carreiras entre as ilhas e com a costa africana, embora fossem escassos e registassem atrasos. No interior das ilhas, a situação também era precária, com a ausência de estradas ou estas em más condições (Reis, 2001, 109 e 127–128).

A situação económica do arquipélago foi crítica ao longo de todo o período, com um défice contínuo na balança comercial. A produção agrícola foi baixa, sobretudo devido à escassez de chuvas e às secas cíclicas. A ilha de São Vicente era a principal fonte de receitas através das suas minas de carvão, exploradas por companhias inglesas, e por ser ponto de abastecimento para os navios.

*A Voz de Cabo Verde*, semanário dirigido por Gustavo Carlos da Fonseca e reproduzido na Imprensa Nacional, propriedade de um comerciante, saiu na Praia em março de 1911. O jornal saudava a mudança de regime, afirmava-se republicano e anticlerical. Entre os seus temas políticos, a denúncia das irregularidades da administração local e da desigualdade entre funcionários europeus e cabo-verdianos. O semanário apelava ao nativismo, reivindicava autonomia para o arquipélago, igualdade entre africanos e europeus e eleições camarárias — que tinham sido interrompidas na maioria dos concelhos no final do século XIX e na Praia em 1911. Aliás, o jornal tinha um forte tom político e nos períodos eleitorais apoiava os seus candidatos. Na agenda económica, atacava-se o abandono do Porto Grande (em São Vicente) às pautas protecionistas, à fome e à ausência de medidas para a combater. A emigração forçada para São Tomé foi criticada pelo jornal, que defendia a emigração para os Estados Unidos como fator de progresso para os Cabo-verdianos. *A Voz de Cabo Verde* incluía também um noticiário sobre o arquipélago, temas sociais (como a falta de escolas), conteúdos culturais e literatura em forma de crónica e poesia. Logo no seu primeiro ano, o jornal esteve suspenso por meses devido à represália do governador, que impediu a sua reprodução na Imprensa Nacional. Voltou a circular seis meses depois com tipografia própria e manteve-se até 1919 (Oliveira, 1998, 250–262).

*A Voz de Cabo Verde* criticou o atraso nas prometidas reformas republicanas, apoiou as greves que aconteceram no arquipélago, fez propostas quando das cartas orgânicas de 1915, defendeu as ideias socialistas e publicou textos em crioulo. Entretanto, com a mudança do governador da província, em 1915, o jornal passou de crítico a apoiante do governo local. Nesta altura, mudou a direção do jornal, e Eugénio Tavares, que tinha sido o seu grande colaborador, deixou de escrever para o semanário em razão das suas discordâncias. *A Voz de Cabo Verde* passava a designar-se *Órgão do Partido Republicano Português e defensor dos interesses de Cabo Verde*. Em 1918, o jornal esteve suspenso por seis meses, e, segundo a sua direção, tal deveu-se ao seu posicionamento republicano e nativista, o que iria de encontro à ditadura de Sidónio Pais. O jornal foi acusado pelo governo local de mobilizar a população para a revolta, o que levou à sua suspensão em maio de 1919 (Oliveira, 1998, 269–276; 322–329; 334–345).

Em Cabo Verde não se concretizou uma associação de defesa dos interesses indígenas, porém, *A Voz de Cabo Verde* tomou a iniciativa de fundar a Liga Cabo-Verdiana, em 1913. Ainda que esta não se tenha efetivado, intelectuais, funcionários públicos e agricultores cabo-verdianos uniram-se à Junta de Defesa dos Direitos de África e à Liga Africana, ambas com sede em Lisboa. Também é de notar que os jornais africanos em Lisboa tinham correspondentes em diversas ilhas de Cabo Verde (Brito-Semedo, 2003, 272–273).

O antigo diretor de *A Voz de Cabo Verde*, Gustavo Carlos da Fonseca, lançou *O Independente* em janeiro de 1912. O jornal começou como quinzenário e passou a trimensal, era reproduzido na Imprensa Nacional e apoiava o governador. A reivindicação do estatuto de adjacência para Cabo Verde, da igualdade entre africanos e europeus e a defesa da República estiveram na agenda de *O Independente*. Embora fosse suave com o governador e saudasse as suas viagens pela província, o jornal não deixou de intervir em temas locais, a exemplo da reforma administrativa, que modificava a organização dos concelhos. Deixou de ser publicado em 1913 (Oliveira, 1998, 263–268).

*O Progresso, Semanário republicano dedicado aos interesses da Província de Cabo Verde*, propriedade de comerciantes e com funcionários públicos entre os seus colaboradores, começou a circular em julho de 1912 e também era reproduzido na Imprensa Nacional. Embora atacasse o funcionalismo como «parasitário» e diagnosticasse o comércio como «definhado», o jornal defendeu o governador e realizou diversas entrevistas com administradores locais. Apesar de criticar algumas das políticas coloniais, a exemplo da emigração forçada para São Tomé, o semanário afirmava que os problemas de Cabo Verde eram económicos e não políticos, e, por isso, o nativismo não se justificava. A defesa da concessão de terra à companhia mineira inglesa Blandy, em São Vicente, e a luta contra o aumento dos impostos estiveram entre as campanhas de *O Progresso* na sua última fase. O jornal serviu aos interesses do projeto colonial e do governo da época, saiu em reação ao nativismo e serviu sobretudo para atacar as ideias de independência e igualdade do movimento nativista, bem como os seus representantes, propagados por *A Voz de Cabo Verde* (Guimarães, 2006, 166–168). O título deixou de ser publicado em janeiro de 1913.

*O Futuro de Cabo Verde* começou a circular em maio de 1913, na Praia. Reproduzido na gráfica do Estado, teve como diretor o secretário da câmara municipal e como editor o diretor da Imprensa Nacional. O semanário tinha como papel central defender o governo e fazer frente ao *A Voz de Cabo Verde*. Porém, foi crítico de algumas políticas coloniais, a exemplo da discriminação entre militares europeus e cabo-verdianos, da emigração para São Tomé e das diretrizes protecionistas da economia, que prejudicavam os produtos do arquipélago. *O Futuro de Cabo Verde* incluiu notícias internacionais e locais no seu noticiário, defendeu o ensino e nos períodos eleitorais apoiou os seus candidatos. A defesa dos funcionários públicos de Cabo Verde e o horário do comércio foram outras causas do semanário. O confronto com as posições de *A Voz de Cabo Verde* era constante no jornal, bem como o ataque aos seus jornalistas, em especial a Eugénio Tavares. *O Futuro de Cabo Verde* deixou de ser publicado em outubro de 1916 (Oliveira, 1998, 305–321 e 329–331).

A tipografia de *A Voz de Cabo Verde* foi decisiva para que se publicassem jornais noutras ilhas do arquipélago. Entre estes, *O Mindelense*, jornal estudantil publicado em 1913 na ilha de São Vicente, começou por ser manuscrito e tornou-se impresso no seu quarto número. Também reproduzido naquela tipografia foi *A Tribuna*, jornal mensal que circulou na ilha da Brava em 1913, dirigido por um funcionário público, extinguiu-se em 1914. *A Defesa*, nativista e republicano, foi publicado na ilha do Fogo em 1913–15, dirigido pelo escrivão Manuel Dias da Cunha Ribeiro. *O Popular*, político e noticioso, republicano e nativista, apareceu em outubro de 1914 na ilha de São Vicente. Contudo, a censura estabelecida em razão da Primeira Guerra levou a direção do jornal a suspendê-lo em abril de 1916. Na ilha de São Nicolau, em 1915, surgiu a revista literária *A Esperança* (Oliveira, 1998, 282–283; 294–296; 299).

Em abril de 1918, começou a circular na Praia o quinzenário *O Caboverdeano*, *Órgão Republicano Independente*, com tipografia própria e dirigido por César Augusto Pereira de Sá Nogueira. Moderado, o jornal abordou o problema do ensino no arquipélago e do desenvolvimento da indústria, teve carácter noticioso e incluiu notícias internacionais. *O Manduco*, impresso na ilha de Santiago, foi publicado na ilha do Fogo a partir de agosto de 1923, sendo proprietário, diretor e editor Pedro Monteiro Cardoso, que já havia colaborado em *A Voz de Cabo Verde*. Entretanto, em novembro daquele ano, o jornal passou a ser propriedade de comerciantes, e Eugénio Tavares tornou-se diretor de *O Manduco*. A fome, as suas causas e consequências, a defesa da língua crioula e a literatura estiveram entre os temas privilegiados do jornal, que desapareceu em junho de 1924 (Oliveira, 1998, 226–247 e 349–358).

### *A imprensa em Cabo Verde na República*

A transição para a República reforçou o jornalismo de causas em Cabo Verde e propiciou a emergência de novos títulos. O tema da independência do arquipélago e do socialismo são exemplares da radicalização do jornalismo. A ampliação dos conteúdos — com o reforço dos temas económicos e sociais e do noticiário local e internacional — aliada à continuidade da fiscalização do poder público e privado refletem a prática do jornalismo monitor. Entretanto, houve a continuidade e o fortalecimento de um jornalismo que, declaradamente, colaborava com os governos locais e atacava as ideias nativistas, inclusive com o governo a promover e apoiar a criação de títulos que lhe dessem suporte.

A ausência da política indígena em Cabo Verde não evitou práticas que discriminavam europeus e africanos, a exemplo dos tratamentos distintos entre os funcionários públicos. A dualidade do projeto colonial em Cabo Verde reforçou a cabo-verdianidade e o nativismo, que tinham despontado no século XIX, reforçando o jornalismo radical. Embora não se tenha concretizado uma associação africana em Cabo Verde, os intelectuais nativistas estiveram articulados com as organizações pan-africanas de Lisboa e reproduziram os seus ideais na imprensa local. O período republicano foi o do «apogeu» do nativismo em Cabo Verde (Guimarães, 2006, 160–161), manifestado sobretudo por uma imprensa radical nas suas reivindicações e lutas. Os temas e as causas dos jornais são vistos como o protonacionalismo cabo-verdiano, que ganhou expressão e protagonismo nas últimas décadas do século XIX e durante a Primeira República. O ideário dos protonacionalistas era tornarem-se portugueses «integrais», e a sua luta pela integração manifestava-se na reivindicação de adjacência e de igualdade (Pereira, 2002, 65).

A propriedade dos jornais manteve-se ligada aos comerciantes e aos funcionários públicos, continuando a ser desempenhada por intelectuais que desejavam sobretudo propagar as suas causas e mobilizar as elites. A atividade jornalística permaneceu conjugada com a militância política. A primeira geração de jornalistas manteve-se como protagonista na imprensa, conduzindo a linha editorial dos títulos e fazendo dela a sua plataforma de intervenção sociopolítica. Em suma, não houve alterações no perfil e nas práticas dos jornalistas. Entretanto, reforçou-se o conflito entre os títulos e os jornalistas das diferentes orientações, o que pode ter contribuído para a afirmação da atividade jornalística, mas não para a sua articulação enquanto categoria profissional.

A efemeridade dos jornais deveu-se ao controlo dos governos, à escassez de tipografias no arquipélago (o que condicionou os títulos nas ilhas do Fogo e da Brava), às dificuldades económicas dos periódicos e ao problema da circulação entre as ilhas. O perfil da imprensa manteve-se político e não comercial, e as elites continuaram como público privilegiado dos jornais.

Os papéis desempenhados pelo jornalismo e os conteúdos disseminados pelos títulos, a propriedade dos periódicos e o perfil político da atuação dos jornalistas, e os conflitos entre as forças sociais através da imprensa apontam para um intenso paralelismo político no jornalismo cabo-verdiano. Polarizaram-se neste período, de um lado, os representantes do nativismo e opositores das políticas coloniais, e, do outro, os defensores da unidade lusa e do governo local e metropolitano. O Estado manteve forte intervenção na imprensa. Fazendo uso do controlo da Imprensa Nacional, o governo estimulou e apoiou a criação de títulos que respondessem aos jornais de oposição.

A censura não se resumiu ao período da Primeira Guerra, tendo afetado sobretudo os títulos críticos dos governos locais.

Ao longo da Primeira República em Cabo Verde, foram desempenhados os papéis jornalísticos radical, monitor e colaborador; a imprensa manteve um perfil político e não comercial, com a propriedade vinculada aos grupos sociais e tendo como público-alvo as elites; a atividade jornalística continuou conjugada com a militância política e não houve alterações no perfil e nas práticas dos profissionais; o paralelismo político manteve-se forte, bem como a intervenção do Estado na imprensa.

## ANGOLA

Em Angola verificou-se o reforço do associativismo no período republicano, com a criação de sindicatos por trabalhadores europeus, de associações culturais e recreativas, e com a estruturação local do Partido Reformista de Angola e do Partido Republicano Colonial. Contudo, havia diferenças ideológicas e disputas entre os grupos, o que impediu a coesão política dos colonos europeus. Entre as elites africanas também houve divergências, o que resultou na criação da Liga Angolana e do Grémio Africano, ainda que ambos tivessem como objetivos centrais a defesa dos interesses africanos e das suas elites, e estivessem articulados com as organizações africanas sediadas em Lisboa.

A conclusão das missões militares de «pacificação», a expansão da autoridade administrativa e a implementação de uma política colonial eram as prioridades da República em Angola (Wheeler, 2009, 167). O primeiro governo de Norton de Matos, em 1912–15, teve como diretivas o aumento da produção agrícola e o reforço da colonização. A administração civil foi alargada, o que implicou maior intervenção pelos poderes coloniais. Com as novas estruturas, cresceu o número de funcionários — especialmente administradores, chefes de concelho e de circunscrição. A ineficácia, a corrupção, a falta de continuidade das iniciativas e a escassez de meios materiais caracterizaram a fase inicial da administração republicana em Angola (Freudenthal, 2001, 291–297) ([30]).

Na política indígena, Norton de Matos tomou medidas que procuravam criar uma mão de obra assalariada que acabasse com a persistência do trabalho «escravo». No entanto, tais políticas sofreram forte oposição dos colonos. O aumento do controlo sobre a população indígena foi decisivo para a resistência africana, que se prolongou à década de 1920. No Sul, os Humbes lutaram até 1915, quando a população foi derrotada pela fome e pela seca. No Congo e nos Dembos, no Norte, o confronto persistiu até 1916; em Seles e Amboim, a revolta deflagrou-se em 1917; em Massangano, houve conflitos em 1924; e no Moxico, até 1930, as autoridades não conseguiram cobrar impostos (Freudenthal, 2001, 263–276; Wheeler, 2009, 172).

Entre 1914 e 1920, houve um aumento na produção agrícola camponesa, o que se deveu também às imposições do governo da província no cultivo de géneros como os óleos, o café, o milho e o algodão. Até 1930, agravou-se a rutura das estruturas tradicionais devido à deslocação populacional forçada para as plantações europeias e para as obras públicas, o que resultou no declínio da produção de alimentos básicos. Embora Norton de Matos tenha legalizado a exploração e concedido terras aos «filhos do país», as perdas deste grupo agravaram-se e os colonos europeus receberam as maiores e melhores fatias de terra. Ainda que estes tenham sido favorecidos, as empresas agrícolas rendíveis foram aquelas apoiadas pelo BNU e pelos créditos metropolitanos, bem como as que foram atendidas nas suas requisições de mão de obra à administração pública. Ao longo do período republicano, os principais produtos exportados por Angola foram a borracha, que entrou em declínio a partir de 1915, o café, o milho, o coconote, o açúcar, o algodão, o peixe, o gado, a cera e os diamantes a partir da década de 1920.

([30]) A respeito do primeiro governo de Norton de Matos e sobre a sua política económica, assinala-se o trabalho de M. A. Dáskalos, «Política Económica de Norton de Matos para Angola: 1912–1915», *Ler História*, 47 (2004): 29–43.

O problema das comunicações continuou na agenda de Angola durante este período. A criação das vias-férreas de penetração no Interior foi primordial na ocupação e na exploração do território, embora permanecessem insuficiências na extensão das linhas e nos serviços, e insatisfação quanto aos custos e às taxas do transporte. Os sectores público e privado investiram em estradas ao longo da década de 1920.

### *A revitalização da imprensa*

*A Reforma*, semanário e propriedade do Partido Reformista de Angola, saiu em 1 de dezembro de 1910. A edição n.º 1 afirmava que o «futuro da província e a unidade nacional» eram as suas prioridades. Todavia, ponderava que, «Poderá acontecer que Angola siga, algum dia, como a fruta que de madura se destaca da árvore, o futuro do Brasil? Embora!» O jornal teve como redator principal Camillo Rodrigues, eleito deputado pela província em 1911, e privilegiou os temas políticos: «a centralização continua feroz e desapiedada, sem respeito pelos direitos dos cidadãos», criticava o n.º 11, de fevereiro de 1911. Em abril deste mesmo ano, no n.º 19, o jornal abordava as eleições parlamentares e defendia a autonomia de Angola: «a representação parlamentar de Angola deve existir — pelo menos enquanto Angola não tenha parlamento próprio para discutir (para discutir e não discursar) e resolver os seus assuntos».

O Terreiro do Paço esteve no centro das críticas do jornal, «verdadeiro pântano onde, por enquanto, morrem estagnadas todas as aspirações dos que honestamente trabalham pelo futuro das colónias», apontava o semanário no seu n.º 28, em junho de 1911. Na mesma linha crítica das políticas metropolitanas, o jornal atacou os monopólios da Empresa de Navegação e do BNU e defendeu que as despesas de ocupação deveriam ser subsidiadas pelo imposto de cubata (n.º 36, agosto de 1911). A problemática do trabalho indígena foi frequente na imprensa e *A Reforma* abordou o tema em agosto de 1911, n.º 36. Referindo-se ao estatuto do trabalho, comentou que «algumas das suas disposições, se postas em execução, acabariam com a agricultura na província [...] diz-se que a mulher não pode trabalhar, mas ela é fundamental para a agricultura [...] Porque não há de trabalhar também o menor de 12 ou 13 anos?» O jornal criticou o envio de trabalhadores para São Tomé sem o cumprimento das condições legais, no entanto, tal crítica devia-se aos interesses dos colonos locais: «O que nos intriga é desconhecermos a razão por que a agricultura da província se criam tantas dificuldades para o angariamento de braços.» A última edição do jornal saiu em fevereiro de 1912, n.º 64, o que se deveu à dissolução do Partido Reformista de Angola, isto porque o «partido era pretexto das diatribes contra homens e a administração da colónia». Entretanto, anunciava-se a criação de um novo jornal, «sem política, aberto a todas as discussões sérias».

*O Progresso: semanário colonial* saiu em meados de 1913, com propriedade e direção da Empreza do Jornal O Progresso e tendo como editor Augusto Archer da Silva Wilson. O n.º 26, de dezembro de 1913, comemorava o processo eleitoral em Luanda, «em que nem um meio vil se empregou, em que nem uma consciência se procurou, nem com promessas nem com dádivas, violentar». O mesmo número alertava dos perigos para Angola das negociações anglo-alemãs, e rebatia as denúncias de John H. Harris sobre a escravatura portuguesa: «todos sabem, todos conhecem a obra de saneamento que nos últimos anos se tem levado a cabo na província de Angola em matéria de escravatura» ([31]). O n.º 34, de fevereiro de 1914, saudava a obra republicana, visto o *superavit* previsto para o orçamento de Angola no período de 1914–15. O governo da província também foi saudado pelo jornal, que na despedida a Norton de Matos, n.º 39, de março de 1914, sublinhava «o muito que a província lucrou com a ação ponderada, enérgica, criteriosa e sábia do seu ilustre governador-geral».

---

([31]) O artigo referia-se às denúncias feitas por J. H. Harris na obra *Portuguese Slavery*, J. H. Harris, *Portuguese Slavery* (Londres: Methuen & Co., 1913).

*O Progresso* defendeu as elites europeias e coloniais nos seus conflitos com os grupos nativos, os quais eram alertados pelo jornal no n.º 38, de março de 1914:

> Se aquelas associações [nativas] se afastarem dos fins fixados nos seus estatutos para se transformarem em associações políticas, serão imediatamente encerradas e dissolvidas, ficando nós com o direito de supor que a maioria dos indivíduos que as constituíam não tinha passado além daquela linha que na população indígena divide a grande massa dos súbditos portugueses do pequeno grupo de indivíduos com direito ao título de cidadãos portugueses.

No n.º 50, de julho de 1914, o jornal comemorava a aprovação no parlamento da autonomia administrativa e financeira das colónias, «Viva Angola autónoma e sempre portuguesa!». No n.º 52, em julho, *O Progresso* anunciava a sua suspensão devido às dificuldades que enfrentava para ser publicado.

O *Jornal d'Angola* circulou entre 1916 e 1919 e sempre seguiu a orientação do Partido Republicano Português, dando o seu suporte ao governo local e apoiando os seus candidatos nos períodos eleitorais. O semanário saiu em Luanda em 5 de maio de 1916, sendo seu proprietário e diretor António G. Videira, que em 1917 foi candidato a deputado pelo partido. Entretanto, no n.º 9, de julho de 1916, o título passou a ser propriedade e a ter como direção o Centro Democrático de Angola e «a sua função política será a da propaganda do seu programa de governo». No princípio de 1917, o periódico passou a *Jornal de Angola, semanário, noticioso e de informação*, tendo como editor Alexandre Pereira e deixando de ser propriedade do Centro Democrático. A última edição conhecida do semanário é de 17 de janeiro de 1919, n.º 125.

Para o jornal, a situação financeira de Angola, «a pior entre as colónias», devia-se ao regime económico, ao sistema fiscal e à ineficiência na cobrança de impostos, além da «ausência de vontade firme do que se chama as forças vivas de lá e de cá», assinalava a edição n.º 1. Nos conflitos das elites europeias com as elites nativas, o jornal suportava o grupo europeu e afirmava-o no n.º 32, de dezembro de 1916:

> reprovamos simplesmente que os elementos indígenas que possam comprometer a situação dos funcionários europeus, perante eles próprios e perante a população indígena, subalternizando-os indevidamente, sejam chamados ao desempenho de função como membros de uma sociedade avançada para que, acrescentemos agora, não têm competência nem preparação.

Nas eleições de 1917, n.º 37, de fevereiro, o jornal defendeu os candidatos republicanos e atacou os «monárquicos». Quando Jaime Morais, do Partido Republicano, tomou posse como governador-geral, o *Jornal de Angola* manifestou «a sua grande e entusiástica satisfação por tal acontecimento, prenúncio de uma nova aurora que iluminará radiantemente os destinos desta província». No âmbito da política metropolitana, quando Sidónio Pais tomou o poder, o jornal foi defensor das liberdades democráticas (n.º 84, de março de 1918): «É incoerente a política do governo saído duma revolução que teve por lema o restabelecimento das liberdades públicas e vem praticando com raro cinismo todos os crimes contra a liberdade.» O facto de o governo central ter suspendido a carta orgânica foi lamentado pelo *Jornal de Angola* no n.º 99, de julho de 1918, visto que, «má ou boa, ia ao fim satisfazer um pouco a tão ansiada e legítima aspiração da colónia». O *Jornal de Angola* deixou de ser publicado em janeiro de 1919, e foi substituído por *Pátria Portuguesa*, que manteve a sua linha editorial e o apoio ao Partido Republicano.

O semanário *A Província* saiu em Luanda em outubro de 1914 e circulou até 1919. Tinha como proprietário Francisco Pereira Batalha (funcionário público do serviço de correios e telégrafos) e seguia a orientação do Partido Evolucionista, apoiava os seus candidatos em período eleitoral (n.º 38, julho de 1915) e criticava os governos locais. O n.º 3, de 22 de outubro de 1914, responsabilizava o serviço público pelo atraso económico de Angola: «é inteiramente imputável ao sistema, de longa data por nós seguido, de criarmos muitos serviços sem termos um único devidamente organizado».

O governo metropolitano esteve entre os alvos do jornal, e o n.º 9, de dezembro de 1914, acusava a nova lei dos exclusivos de «burla», traduzindo os conflitos entre a burguesia metropolitana e colonial: «tudo fica na mão do governo central [...] tudo dependerá do voto das indústrias interessadas da metrópole que necessariamente arreganharão os dentes ao governo e à República quando se pretender dar o exclusivo de produtos que estas indústrias visam». Em maio de 1915, n.º 31, quando a província discutia o seu orçamento, o jornal opinava que «O orçamento tal como vai para Lisboa não pode converter-se em lei. Deve ser discutido aqui, em Angola, no conselho legislativo que resultar da nova carta orgânica», refletindo a posição autonomista e descentralizadora das elites coloniais de Angola.

Quando Norton de Matos deixou de ser governador, em março de 1915, o n.º 22 de *A Província* assinalou que «fomos dos poucos que mantiveram reservas à sua administração, comentando desfavoravelmente, mas com a cortesia que impunha a boa educação, actos que julgávamos contrários aos bons princípios da justiça e às leis fundamentais das regalias de um povo livre». Em junho de 1917, em razão da censura à imprensa e da «justiça em farrapos», *A Província* denunciava o então governador: «Contra toda a justiça a Comissão de Censura, saltando por cima da lei, proibiu a inserção do artigo em que esclarecíamos o Sr. Governador-geral e o aconselhávamos a ir-se embora.» Em setembro de 1918, por ocasião da chegada do novo governador-geral, o n.º 182 questionava Filomeno da Câmara: «Virá o novo governador na disposição de romper com os interesses dos industriais da metrópole, animando a criação de novas indústrias, tornando aproveitáveis na própria colónia as matérias-primas que de Angola se exportam para de novo as importarmos já transformadas?»

Em relação aos indígenas, o jornal foi conservador. O n.º 64, de janeiro de 1916, a propósito do projeto de lei sobre o trabalho indígena, opinava que: «Nada mais difícil do que modelar esse mármore frágil que é o indígena, amoldá-lo às exigências da colonização moderna, assente que é ele que terá que fornecer a mão--de-obra nas colónias.» Na mesma linha, o n.º 76, de abril de 1916, defendia que a instrução dos indígenas deveria ser diferente da dos europeus, e que os nativos deveriam «saber ler, escrever e contar, começando por falar». *A Província* também reportou os conflitos com os indígenas no Interior, defendeu o reforço da ocupação e da colonização por europeus e abordou os problemas dos distritos da colónia. A última edição conhecida é de janeiro de 1919, n.º 191. O fim do jornal deveu-se à transferência do seu diretor, Pereira Batalha, para Nova Goa.

O *Commercio de Benguella*, semanário independente, saiu em Benguela em 2 de março de 1912. Propriedade de Joaquim da Costa Amador, e por ele dirigido, anunciava no seu n.º 1 que «*O Commercio de Benguella* não tem política. Intransigentemente republicano, não reconhece partidos»; o título afirmava defender os interesses do distrito, «de longa data ameaçados». Embora defendesse o projeto colonial português, o jornal foi crítico da governação no âmbito local, provincial e central. No seu n.º 4, de 16 de março de 1912, o jornal denunciava que no distrito «tudo está por fazer», «Mas se sua Exmª [governador distrital] conseguir organizar e moralizar o imposto de palhota, e regulamentar o trabalho indígena, já muito fará». As críticas ao governo metropolitano foram frequentes, e o n.º 58, de abril de 1913, notava que: «Todo o atraso em que ainda estamos, todos os males de que enfermam as colónias são exclusivamente devidos àqueles que para elas trabalham [...] no Terreiro do Paço.» No mesmo tom, a campanha contra o governador-geral Norton de Matos, em maio de 1913, n.º 64, que defendeu o «regresso imediato de Norton de Matos para a metrópole».

A defesa da descentralização e da autonomia, de Angola e dos distritos, a má representação de Angola no parlamento, a questão da escassez de mão de obra indígena e os problemas locais do comércio e da agricultura foram temas frequentes no *Commercio de Benguella*. Em novembro de 1914, n.º 114, o jornal anunciava o fim da sua publicação, porque «a orientação da restante imprensa local está perfeitamente de acordo com o nosso modo de ver».

A imprensa nativa perdeu o seu protagonismo no período republicano, o que se deveu aos conflitos dos «filhos do país» com as elites europeias. *O Angolense*, que era publicado desde 1907, anunciou a sua interrupção em maio de 1911, segundo o jornal *O Progresso* (n.º 25, maio de 1911), em razão de divergências entre o corpo redatorial e o editor, Eusébio Velasco Galiano. Entretanto, em 1912, surgiram o Grémio Africano e a Liga Angolana. Esta foi reconhecida e inaugurada em 23 de março de 1913, com intervenções do seu presidente, João de Almeida Campos, e do governador-geral, Norton de Matos (Andrade, 1998, 88). Contudo, em março de 1914 (n.º 38), o jornal *O Progresso* alertava os nativos para as atividades políticas das suas associações, o que levaria ao seu encerramento. Na sua edição n.º 40, de março de 1914, o mesmo jornal publicava uma carta da Liga Angolana ao governador: «Penalizar-nos-ia muito que o lastimável incidente que provocou a nossa injusta detenção, sendo conhecido do governo central, fosse apreciado com menos justiça, supondo-nos ou aos nossos consócios na disposição de, pelos meios pacíficos ou pelos meios revolucionários, contrariarmos a soberania de Portugal em Angola.» Em 1915, Norton de Matos encerrou o Grémio Africano.

Os nativos estavam articulados também nos distritos do Interior, e, em 1912, em Malanje, circulou a revista *Era Nova*, propriedade do funcionário público nativo António Joaquim de Miranda. O n.º 1, em março de 1912, saudava a república e a igualdade entre a metrópole e o ultramar, sublinhando que «o plano da assimilação levará Angola a ressurgir», o que aconteceria através da educação dos nativos. O mesmo número assinalava que «Portugal, exaurido nas fontes de vitalidade de que outrora o fizeram rico, mercê de erros de longe acumulados, oferece-nos por toda a parte o espectáculo lastimável e deprimente de uma completa desorganização, em que todas as energias se consomem na luta fratricida do homem contra o homem». O n.º 9, de setembro de 1912, notava que a «questão magna» era «Tornar Portugal maior, tendo de um lado o povo português e do outro o angolano, ligados pelo símbolo da liberdade, da igualdade e da fraternidade». A mesma edição sublinhava que Angola estava «lançada ao ostracismo na parte referente à sua vida moral, vegeta e morre porque só serve para alimentar ambições dos que a exploram», e defendia a ocupação do território pela «paz». O n.º 10, em outubro de 1912, saudava a república e honrava a trajetória histórica de Portugal. Entretanto, observava que tal percurso fazia parte do passado, pois «O indígena, cidadão português, foi escorraçado para a classe baixa, para a escravidão». Este é o último número conhecido da revista, o qual também relata uma reunião de nativos que se propunham fundar o jornal de «combate» *O Nativista.*

Além de denunciar os maus-tratos contra a população africana, os artigos publicados na *Era Nova* criticavam o imposto de cubata, fatores que levaram à suspensão do jornal e das atividades de Miranda no serviço público. O diretor da revista também foi acusado de dirigir uma conspiração de nativos em Malanje e de presidir a uma associação de «mata-brancos». Em Luanda, Miranda tinha promovido a Associação da Educação do Povo, Socorros Mútuos, a qual tinha reunido dois mil nativos para remeter ao governador os estatutos da organização, em 1910, e editado *O Apostolado do Bem*, em defesa da educação dos indígenas (Andrade, 1998, 104–105).

Em 29 de setembro de 1917 reaparecia *O Angolense*, tendo como proprietário e editor Manuel Augusto dos Santos. O jornal afirmava que, desde o último *Angolense* (que encerrou em 1911), e com exceção da *Era Nova*, «nunca mais foi possível a fundação de um jornal genuinamente nativo». Assumia-se «sem responsabilidades partidárias, com todos trabalhará sem distinções nem de raças nem de cores políticas». A mesma edição anunciava que os nativos eram acusados de traidores e estavam a ser presos e espancados por dirigirem um movimento nativista rotulado de «mata-brancos», em Benguela, o que tinha gerado um processo judicial ([32]). O jornal negava que os

([32]) O procurador judicial António de Assis Júnior, nativo, era acusado, com outros africanos «civilizados», inclusive o editor do jornal, Manuel Augusto dos

nativos civilizados estivessem associados aos levantamentos gentios de Seles e Amboim ou que conspirassem para uma revolta de nativos em Luanda. Foi desta última acusação que tinha decorrido a prisão e o espancamento de nativos em Luanda, e estes continuavam detidos. *O Angolense* concluía o número em tom apaziguador, «entre nativos e colonos existe já uma identificação de princípios, de interesses e de aspirações».

No n.º 2, em 6 de outubro de 1917, o jornal continuava a defender os nativos civilizados que estavam presos, denunciando que estes eram obrigados a trabalhos forçados e sofriam tortura. *O Angolense* argumentava que a apropriação dos terrenos era a causa das revoltas indígenas, bem como as «exorbitâncias» dos funcionários. O jornal também defendeu neste número os interesses da população africana: posicionou-se contra o expatriamento, clamou pela regulação do salário dos serviçais e criticou a perseguição por motivos religiosos. O n.º 3, de 10 de outubro de 1917, publicava um texto em homenagem a Augusto Silvério Ferreira, antiga liderança nativa, nos dois anos da sua morte. O artigo foi um manifesto em defesa do povo africano e das organizações nativas em Angola: «Porque este povo, sem um ideal como ponto culminante de todas as suas aspirações, sem doutrinas morais positivas e sem orgulho colectivo de que deveriam todas as suas abnegações sublimes, vemo-lo sofrendo a mais oprobriosa humilhação sem ao menos, um rasgo enérgico de protesto alevantado.» Criticava a geração atual: «passeando pachorrentamente, numa inconsciência que mete dó, aparentando uma falsa civilização, a tal civilização do colarinho e gravata». Parece que *O Angolense* sobreviveu até 1922, ano em que também circulava *A Liberdade*, outro jornal de defesa dos interesses africanos. Foi neste ano que os jornais e a Liga Angolana foram proibidos por Norton de Matos (Andrade, 1998, 125).

---

Santos, de ter dirigido um movimento nativista em Dala Tando e Lucala. M. P. de Andrade, *Origens do Nacionalismo Africano* (Lisboa: Publicações Dom Quixote, 1998), p. 124.

Outros títulos circularam em Angola na década de 1910. Em Luanda saíram os seguintes periódicos: *A Luz* (1912); *Independente* (1912); *O Piparote* (1912); *A Verdade* (1913); *A Capital* (1915); *A Verdade* (1919); *Imparcial* (1919). Em Moçâmedes saiu *O Sul* (1911), *Pátria* (1913), *O Mossamedense* (1917) e o *Sul d'Angola* (1918). Em Malanje, circulou neste período *O Democrático* (1912), *A Lunda* (1913) e *A Vitalidade* (1915). Em Dala Tando, em 1918, saiu o *Cuanza Norte*. Em Sá da Bandeira, em 1919, circulou o *Distrito da Huíla*.

## *A imprensa como palco dos conflitos*

Na década de 1920, a população total de Angola era de 4 278 200 pessoas, a burguesia era formada por brancos, negros e mestiços, concentrava-se nas cidades do Litoral, era proprietária de terras e empresas comerciais, e afirmava-se politicamente através dos postos na hierarquia colonial (administração, Exército, Igreja). Num segundo nível estavam os assalariados, grupo que incluía empregados do comércio, artesãos e operários. Na base da pirâmide social estavam os serviçais, que executavam os trabalhos árduos nas plantações, nas obras públicas, nas minas e nas pescas (Freudenthal, 2001, 309 e 370–384).

Depois da Primeira Guerra, as despesas militares foram reduzidas e o orçamento da colónia foi direcionado para o pagamento do funcionalismo e para investimentos infraestruturais. O discurso da «nacionalização» das colónias, que deveria materializar-se nos investimentos portugueses em Angola, não se concretizou. O principal investidor na colónia ao longo do período foi o BNU, que também serviu à penetração do capital estrangeiro. Apesar de os capitais local e metropolitano terem feito alguns investimentos em sectores rendíveis, preponderaram os capitais estrangeiros, especialmente belgas, ingleses e sul-africanos, o que foi favorecido pelas políticas do governo colonial.

Devido ao «pacto colonial», eram inúmeros os obstáculos à criação de indústrias em Angola, o que atendia às pressões dos grupos industriais da metrópole sobre o governo central. Porém, a crise dos anos de 1920 levou à autorização de pequenos investimentos. Em 1925, o sector industrial incluía fábricas de açúcar, óleos, sabões, tabaco, curtumes, conservas de peixe, oficinas metalúrgicas, gráficas e carpintarias, entre outros (Freudenthal, 2001, 355). Na exploração mineira, em 1921, o governo colonial assinou um contrato com a Diamang (de capitais belgas, franceses, ingleses, americanos e portugueses), à qual foi concedido um exclusivo de 50 anos, a isenção de impostos e taxas e a garantia de mão de obra associada à administração do distrito da Lunda.

Na perspetiva de Torres, os projetos de Norton de Matos foram a «única» tentativa de encerrar a fase protocapitalista e impor a economia capitalista em Angola na primeira metade do século. O programa para uma economia «moderna» incluiria investimentos em capital, um regime de trabalho livre, a moeda fiduciária, a institucionalização do crédito e a mobilidade socioprofissional. Entretanto, o fracasso da sua política deveu-se à oposição das classes dominantes coloniais e metropolitanas, à continuidade das formas de produção escravistas ou semiescravistas, à ausência de mercado interno, à incompreensão da estratégia pela pequena e média burguesias de Angola, às «manobras» do BNU e à «inoperância» do regime republicano (Torres, 1991, 265–266).

A carta orgânica de Angola foi reposta em 1919 e o Conselho Legislativo entrou em funcionamento em 1922. No seu segundo mandato, entre 1921 e 1924, Norton de Matos controlava as forças militares, tinha autonomia financeira e iniciou um vasto programa de obras públicas. O alto-comissário publicou uma série de diplomas relativos à educação, à saúde, à posse de terra e à exploração dos recursos naturais. No entanto, as suas políticas económicas não conseguiram impulsionar o mercado interno nem evitar a concorrência dos produtos estrangeiros, que tinham a metrópole como mercado privilegiado. No campo financeiro, o governo de Norton de Matos contribuiu para a crise na circulação fiduciária e para a desvalorização do escudo angolano. Tais problemas deveram-se ao empréstimo interno negociado com o BNU, pois, com a desvalorização do escudo e o fim da paridade entre as moedas da colónia e da metrópole, criaram-se dificuldades nas transferências. A crise foi económica e política, com Norton de Matos a sofrer oposição dos colonos em Angola e do parlamento em Lisboa. O alto-comissário tentou superar a crise com um empréstimo da Companhia de Diamantes; este foi discutido e aprovado pelo parlamento, sem debate no Conselho Legislativo da colónia. A decisão do poder central foi considerada uma interferência na governação de Angola em relação às leis orgânicas, e a crise esteve na origem do abandono do governo de Angola por Norton de Matos, que se tornou embaixador em Londres (Proença, 2009a, 507–513).

Foi também no princípio do segundo mandato de Norton de Matos que se reforçou a repressão política, destinada sobretudo a esmagar as críticas ao seu programa de governo. Os imigrantes estrangeiros, os missionários protestantes, as associações africanas e os funcionários públicos estiveram entre os alvos do alto-comissário, que entre 1921 e 1922 publicou legislação para reprimir estes grupos e baniu várias associações, entre elas a Associação dos Funcionários Públicos, em 1921, e a Liga Angolana, em 1922.

O *Jornal de Benguela, Semanário defensor dos interesses da região*, publicado desde 1912, era o título com o qual o *Commercio de Benguella* se dizia alinhado ([33]). Propriedade de M. Mesquita, funcionário aduaneiro e advogado, e impresso na tipografia do próprio. Embora moderado, foi crítico dos governos local e metropolitano. Em janeiro de 1918, n.º 1 (Ano VII), avaliava que o atraso da colónia se devia à «obra patriótica dos governantes e políticos da metrópole, inteligentemente secundados pela maioria dos seus representantes em Angola: descontentarem os colonos, fazendo-lhes perder toda

([33]) Na coleção da Biblioteca Nacional de Portugal, o *Jornal de Benguela* só está disponível a partir de 1918.

a esperança na eficácia da acção colonial e levando-os ao convencimento de que da metrópole nada de bom Angola tem a esperar».

A divisão de Angola em duas províncias, Sul e Norte, foi uma das campanhas do título, que argumentava que o Sul era rico e pagava mais impostos do que o Norte: «os nossos escritos tendem apenas a provar que ao Sul nada falta para constituir uma província tão importante como o Norte», afirmava o jornal em fevereiro de 1919, Ano VIII, n.º 6. Em março de 1920, Ano IX, n.º 10, o título criticava a «reles comédia representada pela burocracia local» que tinha sido o recenseamento eleitoral, e explicava que a fraca participação dos colonos no processo se devia ao curto prazo e à dificuldade destes em cumprir os critérios estabelecidos. O jornal concluía reivindicando a reforma da carta orgânica e a divisão da colónia.

A administração distrital também esteve entre os focos do semanário, e, quando da posse do novo governador distrital, em abril de 1921, o *Jornal de Benguela* aconselhou-o sobre as prioridades da região: «Reorganizar os serviços públicos, pondo-os em condições de funcionarem capazmente; assegurar os transportes ferroviários em decadência e melhorar os portos que chegarem a última miséria; e resolver a questão da mão-de-obra, — já é tarefa para muitos meses de afincado trabalho», Ano X, n.º 17. Quando o Conselho Legislativo começou a funcionar, em maio de 1922, o jornal tinha a expectativa de que, «por intermédio dos governos locais», a colónia pudesse gerir os seus recursos. No âmbito dos problemas regionais, a decadência dos portos da Baía dos Tigres e de Porto Alexandre preocupavam o semanário em junho de 1923, Ano XII, n.º 25.

O custo de vida, a não aceitação pelo BNU do regime de transferências de fundos e a nomeação do governador-geral foram as preocupações do *Jornal de Benguela* em julho de 1924, Ano XIII, n.º 30: «Francamente: há algum país colonial que viva num regime desta natureza com as suas colónias? Se isto assim continuar, a colónia está perdida, e Portugal não pode viver sem as colónias.» Em agosto de 1925, Ano XIV, n.º 32, o ataque do jornal dirigia-se ao Conselho Legislativo da província, e o título clamava pela participação nas eleições parlamentares, visto que a metrópole continuava a ser decisiva, contrariando a autonomia que se esperava com a instalação do referido Conselho. Na avaliação do jornal, o Conselho servia apenas para «sancionar» o governador-geral, o que levava a colónia para o «abismo». O «último golpe» no Conselho Legislativo deu-se em outubro de 1926, anunciava a edição n.º 41, Ano XV, com a sua dissolução e extinção e a retirada da autonomia financeira da província.

A questão da disponibilidade da mão de obra foi tema central do título, embora o *Jornal de Benguela* tenha combatido os abusos cometidos contra os nativos. O fomento da agricultura e do comércio; a resolução do problema dos transportes entre o Interior e os portos; a urbanização das cidades; as dificuldades estruturais dos postos do Interior; o regulamento da concessão dos terrenos; notícias locais, das demais colónias, de Portugal e internacionais estiveram entre os temas do semanário. O *Jornal de Benguela* continuou a ser publicado até 1974. Outro título de Benguela neste período foi o *Tribuna de Benguela, Arauto das Reivindicações do Distrito*, em 1919.

Em 1922–24, também circulou em Benguela *O Distrito de Benguela*, dirigido por Adolfo Pina, guarda-livros que já tinha sido chefe de redação no *Jornal de Benguela*. Embora fosse crítico do governo metropolitano, o semanário apoiava os governos de Angola e do distrito, assim contrapondo-se à orientação do *Jornal de Benguela*. O n.º 9, de março de 1922, elogiava Norton de Matos, que «não tem descurado as bases principais do sistema monetário que mais convém às necessidades e à vida económica da colónia». O n.º 25, de julho de 1922, trazia uma entrevista ao presidente da Câmara Municipal de Benguela, a quem o título oferecia o seu apoio para «a efectivação de tudo quanto tenda para esses esplêndidos objectivos». A mesma edição notava o «carácter impoluto» do governador do distrito.

Em fevereiro de 1923, n.º 58, *O Distrito de Benguela* elogiava a proposta de orçamento, arguindo que o seu aumento resultava do imposto indígena e da obra de fomento de Norton de Matos, opinando que «a retirada do alto-comissário, imparcialmente o afirmamos e disso estamos convictos, seria para a colónia o maior desastre que ela jamais teria sofrido». Em setembro de 1923, n.º 85, o jornal alertava os colonos para o acordo do governo metropolitano com a Itália, o que «trará a desnacionalização de Angola e a ocupação pacífica de Benguela, para onde se quer atirar com um milhão de italianos». A mesma edição assinalava o ponto «agudo» da crise financeira, e defendia que o problema das transferências de fundos deveria ser resolvido «sem prejudicar o BNU». A saída de Norton de Matos foi tratada como uma «deserção» por *O Distrito de Benguela* em junho de 1924, n.º 126, embora o jornal lhe elogiasse a obra governativa. O título avaliava que o regime do alto-comissário e a autonomia de Angola estavam ameaçados, e dava destaque à posição das associações comerciais da província. Em novembro de 1924, *O Distrito de Benguela* anunciava a sua suspensão devido à ausência do seu editor. *O Comércio* (1924) e *Acção Portuguesa* (1925) foram outros títulos que circularam em Benguela nesta época.

Em Moçâmedes, em 1 de maio de 1919, circulou o n.º 1 de *O Ultramar*, *Defensor dos Interesses da Região*. Trimensal, o jornal era dirigido por D. J. Malheiros e assumia defender «todas as magnas questões que interessem às classes e forças vivas do sul de Angola, libertar pelo seu engrandecimento material e económico e interceder por todas as grandes obras de fomento». Liberal e republicano, o jornal reivindicou a libertação dos presos políticos em Moçâmedes, conforme a diretiva do governo central (n.º 1); defendeu que Portugal precisava de «sofrer uma renascença social se quiser acompanhar os povos na senda do progresso [...] terá de lançar à margem todas as leis antagónicas do espírito moderno» e pedia atenção do Estado para a região sul da província (n.º 4, junho de 1919). *O Ultramar* defendeu os governos distritais e gerais, à frente dos quais estavam «verdadeiros republicanos», e criticou os oposicionistas, que «empatam» as grandes empresas (n.º 13, setembro de 1919). Em junho de 1920, n.º 32, última edição conhecida de *O Ultramar*, o jornal criticou o aumento dos impostos e a carestia da vida.

Em 1922, saiu em Moçâmedes o *Imparcial*. Propunha-se quinzenário e foi dirigido por Raul Figueiredo. O n.º 2 esclarecia que o jornal não pertencia nem à maçonaria nem à associação comercial, e era um periódico de «batalha» para o desenvolvimento do distrito. A mesma edição criticava que apenas três vogais estavam em exercício no conselho administrativo do município, quando deveriam ser cinco, e que todos os «bons portugueses» deveriam colaborar. Em julho de 1925, o jornal reaparecia após meses de suspensão, e atacava o padre António Moreira Basílio, que tinha empastelado a edição de o *Imparcial* e que «transformava a casa de Deus em uma casa de comércio, onde até se vendem cartuchos de armas de fogo». Em dezembro de 1925, n.º 9, o jornal atacava o BNU e lançava-se contra a Sociedade das Nações, afirmando que «em Angola só um governo persistirá: portugueses». O mesmo número anunciava a suspensão do título devido ao custo da sua impressão.

*O Correio de Mossamedes, defensor dos interesses regionais*, saiu entre 1923 e 1924, propriedade da Tipografia Ideal e dirigido por Augusto Pinto da Mota. O editorial do n.º 1, em maio de 1923, assumia como objetivo «Apontar todos os erros praticados ou que venham a praticar-se por aqueles que mandam». O n.º 10, de julho de 1923, elogiava Norton de Matos, e sugeria a constituição de empresas privadas com capital nacional e estrangeiro para desenvolver Angola. Em julho de 1924, n.º 2, *O Correio de Mossamedes* reivindicava a suspensão das repatriações dos trabalhadores antes que viessem novos, exigindo contratos de cinco anos e argumentando que, «Se o governo deve assistência e protecção à parte cafreal do povo português, ilude-se por completo quando pretende eximir-se de igual compromisso com a outra parte do povo, de origem europeia». A mesma edição tratava da situação política «anormal» do município e reclamava eleições para vereadores. O n.º 6, de outubro de 1924, é a última edição conhecida do jornal, a qual criticava os processos legislativos da província, que a arrastavam para o «abismo» após três anos do regime de alto-comissário. Também em Moçâmedes, circularam *O Rastilho* (1921), *Mocidade* (1921), *Voz do Sul* (1925) e o *Sul d'Angola* (1925).

Em março de 1920, estreava-se em Luanda o semanário *Jornal do Comércio, Pró-Pátria — Pró-Angola*, tendo como proprietário e diretor Reinaldo Antunes. O n.º 1 declarava que:

> O nosso jornal representará, principalmente, a opinião dessa grande força que mais do que nenhuma outra, tem contribuído para que Angola atingisse o grau de prosperidade em que se encontra: — a classe comercial, que tem aliada a si ou fazendo parte integrante de si mesma, as outras duas quase que em embrião ainda, a agrícola e a industrial.

Embora apoiasse o governo da província, quando da greve do funcionalismo público em outubro de 1920, n.º 31, o jornal responsabilizou o governo por não ter reajustado os salários, de modo a suprir as necessidades da categoria quanto ao aumento do custo de vida. Em março de 1921, n.º 51, o jornal notava que o governo de Norton de Matos «tem tido uma óptima gestão». Em julho de 1922, saiu em defesa do regime de alto-comissário e de Norton de Matos, argumentando que «Angola está emancipada, financeira e administrativamente, da tutela do Terreiro do Paço. Tem quem precisa e o que precisa.»

Entre as prioridades temáticas do jornal estiveram o caminho de ferro, a falta de carregadores e de mão de obra nativa, a defesa da emigração de trabalhadores para São Tomé devido às receitas que trazia à colónia, e a reivindicação de políticas que favorecessem a emigração para Angola. O *Jornal do Comércio* também trouxe notícias dos distritos e abordou os seus problemas. No n.º 137, em dezembro de 1922, o título anunciou a sua suspensão por ser um «espantalho que provoca fúrias a muitos daqueles a quem quis defender», e avançou que em seu lugar seria publicado o *Correio de Angola*, «que não estará preso a qualquer compromisso moral», embora permanecesse como propriedade da Empresa do Jornal do Comércio.

O *Correio de Angola*, semanário editado por Marcolino António Joaquim, saiu em 8 de janeiro de 1923. A edição n.º 1 garantia que o jornal não teria política partidária, contudo, assumia o seu apoio ao governo: «procuraremos por todas as maneiras colaborar com os governantes, exprimindo sem subterfúgios e sem intenções reservadas o modo de pensar e sentir da colónia». O noticiário político foi privilegiado no semanário, que tratou das atividades dos governos da província e locais, dos debates no Conselho Legislativo e da situação política em Portugal. O título anunciou a sua suspensão no n.º 20, em 19 de maio de 1923.

Em 1924–25, saiu em Luanda *A Luta, quinzenário de princípios e acção*, que ensaiou críticas aos governos da província e da metrópole. O n.º 1, em 24 de dezembro de 1924, afirmava que o jornal iria mostrar a «inconsistência» dos homens que dirigiam a nação, «amarrá-los no pelouro público, a descobrir-lhes as misérias, a mostrar-lhes as impurezas da alma e a sujidade das mãos». O n.º 2, em janeiro de 1925, denunciava que a província esbanjava em «comezainas» o dinheiro devido ao funcionalismo e aos fornecedores, e notava que a herança do alto-comissário Norton de Matos «é má, é péssima». Entretanto, em julho de 1925, o jornal passa a designar-se *A Luta, Órgão defensor dos interesses regionais da colónia e de estudos sociais*, com direção de Viriato José Ribeiro Comenda. O título assume um tom conciliador com o governo da colónia e o n.º 14 presta homenagem ao novo alto-comissário, Francisco da Cunha Rego Chaves, e passa a defender os dirigentes públicos. Ainda que, em outubro de 1925, n.º 19, o jornal tenha dito que «enquanto não virmos na colónia um movimento de reacção moral não descansamos», esta foi a última edição conhecida de *A Luta*.

*A Pátria, Semanário Republicano Independente, Defensor dos Interesses Portugueses em Angola*, saiu em Luanda entre 1925 e 1927, propriedade da Empresa Gráfica de Angola e tendo como editor Leonel d'Almeida Moniz. O n.º 5, de fevereiro de 1925, abordava os dois temas privilegiados pelo jornal ao longo da sua existência: a luta contra o BNU, «inimigo de Angola», e contra a concessão da exploração dos diamantes ao sector privado. Em março de 1926, n.º 81, o jornal denunciava o «último golpe dirigido contra Angola», o fim da autonomia na administração civil e financeira. A última edição conhecida do jornal é de janeiro de 1927, n.º 163.

*Notícias de Loanda*, semanal, circulou entre 1925 e 1926, propriedade da Empresa de Propaganda e Defesa de Angola. O seu diretor foi o funcionário público Alberto de Lemos, que assumiu o alinhamento do jornal com o partido da União Liberal Republicana. O n.º 1 elogiava o trabalho do último governador-geral, Antero Tavares de Carvalho, por ter saneado a província, e alertava o novo alto-comissário, Rego Chaves, de que o jornal poderia tanto elogiá-lo quanto criticá-lo. Em novembro de 1925, n.º 10, o jornal notava que, pela primeira vez, o Conselho Legislativo funcionaria com uma maioria de vogais não oficiais, o que resultava da conquista da autonomia em Angola, e que o falhanço da «experiência» poderia resultar no fim do regime dos altos-comissários. A mesma edição noticiava que o governador tinha permitido a reconstituição da Liga Angolana e da imprensa indígena em Angola, além de reproduzir a petição dos funcionários públicos para extinguir o «quadro geral auxiliar», no qual desde 1921 estavam enquadrados os africanos e que impedia a sua progressão.

Em fevereiro de 1926, n.º 22, o *Notícias de Loanda* defendia a Companhia de Diamantes e a exploração privada, argumentando que «é preciso contrariar os laivos comunistas, se as organizações financeiras trazem alguns inconvenientes também trazem benefícios». Em julho de 1926, n.º 37, o jornal declarava que «os democráticos estão vencidos», e um texto de Cunha Leal, líder da União Liberal, assumia que «o exército conseguiu o milagre de salvar o país». A última edição conhecida do *Notícias de Loanda* é o n.º 45, de setembro de 1926.

*A Província de Angola, órgão dos interesses económicos da colónia*, foi propriedade da Empresa Gráfica de Angola (com ações subscritas pelo Banco Nacional Ultramarino, pela Companhia de Amboim, pela Companhia do Cazengo e por outros particulares) e dirigida por Adolfo Pina, então a viver em Luanda e dedicado com exclusividade ao jornalismo (Lopo, 1964, 100). O editorial do n.º 1, em 16 de agosto de 1923, assumia «toda a colaboração ao programa realizador e de reformas do Alto-Comissário, sem que abdiquemos do direito de fiscalização e crítica honesta». As preocupações centrais do bissemanário *A Província de Angola* neste período estiveram vinculadas à autonomia política da colónia, ao problema da mão de obra indígena, à colonização e às infraestruturas.

Em dezembro de 1923, n.º 18, o jornal alertava para a dificuldade financeira da província, o que se devia à falta de mão de obra, alegando que já existiam as vias de transporte, contudo, se o problema dos trabalhadores não fosse resolvido, faltariam géneros para serem transportados. Em fevereiro de 1924, n.º 29, quando da paralisação do comércio, o jornal assumiu a defesa do sector e do governo: «O protesto, porém, não visa o governo da província, motivado pelas dificuldades que de dia para dia se acentuam na transferência de numerário para a metrópole, visa o governo da nação.»

A defesa do regime dos altos-comissários em Lisboa por coloniais de Angola foi a manchete de *A Província de Angola* em abril de 1925, n.º 22, que apelidava o movimento de «Renascença Colonial». Em setembro de 1925, n.º 168, o título alertava que o Conselho Legislativo de Angola não era um «poder» e que nele não poderia haver «funções de suporte ou oposição ao governo».

O diretor do jornal passou a ser Domingos Cruz em outubro de 1925, e é o próprio quem assina o editorial de junho de 1926, n.º 246, o qual trata do «movimento militar, que encontrou um ambiente favorável entre as massas do país, alheadas da vida política e partidária». *A Província de Angola* opinava que «Transitório será, pois, o período que a revolta militar iniciou, e que ela o aproveite para corrigir defeitos, calar paixões, punir imoralidades, robustecer o princípio da autoridade, prestigiar a lei e tornar insofismavelmente moral a administração pública». Será publicado até 1974.

Outros títulos que saíram em Luanda na década de 1920 foram os seguintes: *A Tribuna, órgão dos servidores* (1920–21); *O Jornal* (1924); *Mocidade, órgão da associação dos empregados do comércio* (1924–25); *Preto no Branco* (1924) e *A Situação* (1925). Entre os títulos dedicados ao desporto, *Sporting* (1922); *Desportos* (1923); *O Sport de Loanda* (1924) e o *Loanda Desportiva* (1925). Em Novo Redondo, em 1921, circulou *O Progresso*. Em Sá da Bandeira saíram os seguintes títulos: *Huíla* (1920); *O Planalto* (1921); *O Clarim* (1922) e *O Planalto da Huíla* (1923). Em Silva Porto, em 1924, saiu *A Metralha.*

### *A imprensa em Angola na República*

Nas dinâmicas da imprensa de Angola na República, em comparação com o período monárquico, sobressai o protagonismo jornalístico dos colonos europeus. Na Monarquia Constitucional, o jornalismo foi instrumento de reivindicação e luta para os grupos africanos, que através da imprensa enfrentaram as políticas coloniais nas suas variadas dimensões. Tal não se repetiu na República, quando a imprensa africana entrou em declínio, sobretudo como consequência da repressão aos grupos associativos e políticos dos nativos pelos governos coloniais. A violência da ação governamental contra os nativos — com prisões, perseguições judiciais, apropriação de bens e exonerações do serviço público, entre outros — levou as elites africanas a adotarem um tom moderado e conciliador em relação ao governo e às políticas coloniais, numa tentativa de sobreviverem enquanto grupo. Contudo, o reforço da administração portuguesa, o aumento da colonização europeia e os interesses da metrópole e de estrangeiros estão entre os fatores que produziram políticas agressivas para com os africanos e as suas elites, ainda que estes recuassem nas suas reivindicações. Neste cenário, a imprensa africana não conseguiu resistir aos constantes golpes do governo colonial. Note-se que a geração de intelectuais africanos que se destacou no período monárquico, entretanto, desapareceu, o que pode ter contribuído para o fraco protagonismo do jornalismo nativo ([34]).

Durante a República, a imprensa traduziu os projetos e os conflitos dos grupos coloniais em Angola. Os papéis jornalísticos monitor

---

([34]) Sobre o nativismo em Angola durante a República, ver também J. M. Guimarães, *A Difusão do Nativismo em África: Cabo Verde e Angola, Séculos XIX e XX* (Lisboa: África Debate, 2006), 288–298.

e colaborador conviveram e equilibraram-se neste período, pois, se havia jornais críticos dos governos, também existiram aqueles que apoiavam as suas iniciativas. Na década de 1910, em Luanda, enquanto *A Província* criticava o governo na colónia, o *Jornal de Angola* apoiava-o. Em Benguela, durante a década de 1920, o *Jornal de Benguela* liderava o ataque aos governos da província e mobilizava os colonos para o enfrentamento. Por sua vez, *O Distrito de Benguela* manteve um discurso favorável ao programa político e económico do governador. Em Luanda, na década de 1920, o jornal *A Pátria* atacava o BNU e a concessão na exploração de diamantes, enquanto *A Província de Angola* defendia o regime de Norton de Matos e as suas medidas.

O papel monitor do jornalismo expressou-se no tema dos processos eleitorais e da sua legalidade, na reivindicação do protagonismo do Conselho Legislativo, no seguimento das ações dos governos distritais e dos concelhos. A fiscalização das atividades económicas no sector público e privado também revela o exercício monitor do jornalismo, bem como o contínuo acompanhamento dos programas e ações da metrópole em relação à colónia. Aliás, sublinhe-se que os diversos sectores foram críticos das diretivas do Terreiro do Paço ao longo do período. Noutra vertente, o suporte às administrações — da colónia, dos distritos e dos concelhos —, o apoio às práticas do BNU e as benesses para alguns grupos económicos da província revelam o exercício da colaboração da imprensa com o poder político e económico, este dependente das suas conexões com a governação.

O papel radical do jornalismo foi incipiente em Angola nesta fase. Embora a imprensa tenha sido crítica da governação, nunca pôs o regime em causa e sempre defendeu o projeto colonial, ainda que discordasse das suas estratégias na província. É a luta por transformações profundas na organização social que caracteriza o jornalismo radical, e, durante a República, o jornalismo não reivindicou nenhuma mudança estrutural em Angola. A imprensa africana, nos períodos em que conseguiu manifestar-se, denunciou os abusos das autoridades contra os indígenas e defendeu os seus líderes quando estes foram acusados e perseguidos. Todavia, foi condicionada a uma atitude defensiva, pela sua crença no regime, pela sua tentativa de sobreviver enquanto grupo social e pelas constantes ofensivas das autoridades.

Na observação das características do mercado de imprensa, destaca-se a continuidade de uma imprensa de perfil político, na qual os conteúdos relacionados com as dinâmicas sociais, económicas e políticas preponderaram, com uma abordagem em que se evidencia a crítica, a reivindicação e o confronto político. A propriedade dos títulos manteve-se ligada aos funcionários públicos, a exemplo dos jornais *A Província* e *Jornal de Benguela*; aos grupos sociais, caso dos títulos propriedade dos partidos políticos, das associações comerciais e da associação dos funcionários públicos; e também às iniciativas particulares vinculadas aos grupos sociais, a exemplo da *Era Nova*, do nativo António J. Miranda, associado aos nativos de Malanje. Assinala-se também o consórcio formado por companhias privadas da província, pelo BNU e por particulares na propriedade do jornal *A Província de Angola.*

A efemeridade dos títulos continuou a marcar o sector, justificada, pelos próprios periódicos, pelas dificuldades económicas e pelas pressões políticas, sobretudo do governo. Contudo, simultaneamente, surgiram títulos que se afirmaram e que iriam manter-se até 1974, a exemplo do *Jornal de Benguela* e de *A Província de Angola.* Também se sublinha a continuidade da regionalização, com a criação de novos títulos e a consolidação da imprensa em Benguela, Moçâmedes e Malanje. Os indicadores sobre as tiragens permaneceram escassos. *O Angolense*, em 1917, anunciava uma tiragem de 700 exemplares. *O Distrito de Benguela*, em 1922, anunciava uma tiragem mensal de 1200 exemplares, 300 exemplares por cada edição semanal. *A Província de Angola*, em 1923, anunciava uma tiragem de 20 000 exemplares mensais, o que neste bissemanário representava 2500 exemplares por número do jornal. O aumento das tiragens em relação ao período anterior reflete o acréscimo de público leitor. O que se justifica pelo maior número de colonos e por um possível acréscimo de africanos alfabetizados, vista a criação de novos estabelecimentos de ensino, inclusive missionários e profissionais, ainda que os serviços educacionais permanecessem escassos.

À semelhança do período anterior, a propriedade, a direção e a escrita dos jornais esteve, em geral, concentrada na mesma pessoa e articulada com a sua atuação política. Tais conexões podem ser observadas nos periódicos dos partidos políticos, caso de *A Reforma*, que tinha como redator principal o político Camillo Rodrigues, em 1911; em *O Angolense*, através do nativo Manuel Augusto dos Santos, em 1917; no *Jornal de Benguela*, com M. Mesquita, entre outros. Entretanto, também se observam sinais de profissionalização do jornalismo, a exemplo de editores que atuaram em diversos títulos, ainda que estes tivessem uma linha editorial semelhante, e que parecem ter-se dedicado com exclusividade ao jornalismo. São os casos de Augusto Archer da Silva Wilson, editor de *O Progresso*, em 1913, e de *A Província*, em 1914; de Marcolino António Joaquim, editor de *O Progresso* em 1914, do *Jornal do Comércio* em 1922, e do *Correio de Angola* em 1923; e de Leonel d'Almeida Moniz, editor de *A Pátria* em 1925 e de *A Província de Angola* no mesmo ano. Outro elemento que assinala a profissionalização do jornalismo são os correspondentes em Lisboa e nas principais cidades de Angola. Sobre o tema dos colaboradores, o *Distrito de Benguella* refere os gastos com «o muito texto que publicamos». Por fim, a dedicação exclusiva de Adolfo Pina à imprensa também assinala certa tendência de profissionalização do jornalismo. Apesar destes indicadores, numa época em que se intensificou o associativismo em Angola, não surgiu nenhuma organização de jornalistas, de jornais ou da imprensa. Do ponto de vista do profissionalismo, os títulos continuaram a apregoar a «verdade», a «independência», a «justiça», o «equilíbrio» e a «neutralidade», embora tais critérios se tenham mantido vinculados às orientações dos grupos aos quais os jornais estavam ligados. Assim, a imprensa continuou a assumir a sua orientação política, a apoiar ou criticar governos e a defender as forças políticas às quais se articulava, a exemplo dos interesses do comércio ou dos funcionários públicos. Em síntese, profissionalização e profissionalismo mantiveram-se incipientes durante a República.

De modo análogo ao que se passara durante a Monarquia, o paralelismo político entre a imprensa e as forças sociais manteve-se forte. A predominância dos conteúdos políticos e de opinião; as conexões entre proprietários, diretores e jornalistas aos grupos sociais; a coincidência entre as opiniões sustentadas pelos títulos e as defendidas pelas forças políticas que apoiavam; e a predominância do exercício jornalístico vinculado à atuação política demonstram os laços estreitos entre a imprensa e as tendências sociopolíticas de Angola, confirmando um vigoroso paralelismo político.

O Estado e o governo mantiveram uma intervenção forte na imprensa de Angola ao longo do período republicano. O Estado deu continuidade à publicação do boletim oficial, e este desempenhou um papel de colaboração com os governos. Em janeiro de 1918 (n.º 153), *A Província* notava que «no Boletim só se publica o que alguns democráticos querem». Os governos da província também continuaram a receber o apoio declarado de alguns jornais ao longo de todo o período, e tal apoio estava conectado às relações políticas e económicas entre os grupos, o governo e o Estado. Embora tenha existido diversidade de orientações políticas na imprensa, o governo fez uso da censura quando os conteúdos dos jornais contrariavam os seus interesses. Em junho de 1917 (n.º 133), *A Província* denunciava a proibição de artigos seus por terem criticado o governo e aconselhado o governador a demitir-se. Em setembro de 1916 (n.º 18), o *Jornal de Angola* reclamava que a censura «atrasava» a saída dos jornais. Em outubro do mesmo ano, n.º 24, o *Jornal de Angola*, que tinha sido atingido pela censura, denunciava que a comissão «abusa criminosamente, conscientemente, da autoridade que a portaria, que a nomeou, lhe conferiu». Em janeiro de 1919 (n.º 191), *A Província* criticava a censura prévia e denunciava que o governo e o governador não podem ser «apreciados» se o apoio a estes não for «incondicional». Além da censura, os governos também suspenderam e proibiram títulos ao longo do período, a exemplo de

*A Tribuna* em 1921, jornal dos funcionários públicos, e do nativo *O Angolense*, em 1922.

Em síntese, durante a República, a imprensa apresentou as seguintes características em Angola: predominaram os papéis monitor e colaborador no desempenho do jornalismo; a imprensa manteve um perfil político, com a propriedade vinculada aos grupos sociais e um público de elite; a atividade jornalística continuou associada à militância política. Embora tenha existido sinais de profissionalização, esta e o profissionalismo permaneceram baixos; o paralelismo político manteve-se forte; e o Estado e o governo tiveram intervenção robusta na imprensa.

## MOÇAMBIQUE

A instabilidade política, social e económica caracterizou o período republicano em Moçambique. As campanhas de «ocupação» estenderam-se a 1920; a resistência da população indígena manteve-se, sobretudo devido à cobrança de impostos e ao trabalho forçado; e, em Lourenço Marques, houve várias greves promovidas por operários e funcionários públicos. A emergência de uma elite africana, conjugada com a formalização da política de assimilação, fortaleceu os confrontos entre os grupos africanos e europeus nos espaços urbanos. Entre os colonos europeus também houve conflitos, que na sua maioria se deveram às disputas pelo poder político e económico no território e da colónia em oposição à metrópole. No campo económico, as atividades continuaram dependentes do capital estrangeiro, especialmente britânico, e das plantações extensivas dominadas pelas grandes companhias.

Desde 1907, o território de Moçambique constituía-se dos distritos de Lourenço Marques, Inhambane, Quelimane, Tete e Moçambique. Nas circunscrições, vivia a população indígena, chefiada por administradores e dividida em postos, cada qual com o seu chefe, que por sua vez se relacionava com a população africana através das lideranças tradicionais, os régulos, responsáveis pelo recrutamento da mão de obra e pela cobrança de impostos. As companhias privadas de exploração, com poderes administrativos sobre o território até 1919, reforçaram-se neste período, com o aumento das plantações extensivas e das culturas obrigatórias. A cana-de-açúcar, o chá, o sisal, o amendoim, a copra e o algodão foram os principais produtos nesta fase. Em 1923, iniciou-se a extração mineral em Tete, mas a industrialização só despontou no final da década de 1920. As principais receitas do Estado vinham do imposto de palhota, da alfândega, do comércio de trânsito para a África do Sul e do pagamento da mão de obra concedida à região do *rand*. Além do BNU, atuavam em Lourenço Marques instituições de crédito estrangeiras e, durante o período republicano, existiu o Banco Comercial de Moçambique, que concedia crédito comercial e agrícola e que agrupava os capitais da colónia ([35]).

A partir de 1911, a colónia ficou ligada por cabo submarino, os serviços telefónicos começaram a funcionar em 1914, e, em 1916, havia estações telegráficas em Lourenço Marques, Inhambane, Moçambique e Quelimane. Em 1915, a via-férrea ligava Lourenço Marques ao Transvaal, e a cidade da Beira estava ligada à Rodésia; neste período também foram construídas linhas de penetração nas regiões centro e sul de Moçambique. Os portos mais importantes eram os de Lourenço Marques, Beira e Moçambique, mas toda a costa estava servida de portos de navegação de cabotagem. Além da Companhia Nacional de Navegação, atuavam companhias privadas inglesas, holandesas e alemãs (Newitt, 1997, 349–352).

A Primeira Guerra Mundial atingiu Moçambique logo em 1914, com os alemães a atacar o norte do território, e a metrópole enviou os primeiros contingentes militares para a colónia neste ano. Entretanto, os africanos foram essenciais na resistência à ocupação alemã,

([35]) Sobre o período republicano em Moçambique, ver S. Carvalho, coord., *História de Moçambique*, vol. 2, *Agressão Imperialista (1886–1930)* (Maputo: Departamento de História da Universidade Eduardo Mondlane, 1983).

e a captura de homens para servir como carregadores dos militares foi uma das razões da Revolta do Barué, em Tete, em 1916–20. Em 1917, empurrados pela tropa britânica, os alemães invadiram o norte do território e a ocupação estendeu-se a junho de 1918, destruindo posições militares e devastando os povoados. A região norte de Moçambique foi reocupada após a Guerra e, em 1919, os novos regulamentos do governo acabaram com a autoridade administrativa das companhias privadas.

Moçambique manteve o equilíbrio orçamental e, ocasionalmente, alcançou o *superavit*, até ao início da década de 1920. A necessidade de intensificar o desenvolvimento colonial levou o alto-comissário Brito Camacho a investir num plano de fomento para os transportes e as comunicações. Porém, para tal era necessário um empréstimo externo, e este não se concretizou. Neste cenário, as finanças do território foram afetadas, a moeda desvalorizou e o problema da transferência de fundos para a metrópole atingiu também Moçambique. Seguiu-se a paralisação da economia, a dívida interna e a falta de moeda para pagar aos funcionários. Daí que os primeiros anos da década de 1920 tenham sido de greves e protestos dos operários e dos funcionários, com a estagnação do comércio e a carestia de vida (Proença, 2009a, 513–516).

Os principais grupos sociais identificados por Neves (2001, 525) no período republicano foram a pequena burguesia branca (formada por empregados do comércio e funcionários civis que tinham as suas próprias associações e que se uniam ao Centro Republicano Couceiro da Costa e ao Centro Republicano Evolucionista); a pequena burguesia goesa; a pequena burguesia indiana (organizada na Câmara do Comércio); a pequena burguesia africana (articulada no Grémio Africano e que se relacionava com o Centro Socialista); o operariado africano (organizado na União dos Trabalhadores Africanos); o operariado indiano (articulado numa associação de auxílio mútuo); e o operariado branco (pessoal dos portos e caminhos de ferro que se organizava no sindicato). Moreira (1997, 151) aponta que a luta de classes em Moçambique se traduziu nos conflitos entre colonos (grandes e pequenos), pequenos colonos contra o Estado, colonos contra o capital estrangeiro, assimilados contra os pequenos colonos e contra o Estado, todos contra o capital bancário português e o BNU.

Até à instauração da República, o associativismo tinha sido estimulado sobretudo por grupos de origem europeia, que procuravam conciliar e viabilizar os seus interesses sociais e económicos. Com o novo regime, intensificou-se o processo de organização política e de classe em Moçambique. Os principais sectores a estruturar-se foram as associações de classe, de patrões e trabalhadores; as instituições mutualistas e de beneficência; as organizações culturais e recreativas e os grupos sociopartidários. Entre estes, destacaram-se os seguintes: a Associação Comercial dos Lojistas, a Associação dos Proprietários, a Associação de Classe dos Empregados do Comércio e Indústria, a Associação do Pessoal do Porto e dos Caminhos de Ferro de Lourenço Marques, e a Associação dos Funcionários Civis da Província de Moçambique. A defesa da autonomia política, administrativa e económica da colónia partiu sobretudo destes sectores, que fizeram oposição aos governos da metrópole e da província, nomeadamente através da imprensa (A. Rocha, 2006, 78–91).

A criação do Grémio Africano de Lourenço Marques (GALM), em 1908, foi uma expressão organizada por parte dos africanos da dualidade colonial imposta em Moçambique. O Grémio Luso-Africano de Moçambique, o Clube Africano de Tete e a Associação Africana de Inhambane foram outras organizações a propagar o nativismo e a serem permeadas pelo pan-africanismo. A terra, o capital, o trabalho, o ensino e o papel do Estado foram reivindicados no manifesto de apresentação do GALM, e fizeram parte do discurso nativista até 1930.

Os ideais pan-africanistas introduziram-se em Moçambique através dos grupos e associações nativistas de outras colónias portuguesas, dos movimentos na África do Sul e das organizações sediadas em Lisboa. A imprensa foi o instrumento privilegiado para a divulgação e propagação dos ideais pan-africanos e para as reivindicações nativas ao regime colonial. De facto, a origem do nativismo em Moçambique coincide e mistura-se com o surgimento de uma imprensa africana e de protesto (Mondlane, 1975 [1969]). Com o GALM nasceu o jornal *O Africano*, fundado pelos irmãos João e José Albasini ([36]). Pela via regional, as ideias africanistas ganharam corpo em Moçambique por meio da divulgação das atividades da African Political Organization que se tornavam notícia nas páginas de *O Africano*. O fenómeno messiânico na propagação das ideias pan-africanas também chegou à província através da África do Sul, e a revolta das populações expressava-se nos cânticos e hinos religiosos com mensagens políticas e anticoloniais (A. Rocha, 2000).

Em 1920 o GALM foi legalizado e, insatisfeito com o não cumprimento das promessas republicanas, apelou aos nativos para a «Causa Africana», que incluía a eleição dos seus representantes para os órgãos de poder central e local. Ainda que não tivesse uma organização partidária, o GALM concorreu às eleições parlamentares daquele ano, tendo como candidato João Albasini. Embora tenha alcançado o segundo lugar, as eleições foram anuladas com o pretexto da agitação social e política criada pelo movimento sindical em Lourenço Marques. Até às vésperas da Ditadura Militar, em 1926, o GALM, através da sua imprensa, denunciou a assimilação, o não acesso à educação pelos negros, o regime de trabalho e os abusos contra a população africana.

Em março de 1909, apareceu o semanário *O Africano*, mas em 25 de dezembro de 1908 já tinha saído um número único com o título «Número de propaganda a favor da instrução». É desta altura a

([36]) Os irmãos João e José Albasini eram netos do português João Albasini, nascido em Moçambique e que se tornaria num importante homem de negócios e cônsul no Transvaal. Viveu com uma mulher negra e teve dois filhos, António e Francisco. Este casou-se com a bisneta do chefe do clã de Maxaquene. João e José Albasini são fruto deste casamento, cresceram em Lourenço Marques e foram criados pelo goês José Aniceto da Silva. Os irmãos estudaram numa missão católica e, devido ao seu estatuto de assimilados, à sua educação e às suas relações com a elite local, ocuparam funções na administração pública colonial. J. M. Penvenne, «João dos Santos Albasini (1876–1922): The Contradictions of Politics and Identity in Colonial Mozambique», *The Journal of African History*, vol. 37, n.º 3 (1996): 419–464.

fundação do GALM, então proprietário do jornal, que também inaugurou uma escola para a educação dos nativos. João Albasini foi o diretor do jornal e, o seu irmão, José Albasini, o editor. Porém, os recursos foram escassos e o jornal esteve fechado entre 1909 e 1911 (Moreira, 1996). Quando reapareceu, o semanário articulou não só os negros, mas também os brancos radicados na colónia e que defendiam os interesses dos africanos. Com tipografia própria, o ressurgimento do jornal contou com o financiamento de maçons e socialistas e deixou de ser propriedade do Grémio. Assumindo-se independente dos partidos políticos, *O Africano* afirmou a luta pela unidade dos sectores sociais que se opunham ao poder colonial, devido à sua «ineficácia na "ação civilizatória" e administrativa, à exploração colonial e capitalista, ou aos abusos e corrupção da administração pública colonial e metropolitana» (Zamparoni, 1988, 81).

Escrito em português e ronga, o jornal ganhou popularidade entre os mineiros moçambicanos na África do Sul, o que se deveu ao padre José Vicente do Sacramento, que pelo seu trabalho como correspondente no Transvaal recebia exemplares que revendia entre os trabalhadores. Regressado a Moçambique em 1912, o padre escreveu, traduziu e auxiliou na administração do jornal. Quando estoirou a Primeira Guerra, o jornal inseriu nas suas páginas um serviço telegráfico fornecido pela agência Havas e pela Reuters, o que aumentou a sua popularidade.

*O Africano* foi crítico do sistema colonial português e preocupou-se com a situação social dos africanos. Entre as temáticas privilegiadas do jornal estiveram a denúncia da corrupção na gestão colonial; das condições do trabalho africano; da alienação das terras dos africanos; o acesso à educação pelos africanos; da problemática do vinho colonial; das condições de vida das mulheres e das crianças; os acontecimentos internacionais, a exemplo da Revolução Russa; e as lutas operárias locais ([37]).

---

([37]) O vinho era um dos principais produtos exportados de Portugal para as colónias. Para alargar a sua penetração, as destilarias foram proibidas em

Os princípios e as formas assumidas pelo colonialismo português foram continuamente questionados e criticados nos conteúdos noticiosos e opinativos de *O Africano*. A crítica de que o jornal não punha em causa o regime colonial ([38]) explica-se, para Penvenne (1996, 457), pelo trabalho de Albasini em duas frentes:

> *he promoted, interpreted and communicated ideas within the local community, in particular developing the political energy of the nascent black petite bourgeoisie, and he worked to ensure that the Portuguese colonial administration practiced the ideals it espoused in policy.*

Moreira argumenta que as lutas das elites assimiladas de Moçambique foram pela sua «afirmação» enquanto grupo social. Assim, o sector africano fez uso da via política (através da sua intervenção na imprensa, da articulação com os socialistas e da participação nas eleições) para obter igualdade de direitos e para a garantia da sua situação económica. Deste modo, por vezes o grupo combateu aspetos pontuais do Estado colonial e noutras pediu a sua proteção contra o «inimigo principal», os colonos (Moreira, 1997, 192–93).

Embora nos períodos mais conflituosos da Primeira Guerra a censura tenha atingido *O Africano*, o jornal passou nesta época a bissemanário e a trissemanário. Em 1919, José Vicente do Sacramento obteve a concessão da lotaria e comprou *O Africano*, tornando o jornal num defensor da burguesia colonial e reivindicando a autonomia de Moçambique. O jornal deixou de ser publicado em 1920.

Os irmãos Albasini fundaram então *O Brado Africano*, um semanário que saiu às ruas em 24 de dezembro de 1918, propriedade do

Moçambique em 1920 e foi estabelecida uma taxa especial para o vinho colonial, produzido para o consumo pelos africanos e com altas gradações alcoólicas. Sobre o problema do vinho colonial, recomenda-se o estudo de J. Capela, *O Vinho para o Preto: Notas e Textos sobre a Exportação do Vinho para a África* (Porto: Afrontamento, 1973).

([38]) I. Rocha, *A Imprensa de Moçambique* (Lisboa: Edição Livros do Brasil, 2000), 122.

Grémio Africano e com tipografia. O jornal dava continuidade às causas de *O Africano*, e manteve como temas centrais as problemáticas dos africanos. No seu primeiro editorial, clamava: «Todo aquele que não luta pelo seu Direito condena-se voluntariamente a ser capacho dos outros. Parar é morrer» ([39]). *O Brado Africano* foi um importante aliado dos jornais operários da época, defendendo as reivindicações dos trabalhadores brancos de Lourenço Marques. Até 1926, o jornal desempenhou o papel de criticar a administração colonial e defender os interesses dos africanos.

Em continuidade com a imprensa operária e anarquista que havia surgido no final do século XIX, apareceu o jornal *Os Simples* (1911–13), sucedido pelo *Germinal* (1914–18) e pelo *Emancipador* (1919–37). Defender os operários de Lourenço Marques — na sua maioria, brancos e empregados no porto, nos caminhos de ferro, nos serviços de energia, água e transporte e na metalurgia — foi a missão comum destes periódicos. Embora estes jornais tenham sido decisivos nas lutas de classe que se desenrolaram durante o regime republicano, não foram críticos do sistema colonial e das políticas discriminatórias e abusivas contra os africanos. No período republicano, os jornais operários mantiveram uma atitude de «prudência e moderação» e não adotaram filiação partidária, embora se tenham identificado com o Partido Socialista (Capela, 2010, 152).

Outros jornais deste período foram *O Incondicional*, 1910–18, do maçom e crítico da administração Manuel Simões da Silva. A Sociedade de Propaganda Colonial Pró-Pátria, da maçonaria, também publicou diversos jornais semanários: *Pró-Pátria* (1916); *Pró--Pátrico*, *Pró-República* e *Pró-Moçambique* (1916–17); *A Província* (1917–23) e *O Radical* (1925–26). Os membros da maçonaria criticavam o atraso do desenvolvimento colonial em África e acreditavam que Moçambique pudesse seguir o caminho da independência, como o Brasil fizera.

([39]) Sobre João Albasini e *O Brado Africano*, ver também o romance histórico de J. P. B. Coelho, *O Olho de Hertzog* (Maputo: Ndjira, 2010).

A imprensa partidária também se manifestou neste período. O jornal *A Cidade* (1915–16; 1919–20) era o órgão do Partido Republicano Português, e *A Colónia* (1921–24) era orientada pelo socialista Jaime Ribeiro (I. Rocha, 2000, 104–105). *O Oriente* foi publicado entre 1919 e 1925 (1.ª e 2.ª séries), propriedade de um empregado bancário indo-português. *O Colonial*, que se propunha «advogar os interesses gerais e em particular os da colónia indo-portuguesa», foi publicado entre 1921 e 1923.

Os interesses comerciais e da agricultura fizeram-se representar no *Jornal do Comércio* (1.ª série, 1913–15; 2.ª série, 1922–24; 3.ª série, 1924–26), da Associação Comercial dos Lojistas. Na sua segunda série, o título foi crítico da administração de Brito Camacho, o que provocou a sua suspensão e um processo contra o seu editor, que foi condenado a prisão (Dias, 1954, 74). *O Algodão de Moçambique* (1925–26) foi fundado para defender a introdução da cultura de larga escala no território, campanha que obteve êxito, vista a sua crescente produção. O *Correio de Lourenço Marques* (1925–26) defendia os interesses britânicos. O semanário *Correio de Moçambique, Boa administração — Progredimento económico — Bom tratamento dos indígenas*, circulou entre 1921 e 1923, propriedade de um militar e explorador português. Embora não tivessem vínculo direto a proprietários ou associações, jornais como *O Comércio* (1922–24), *Imparcial* e o *Notícias* (a partir de 1926) articularam-se com os interesses económicos locais para sobreviver. O *The Lourenço Marques Guardian* continuou a ser publicado neste período, ligado aos interesses capitalistas estrangeiros.

Entre os títulos que circularam noutros pontos da província, destacaram-se os seguintes: *O Eco de Moçambique* (1910–11), *O Moçambique* (1915–18), *Avante* (1919) e o *Namarral* (1925–26), na cidade de Moçambique. O *Alvorada* (1912–13) e o *Jornal de Inhambane* (1915–16) saíram em Inhambane. Na Beira publicou-se o *Imparcial* (1911–13), o *Pátria* (1914–17), o *Tempo* (1919), o *Manica e Sofala* (1920–23), e o *Correio da Beira* (1923–24), que se anunciava como *Defensor dos interesses da agricultura, comércio e indústria do Território* e que criticava as políticas da Companhia da Beira. *O do Niassa*, no Ibo, foi publicado entre 1919 e 1922. Em Quelimane, foi publicado *O Ciclone*, durante 1917. Ainda uma referência à imprensa desportiva: embora efémera, fez-se presente através do *Semana Desportiva*, em 1922, que passou a revista ilustrada em 1923, ano em que deixou de ser publicado.

### *A imprensa em Moçambique na República*

Foi durante a Primeira República que o jornalismo crítico e de protesto, que já se manifestara no período da Monarquia Constitucional, desempenhou um papel radical em Moçambique. Tal deveu-se, sobretudo, ao protagonismo das associações e dos grupos sociais e políticos, que floresceram com o acréscimo de liberdades propiciadas pela República. A imprensa enquanto plataforma de denúncia do regime colonial e de reivindicação de direitos para os africanos foi o fator novo na atividade jornalística da província. Se Moçambique estava «pacificado» com o fim das revoltas indígenas, *O Africano* e *O Brado Africano* mantinham e sofisticavam o confronto político através da crítica ao dualismo e à situação colonial. Os jornais africanos desempenharam um papel radical, visto que reivindicaram mudanças estruturais nas políticas, nas práticas e na legislação colonial, a exemplo do fim das leis de exceção, da alteração das políticas de trabalho indígena, e da igualdade de tratamento entre europeus e africanos.

O papel jornalístico monitor também sobressaiu neste período, protagonizado pelos jornais africanos e operários e pelos títulos críticos dos governos locais e metropolitanos. A fiscalização do poder público e privado, a denúncia dos casos de corrupção e de má gestão da coisa pública, a reivindicação de autonomia e descentralização e de políticas económicas que favorecessem a burguesia local foram sintomáticas do jornalismo monitor. Os jornais incluíram conteúdos locais e internacionais e publicaram e discutiram a legislação e os processos eleitorais, assim mediando relações entre os cidadãos e o governo, o que também caracteriza o jornalismo monitor.

Entretanto, o boletim oficial continuava a ser de máxima importância no quotidiano da colónia, e, no plano regional, os jornais das companhias de exploração prosseguiam com os seus periódicos, suportando as políticas da metrópole e do governo local. Assim, houve continuidade do jornalismo colaborador no período republicano em Moçambique.

A propriedade dos jornais durante a República esteve vinculada aos grupos associativos e políticos, a exemplo do Grémio Africano, das associações operárias, dos partidos políticos e das organizações comerciais. O público leitor cresceu, o que se deveu ao aumento dos colonos e da população africana alfabetizada, esta em decorrência de um maior acesso ao ensino nos espaços urbanos através das missões e das escolas privadas.

No que diz respeito à profissionalização, embora os jornalistas tenham ganhado preeminência devido à crescente importância do espaço público, não houve alterações substantivas em relação ao período monárquico. A atividade jornalística reforçou os seus vínculos à militância política, e os jornalistas atuavam como advogados das causas dos grupos aos quais pertenciam. Sublinha-se que a maioria dos jornalistas continuou a depender de outras atividades profissionais para a sua subsistência, e que foram escassos os que desempenharam a atividade jornalística com exclusividade.

O paralelismo político entre a imprensa e as forças sociais é mais pronunciado no período republicano em Moçambique, o que se expressa através da imprensa partidária, operária, africana e patronal, entre outros grupos. Rocha (2006, 80) anota que a imprensa republicana representou as diversas correntes de opinião, promoveu um intenso debate ideológico e foi agressiva nas suas críticas e reivindicações. Outros indicadores de paralelismo político neste período foram a predominância de um jornalismo opinativo, a propriedade, e a relação entre os jornalistas e a sua ação política.

A intervenção do Estado manteve-se forte, por meio do boletim oficial e dos conteúdos por ele divulgados, e pela influência que o governo exerceu sobre alguns títulos no sentido de receber o seu apoio. A censura não se limitou ao período da Primeira Guerra, e há relatos de suspensão de títulos e de perseguição aos jornalistas através de processos judiciais. Como observou Moreira (1997, 104), a censura «foi usada para reprimir inimigos políticos e para silenciar críticos das situações que envolviam a acção governativa colonial».

Em Moçambique, ao longo da República, as principais características da imprensa foram as seguintes: o jornalismo desempenhou os papéis radical, monitor e colaborador; a imprensa manteve um perfil político e acentuou-se o seu vínculo às forças sociais; a atividade jornalística continuou associada à militância política; o paralelismo entre a imprensa e os grupos sociais fortaleceu-se; e a intervenção do Estado e do governo prosseguiu forte.

## SÃO TOMÉ E PRÍNCIPE

A presença de exilados políticos, a adesão dos grandes roceiros, a crítica à administração colonial, o problema das infraestruturas e a ausência de eleições municipais estiveram entre os fatores que impulsionaram o movimento republicano em São Tomé e Príncipe (Nascimento, 2001, 232). Nos últimos anos da monarquia emergiu o associativismo e destacaram-se a Associação de Beneficência Pró-Pátria, a Associação dos Empregados do Comércio e da Agricultura de S. Tomé e a Caixa Económica de S. Tomé.

A Liga dos Interesses Indígenas, ativa desde 1910, foi legalizada em outubro de 1911. Atividades físicas e de formação educacional e a proteção e a defesa dos nativos estiveram entre as ações da associação. A Liga defendeu os serviçais de outras colónias, porém, também procurou demarcar-se destes para preservar a condição social e política dos ilhéus. Isto porque em STP não havia política de assimilação, os ilhéus eram considerados «civilizados» e tinham direito à participação política. Já os africanos oriundos das outras colónias eram considerados «indígenas». Daí a ação ambígua da Liga, a reivindicar direitos para os africanos e, ao mesmo tempo, a diferenciá-los dos ilhéus. Entretanto, a partir de 1920, devido à intensificação dos conflitos de raça e de classe no arquipélago, ao aumento da repressão do governo à organização e ao refluxo do pan-africanismo, a atividade da Liga suavizou-se, com a adoção de um discurso mais conciliador (Nascimento, 1999, 426).

Através do poder político e económico, os europeus (proprietários e dirigentes públicos) impuseram-se aos nativos no controlo do arquipélago. Para tal, foi decisivo o sistema produtivo de STP, o qual dependia da política indígena de Moçambique, Angola e Guiné. As roças alienavam os africanos, tiravam-lhes os direitos e deixavam-nos imobilizados para qualquer tipo de resistência. Assim, coube aos nativos são-tomenses o protagonismo nas lutas políticas ao longo do período republicano. Emergiu ainda uma terceira força, os europeus comerciantes de média dimensão e empregados. Os conflitos entre os grupos foram de carácter político, económico e social e ocuparam as páginas dos jornais. A administração municipal e o governo da colónia estiveram no epicentro dos conflitos. Críticas ao Terreiro do Paço e ao projeto colonial foram feitas por todos os grupos, embora com conteúdo e tom distintos.

No campo económico, a crise da mão de obra e a usurpação de terras estiveram na agenda social e jornalística. Outros focos de debate foram os salários, o custo de vida e a distribuição dos cargos públicos. A riqueza do cacau não resultou em melhorias para o espaço urbano e rural em STP, o que fez dos problemas infraestruturais uma crítica dos distintos grupos. Os africanos de São Tomé e Príncipe afirmaram-se como nativos, mas tinham divergências: alguns defendiam o pan-africanismo e falavam da independência do território, enquanto outros se afirmavam portugueses e lutavam por espaço no paradigma colonial.

Ao longo do período republicano, a imprensa em São Tomé e Príncipe evidenciou-se e estruturou-se acompanhando os três principais grupos sociais: europeus comerciantes e empregados do comércio e da agricultura, a elite nativa de STP e europeus proprietários de terra e dirigentes públicos da colónia.

O primeiro segmento da imprensa no período republicano é o dos jornais ligados aos europeus comerciantes de média dimensão e empregados. *O Africano*, *A Defesa* e *A Desafronta* compõem este grupo, caracterizado por ser crítico da administração local e por ter uma posição dúbia em relação aos africanos. *O Africano, Semanário Independente*, surgiu em março de 1909 e foi propriedade do europeu Américo Augusto Mendes.

A falta de «competência» do Terreiro do Paço, que «desconhece e não resolve os problemas das ilhas [...] num regime de favores e de convenções mentirosas, alheio a toda a manifestação da vida progressiva do povo que trabalha, quer na metrópole quer no ultramar, não podemos esperar nada sem uma transformação radical nas camadas dirigentes», foi apontada pelo jornal no n.º 12, de maio de 1909. A imigração «desenfreada» para STP — tendo como consequência o desemprego de portugueses — esteve entre as preocupações do semanário no n.º 1, em março de 1909. Em relação aos trabalhadores europeus no arquipélago, a reivindicação da época era o descanso semanal.

O saneamento da ilha e a nomeação de funcionários públicos sem concurso fizeram manchete em *O Africano*. Contudo, as críticas mais duras à administração local referiram-se aos gastos públicos. «A administração é condescendente na aprovação dos orçamentos [...] as verbas destinam-se para fins distintos dos quais foram aprovados [...] o dinheiro vai parar ao bolso dos funcionários», atacava o n.º 34, de novembro de 1909.

Para o jornal, a «inutilidade» dos polícias justificava-se por estes serem africanos. «Os agentes de segurança pública são angolas, guinés ou cabo-verdianos saídos há dois dias da vida selvagem [...] como pode alguém, neste século ter a pretensão de impor que gente civilizada (sem discutir cores) respeite um preto boçal, semi-selvagem, a quem albardaram com uma farda?», perguntava o n.º 18, de julho de 1909. Os trabalhadores africanos nas roças tinham um tratamento semelhante, eram acusados de «fracos» por abusarem do álcool, praticarem a poligamia e acreditarem em feitiços, anotava o n.º 36, em janeiro de 1910. A última edição do semanário, n.º 46, saiu em 7 de julho e criticava o novo governador, Leote do Rego.

Na mesma linha editorial, apareceu, em 1914, *A Defesa — Defensor dos Interesses de S. Tomé e Príncipe*, um quinzenário regular entre 1915 e 1916. Teve como proprietário e editor Hygino J. Assumpção, comerciante socialista radicado em STP. O n.º 5, em setembro de 1915, esclarecia os leitores de que o jornal teve uma ausência «forçada» pela falta de papel e explicava os custos de produção do título ([40]). No n.º 3, em outubro de 1915, o jornal clamava ser «independente», ainda que os seus jornalistas fizessem parte do partido socialista ([41]).

Os interesses dos comerciantes e dos empregados foram defendidos pelo quinzenário. Sobre um concurso para a arrematação de géneros para os militares, o jornal criticava que «os governantes continuam a julgar que tudo isso é deles e que podem continuar a dispor dos nossos haveres e das nossas pessoas como se estivessem em pleno regime de absolutismo», disparava o n.º 9, de fevereiro de 1916. Para os empregados também havia espaço: «os patrões não compreendem que os empregados não são escravos», apelava *A Defesa* no n.º 4, em novembro de 1915.

*A Defesa* criticava o governo central pelo crescimento do défice, pela participação na guerra e pelos problemas de subsistência, e o governo local era acusado de nomeações a título do «seu humor», registava o n.º 6, de dezembro de 1915. A acumulação de cargos e ganhos «que prejudicam o erário público» foi denunciada a partir do professor que era também o veterinário municipal no n.º 11, em março de 1916. A fome e as cubatas como reflexo da miséria em São Tomé foi outro tema abordado por *A Defesa*. A «inércia» das autoridades, poesia e boatos sobre a vida política fizeram parte do jornal.

---

([40]) A impressão de 400 exemplares tinha o custo de 35 escudos; os anúncios davam um «máximo» de 10 escudos, o preço de cada jornal era de 10 escudos e, assim, «faltava» vender-se 300 jornais. *A Defesa*, n.º 1, setembro de 1915.

([41]) Supõe-se que os editores tenham cometido um erro na numeração do jornal, visto que reaparece com o número 5, em setembro de 1915, sai com o número 3, em outubro de 1915, e segue esta numeração a partir daí.

Ainda neste sector da imprensa, o semanário *A Desafronta*, dirigido pelo europeu Galino Marques, até então empregado no comércio e que lança o jornal para atacar o seu antigo patrão, João Alberto Xisto, «escravista, negreiro, cigano», anotava o n.º 1, em fevereiro de 1924. No n.º 5, em março de 1924, o artigo principal abordava o défice e os impostos em STP e relacionava-os com os problemas da cidade: caminho de ferro, estradas, saneamento. A campanha contra as lojas do mato, sem licença do conselho municipal, teve espaço em *A Desafronta*. A defesa da construção da Escola de Artes e Ofícios ganhou fôlego no jornal, visto que «os indígenas que vivem nas colónias portuguesas devem, sob a égide da bandeira verde e rubra, ser considerados portugueses [...] deve pois o governo considerá-los», observava o n.º 14, em maio de 1924.

A má situação das vilas de STP e a denúncia de irregularidades pelos administradores preocupou *A Desafronta*. A demissão do regedor da vila da Trindade foi reivindicada no n.º 40, em novembro de 1924. Além de praticar abusos administrativos, o dirigente era acusado de tentativa de suborno ao jornal para evitar as denúncias. Já na cidade de São Tomé, foi defendido o mandato de Frederico Leitão na comissão camarária.

Um dos colaboradores do semanário assinava como Juvenal e escrevia sobre os problemas dos africanos. No n.º 14, argumentava que a solução para o problema da mão de obra era que «as grandes sociedades, detentoras da terra que não podem tratar por falta de braços, entregassem a mesma, dividida em pequenas glebas e mediante renda justa, aos nativos, aos serviçais». Noutro texto critica o nativismo. «Nativismo! Para quê? E porquê? Não há diferença de raças, visto o sol cobrir a todos por igual», dizia o n.º 24, em julho de 1924. A última edição do jornal foi o n.º 82, de 3 de setembro de 1925. Neste anunciava-se que Galino Marques seria candidato a deputado nas eleições que iriam decorrer em novembro.

O segundo segmento da imprensa republicana foi o dos jornais africanos, propriedade dos nativos e defensores dos seus interesses. *Folha de Annuncios*, *A Verdade*, *A Liberdade* e *O Combate* constituíram a imprensa indígena em STP. «Os nativos desta ilha não têm outra ambição que não seja lutar pela liberdade, igualdade, fraternidade e pelo interesse moral e material da terra que os viu nascer», apresentava-se o *Folha de Annuncios, Semanário Político, Literário e Noticioso*, no n.º 1, em julho de 1911.

No n.º 3, a *Folha de Annuncios* passava a chamar-se *A Verdade, Semanário Democrático Independente para a Defesa dos Interesses da Província.* O jornal tinha como diretor e proprietário o nativo Ezequiel Pires dos Santos Ramos. As temáticas eram essencialmente políticas, como a discussão do futuro económico da província e as reivindicações para a população nativa no n.º 6, em agosto de 1911: «a crise económica de São Tomé e Príncipe resulta dos erros da administração [...] a população nativa está reduzida a miséria [...] o comércio paralisado e a agricultura dormente, os rendimentos públicos sobem mas a riqueza privada diminui». A destruição da Tipografia Africana levou ao fim do jornal em agosto de 1912, e os assalariados europeus foram acusados do seu empastelamento a mando do governador. Uma portaria provincial proibiu o jornal em setembro de 1912 (Espírito Santo, 2012, 129–130).

*A Liberdade* foi outro importante jornal africano, «Fundado por um grupo de naturais» e editado por Josué de Aguiar entre 1919 e 1923. O jornal relatava ter sido perseguido devido às suas denúncias contra o curador António Aguiar (n.º 19, maio de 1920), o que o levou a ser impresso em Luanda e depois em Lisboa. A defesa dos africanos, naturais e serviçais e a luta política contra a administração local foram os focos do semanário. Neste âmbito, destacou-se o problema das terras: «o alargamento das terras foi o modo mais comum de se roubar terras aos indígenas e aos angolares [...] as influências da monarquia passaram para a república e nada se fez para resolver as denúncias de roubo de terras e para reequilibrar a situação», denunciava o jornal no n.º 22, em dezembro de 1920.

No suplemento do n.º 24, em abril de 1921, o jornal acusava: «Em pleno século XX calcam-se os direitos dos povos, esmagam-se-lhes as legítimas aspirações de progresso e liberdade, espoliam-se-lhes as fazendas, exploram-se-lhes as energias em proveito duma oligarquia de traficantes e de bandoleiros sem escrúpulos e humanidade.» O artigo avisava de que se preparava a «deportação em massa» dos indígenas para se lhes roubar as terras e pedia uma sindicância contra o «riquíssimo roceiro» e governador Eduardo Nogueira Lemos.

*A Liberdade* refletiu a emergência dos ideais africanistas em STP ao divulgar a realização do Congresso Pan-Africano (1921, em Londres) e ao afirmar que, se lá estivesse, «iria protestar contra todos os sistemas de colonização das nações ditas civilizadas, porque elas são conduzidas por procedimentos de pressão com a brutal extinção das raças autóctones», anunciava o n.º 25, de setembro de 1921. Na mesma edição, a Junta de Defesa dos Direitos de África publicava um manifesto ao povo de STP no qual apresentava as suas lutas: nacionalização das colónias; revogação das leis de exceção; garantia da vida e das propriedades indígenas; liberdade de trabalho e abolição do servilismo; ensino obrigatório; criação de escolas; assistência às mulheres; remodelação da administração municipal e realização de eleições.

Uma campanha contra o curador-geral de STP, António Aguiar, foi promovida pelo jornal, que na edição n.º 20, de agosto de 1920, o acusava de «fazer favores atropelando a lei, de castigar os pobres polícias e serviçais sem o merecerem, de dar informações desfavoráveis, odiosas até, sobre requerimentos dos indígenas». Temas frequentes no jornal foram a polémica da demolição das casas precárias; as críticas às obras públicas e à ausência de informação sobre o destino dos recursos; e a nomeação de funcionários sem qualificações e com altos vencimentos. O administrador do concelho, Frederico Leitão, foi um alvo constante: «este prende e acorrenta cidadãos para condená-los a trabalhos públicos». As arbitrariedades do recenseamento eleitoral e a defesa do candidato Augusto Gamboa; a reorganização dos serviços postais; a proibição dos bailes; poesia satírica e notas ácidas sobre a cidade e as suas personagens foram conteúdos que fizeram de *A Liberdade* um retrato de STP.

Por fim, o efémero e ruidoso *O Combate* (1925). Propriedade do comerciante João Carragoso e tendo como redator principal o nativo

Augusto Gamboa, *O Combate, Jornal semanal defensor dos interesses públicos da província, dos oprimidos, sem distinção de cor, raça ou hierarquia*, durou apenas seis edições. Gamboa era nativo, defensor dos interesses africanos e crítico mordaz da administração da colónia. O jornal foi suspenso pelo governador Eugénio Soares Branco, em abril de 1925.

«O Combate, nasce para a luta; luta sem tréguas nem quartel contra o despotismo, contra a tirania [...] Defenderemos apenas a razão, o direito e a justiça segundo as nossas forças», apresentava-se o jornal no n.º 1, em março de 1925. A mesma edição denunciava o governador Soares Branco por só ter regressado de Lisboa «quando o seu salário foi duplicado». O jornal acusava os mandatários de não saberem governar: «É isso que os governadores não têm sabido fazer. Fiados com camarilhas para quem não há dinheiro que chegue.»

*O Combate* criticou a nomeação de Marinho Campos para negociar a mão de obra de Moçambique e de Angola para STP no n.º 2, em março de 1925. Segundo o jornal, tratava-se de um «favor», além dos «ordenados fabulosos». O artigo defendeu que «o recrutamento tem de ser feito por agentes de governo, para evitar que continuem as queixas dos negros». Os serviços e os dirigentes municipais eram atacados no n.º 3, em abril de 1925: «O presidente da câmara é omnipotente quando se trata de defender os seus amigos, o que faz com que a câmara não aplique as multas que deveria.»

Nos seus três últimos números, surgiu em *O Combate* a reivindicação da retomada das eleições camarárias. O n.º 4, em abril de 1925, denunciava um administrador de propriedade privada que era chefe de uma repartição pública «apenas uma vez por mês, no dia do pagamento». O n.º 6, última edição de *O Combate*, em 25 de abril de 1925, apontava a falta de interesse «como uma das consequências da nossa desunião, causa da péssima situação em que nós africanos nos encontramos hoje».

O terceiro sector da imprensa caracterizou-se por jornais que eram propriedade de europeus ligados ao poder político e económico e que suportavam o governo local. Foram estes *O Modesto*, *O Jornal* e *A Colónia*. Publicado entre 1920 e 1923, o semanário *O Modesto* afirmava as suas opções políticas, a exemplo da defesa do candidato Aprígio Augusto de Serra e Moura, diretor do jornal a partir de 1922, nas eleições de 1921. Este, num suplemento da edição n.º 24, de dezembro de 1921, procurava equilibrar os conflitos entre europeus e indígenas: «Nunca notei nem ouvi que eles tivessem quaisquer aspirações de independência, ou ódio contra os europeus, antes pelo contrário, os vi sempre muito honrados por terem nascido portugueses.»

Em *O Modesto* o governo local foi constantemente apoiado. O n.º 35, de abril de 1922, avisava de que «o governador da colónia está na metrópole com muito trabalho para promover o fomento» das ilhas. Ante as denúncias de outros jornais sobre as más condições do hospital, *O Modesto* fez uma visita ao estabelecimento e publicou um artigo elogioso considerando o hospital um «hotel» e reconhecendo o trabalho do governador Machado Boto no n.º 44, de julho de 1922. O governo na metrópole foi criticado por planear julgar os presos políticos nas colónias no n.º 35, de abril de 1922: «era só o que faltava, para que a vida aqui fosse um verdadeiro céu aberto [...] era esses prometedores moços a ensinarem os pretos como se fazem bombas».

O mesmo tom teve *O Jornal*, dirigido por Egydio Inso, responsável pela implantação dos serviços de agricultura de STP. Trimensal, o periódico trouxe muitos conteúdos sobre a agricultura e os problemas urbanos. No n.º 3 (novembro de 1922) criticava que «na colónia está tudo por fazer e não será com uns miseráveis patacos que tudo se fará [...] Tudo o que há é uma vergonha, uma miséria.» A coluna «Palavras d'um Patrão» era sintomática dos conflitos entre europeus, e a Associação dos Empregados do Comércio e da Agricultura era atacada no n.º 12, em fevereiro de 1923: «têm estatutos mas faltam-lhes ideias, diretrizes próprias e autónomas». *O Jornal* durou um ano, a última edição saiu em setembro de 1923, n.º 23, e justificava o seu fim pela partida de Egydio Inso para Lisboa. O texto de despedida notava que «O governo da colónia sempre o encontrou [Inso] a seu lado na defesa das belas causas, pela palavra escrita e falada».

*A Colónia, hebdomadário republicano*, saiu às ruas em 29 de setembro de 1923, defensor das elites europeias e dos seus interesses. Na altura do lançamento, o jornal tinha como diretor Castro Lopes Alpoim, representante da Liga Pró-Colónias nas ilhas. Em abril de 1924, José de Sousa Varela, curador-geral de STP, tornou-se diretor do jornal. Em junho do mesmo ano, a direção passou a ser de Ferreira da Cruz, que tinha sido exonerado como administrador do concelho de São Tomé e exercia funções como advogado e notário. Também foi dirigido por Penchy Levy, funcionário público que foi suspenso devido à instauração de um inquérito disciplinar, o que pode estar relacionado com o fim do jornal em setembro de 1925.

«Vimos defender também os interesses das várias classes que colocarem as suas pretensões numa legítima plana», comprometia-se *A Colónia* no n.º 1, em setembro de 1923. Para o jornal, a situação dos serviçais era privilegiada, como sublinhava a mesma edição: «Aqui o trabalhador indígena tem boa casa que a lei lhe manda dar, tem sadia e própria alimentação prescrita também na lei e ali perto onde trabalha tem o hospital.»

*A Colónia* foi um canal de suporte dos governos e das políticas locais. No n.º 3, de fevereiro de 1924, um artigo enaltecia as qualidades do governador Eugénio Soares Branco como «garantia» de que os problemas da colónia serão resolvidos. Apontada como «triunfo jornalístico» foi a entrevista ao governador, n.º 19, de junho de 1924, a quem «A Colónia agradece S. Exmª a sua deferência e afirma-lhe mais uma vez seu apoio leal, amigo e desinteressado». Embora os vencimentos dos funcionários tenham sido aumentados nas demais colónias, tal não se passou em STP e o jornal assegurou no n.º 24 (julho de 1924) que o governador «fez tudo o que estava ao seu alcance». No número especial de agosto de 1924, o jornal garantia ao «Sr. Governador da Província que conte connosco, para tudo».

Ao longo da República há registos do jornal *A Ilha de S. Tomé*, que editou oito números em 1910, e consta da coleção da Biblioteca Nacional de Portugal mas não está disponível pelo seu mau estado. O mesmo se passa com *A Voz de S. Tomé*, referido por cartas de leitores em *A Verdade*. Assinala-se também *O Jornal de S. Tomé, Defensor dos Interesses da Colónia*, quinzenário entre 1915 e 1916 e que editou 12 números, recebendo uma nota positiva em *A Defesa*: «o novo jornal pretende também combater as prepotências e abusos de que somos vítimas todos os dias» ([42]).

### *A imprensa em São Tomé e Príncipe na República*

No conjunto da imprensa, identifica-se a diversidade de papéis jornalísticos desempenhados no período republicano. Observa-se que em STP os jornais dos distintos grupos atuaram na fiscalização do poder público e privado através das denúncias sobre o uso do dinheiro público e do roubo de terras pelos roceiros; na reivindicação de políticas sociais e estruturais — casos da saúde, da energia e da habitação —; no debate sobre as políticas locais e nacionais; na exigência de eleições para as câmaras e das críticas aos projetos coloniais; na mediação entre governo e sociedade, vista a cobertura das ações do poder público; e na apresentação das crenças, ideologias e projetos dos grupos.

Observa-se o papel radical do jornalismo porque os jornais nativos reivindicavam a efetividade da cidadania dos ilhéus, a ampliação dos seus direitos, a revisão das políticas coloniais (inclusive com a defesa de ideais pan-africanos e da independência) e ao apresentarem-se como defensores dos serviçais. Os jornais africanos de STP contribuíram para a construção da identidade são-tomense e propagaram ideais que seriam retomados pelos nacionalistas a partir de 1960 (Mata, 1998, 37–38). Por fim, o papel colaborador também teve preeminência nesta época, visto que os jornais ligados aos europeus apoiaram os governos locais e o projeto colonial.

Em relação ao mercado, não se desenvolveu uma imprensa comercial, o que se explica pelo restrito número de leitores, pela

([42]) *A Defesa*, n.º 4, 10 de novembro de 1915.

predominância de um jornalismo político e pela estrutura económica do arquipélago. Com exceção de *A Defesa*, que anunciava uma tiragem de 400 exemplares, não há dados sobre a circulação dos jornais. Políticos, funcionários públicos, comerciantes e agricultores foram proprietários de periódicos.

A atividade jornalística esteve ligada à militância política, às crenças e ideologias da época e aos interesses dos grupos em conflito. O jornalismo era uma atividade de profissionais liberais, comerciantes, políticos e agricultores que não dependiam da imprensa para sobreviver. Os periódicos e os jornalistas proclamavam apresentar ideias e verdades, promover a defesa dos interesses da província e defender a justiça. Contudo, faziam-no de acordo com os grupos aos quais pertenciam. Na altura, não houve nenhum tipo de articulação entre os jornalistas ou entre os títulos em clubes ou associações.

Em STP foi forte o paralelismo entre a imprensa e o regime, com o jornalismo a acompanhar as tendências sociais. Embora os partidos políticos não estivessem organizados, a sociedade estava estruturada em forças ativas que se empenharam nas discussões ideológicas da sua época: pan-africanismo, colonialismo e socialismo. Além dos conteúdos e da propriedade, as conexões entre a imprensa e o governo também expressam o paralelismo político do período.

Apesar do acréscimo de liberdades, o Estado manteve intervenção significativa na imprensa em STP. O boletim oficial continuou a ser um importante meio de informação e os seus conteúdos estiveram na origem de notícias e polémicas nos jornais. Ao serem reproduzidos na Imprensa Nacional, alguns títulos mantinham a sua regularidade, enquanto outros sofriam atrasos. A censura também se fez sentir: «Conquanto não estejamos em guerra nem estejam suspensas as garantias, foi restabelecida a censura prévia nesta província», denunciava *A Desafronta* ([43]). *A Verdade* teve a sua tipografia destruída e foi suspensa em 1912. *A Liberdade* foi perseguida: «Depois de nos deceparem as mãos e nos cortarem a língua, então sim, podem

([43]) *A Desafronta*, n.º 40, 20 de novembro de 1924.

viver descansados, e a Europa inteira e a América toda não terão mais conhecimento do vosso esclavagismo» (n.º 21, setembro de 1920). Por fim, *O Combate* foi suspenso. Note-se que apenas os jornais africanos foram encerrados.

No período republicano, em São Tomé e Príncipe a imprensa apresentou as seguintes características: o jornalismo desempenhou o papel radical, monitor e colaborador; a imprensa teve um perfil político e não comercial, com a propriedade associada aos grupos sociais; a atividade jornalística esteve vinculada à militância política; o paralelismo político e a intervenção do Estado e do governo foram fortes.

## GUINÉ

«Hoje, 05 de Outubro de 1910, às onze horas da manhã, foi proclamada a república de Portugal», anunciava o boletim oficial no seu n.º 43, de outubro de 1910, no qual o novo governador, Carlos de Almeida Pereira, agradecia ao povo de Bolama a maneira «cativante» como tinha sido recebido. Grupos em Bissau e Bolama declararam-se partidários da República e, em 1911, constituíram-se comissões do Centro Republicano de Bissau e de Cacheu, do Partido Republicano Português em Bolama e das comissões municipais do mesmo partido em Bolama e Bissau.

Também na Guiné se manifestaram as dualidades do projeto colonial, e, além da resistência indígena à ocupação, a constituição da Liga Guineense, em 25 de dezembro de 1910, assinala os conflitos entre europeus e africanos. A organização assumia a defesa dos seus membros, propunha-se criar escolas e trabalhar para o progresso e o desenvolvimento da Guiné. Não há registo de que a Liga tenha reclamado a independência ou a autonomia do território. As reivindicações dirigiam-se à comunidade grumete organizada e, se a associação criticava o governador, não punha em causa a sua legitimidade. No entanto, a Liga esteve filiada no Partido Republicano Democrático e nas organizações africanas sediadas em Lisboa, e atacou a corrupção e os abusos de autoridade. Embora alguns membros criticassem as ações militares contra os africanos, em geral, a Liga Guineense apoiou o governador devido aos seus interesses económicos e ofereceu grumetes para as lutas de pacificação e conquista até 1913 (Fonseca e Oliveira, 1911; Fonseca, 1912; Pélissier, 1989; Mendy, 1994; Sousa, 2012). Deste modo, diferente do que se passou nas demais colónias portuguesas em África, na Guiné nem as elites africanas nem as organizações nativas desempenharam um papel forte de reivindicação e protesto.

Nesta altura, o boletim oficial continuava como o único canal de informação impressa na Guiné e os conflitos entre africanos e portugueses agravavam-se. José Teixeira Pinto foi o chefe do Estado-Maior entre 1913 e 1915 e o responsável pela «pacificação» da Guiné. «Achando-se há muito tempo em estado de rebelião os indígenas da Ilha de Bissau [...] É declarado o estado de sítio em toda a Ilha», anunciou o suplemento do boletim n.º 20, de maio de 1915. Teixeira Pinto exigia que os Papéis entregassem as suas armas e pagassem impostos. A Liga Guineense trabalhava no mesmo sentido e promoveu contactos com os régulos da ilha e com o governo e os militares, em março de 1915, para evitar a guerra. Contudo, as negociações falharam e os portugueses avançaram contra os Papéis e os Grumetes. O conflito estendeu-se a 20 julho e, em 16 de agosto de 1915, a Liga Guineense foi dissolvida pelo governador Oliveira Duque, devido à «insubordinação».

Os primeiros anos da República promoveram algum desenvolvimento na Guiné, com a melhoria das comunicações e o acréscimo de obras públicas; além dos concelhos de Bolama e Bissau, havia nove circunscrições civis. O *Ecos da Guiné, Quinzenário Independente Defensor dos Interesses da Província*, saiu em Bolama no dia 2 de janeiro de 1920. Propriedade da empresa Ecos da Guiné, foi dirigido por José Joaquim Curvo Semedo e tinha como editor Carlos Valentim Mendes, diretor da Imprensa Nacional. O jornal foi iniciativa de funcionários públicos europeus e era reproduzido na tipografia do Estado, porém, não sobreviveu ao primeiro trimestre de 1920. *A Voz da Guiné*, em 1922, escrevia que o *Ecos da Guiné* «quase que morreu a nascença, porque a verdade é que, para viver, teria que se sujeitar a imposições do governo».

«Levar longe o conhecimento do nosso mercado [...] inspeccionar todos os ramos de administração pública para que as leis se cumpram integralmente como nelas se contêm, combater as infracções, defender a justiça e o direito» eram os fins do jornal, assumidos no seu n.º 1. A mesma edição garantia que as colunas do periódico estavam abertas a todas «as consciências limpas», desde que houvesse «parcimónia, e nunca visando questões políticas». O n.º 4 do *Ecos da Guiné* sublinhava que «pusemos de parte todos os intuitos mercantilistas que acaso pudessem haver numa empresa jornalística». Na edição n.º 7, último número do jornal, dizia que estava a trabalhar em prol da colónia, todavia, «não tem sido assim compreendido o nosso fim».

«Porque isto não caminha» foi uma das colunas do *Ecos da Guiné*, a qual, no n.º 1, abordava o problema da instabilidade dos governadores como resultado da «trica» política. No n.º 3, a coluna observava que «O Ministério das Colónias tem muitos afilhados que contentar [...] Para se mascarar um pouco essa padrinhagem, mandam-nos prestar serviços nas colónias.» A edição n.º 4 publicou uma carta ao ministro das Colónias, apontando que o estado da Guiné não permitia uma «categoria na escala da civilização». O n.º 6 voltava à carga, reclamando que o plano de fomento «há largo tempo demora pelo Ministério das Colónias, certamente esquecido».

Sobre os problemas de Bolama, o n.º 1 criticava a falta de higiene e o n.º 2 tratava da questão da água. A mesma edição assinalava a sua «estranheza» por ter sido nomeado administrador de Bolama quem não cumpria os requisitos da carta orgânica. Na sua curta vida, o *Ecos da Guiné* tratou de diversos temas sociais, entre eles: a situação dos funcionários públicos; a fome em Bolama; a falta de transporte marítimo; o regime de trabalho de oito horas; o custo das rendas e a falta de moradias em Bissau e Bolama.

Em 6 de abril de 1922 saiu o n.º 1 de *A Voz da Guiné*, *Quinzenário Republicano Independente*. O jornal tinha como editor Rui Carrington

S. da Costa e como redator principal José Lourenço da Conceição Leitão, presidente da comissão municipal de Bolama, e também foi reproduzido na Imprensa Nacional. Efémero, foram publicados apenas 11 números. O n.º 1 declarava que «Não nos movem intuitos polemistas nem nos apaixonam as lutas partidárias».

O jornal foi fiel ao governador e o n.º 5 sublinhava como «falsos» os ataques que lhe eram feitos: «Sua Exmª não faz guerra aos pretos, nem aos cabo-verdianos [...] quer que nela [na província] se acentue, de vez, o domínio português que tão abalado está.» No n.º 7, em junho de 1922, quando das comemorações públicas do primeiro ano de governo de Velez Caroço, o jornal assumiu que «*A Voz da Guiné* defende, é verdade, a política do governo, mas defende-a porque tem encontrado nessa política uma política honesta e com fim útil à província: o seu saneamento». A retomada das eleições municipais foi saudada no n.º 11, «mais uma tradição inaugurada pelo governador [...] Na Guiné as câmaras municipais tinham uma vida incerta.» Um suplemento ao n.º 11, última edição conhecida do jornal, defende Velez Caroço dos ataques que lhe são feitos a partir de Lisboa: «O "chonchismo" tenta promover em Lisboa uma campanha contra a patriótica obra de sua Exmª o Governador [...] Nada consegue, porém.»

Embora apoiasse o governo, *A Voz da Guiné* não deixou de apontar os problemas do território. No n.º 2 relatava que «a Guiné não tem dinheiro, não tem funcionários, não tem instrução, não tem navegação». A jornada de oito horas e o descanso semanal; os problemas estruturais de Bolama; a prostituição; o trabalho indígena; a educação; o custo de vida; e o transporte foram outros temas abordados pelo quinzenário. Porém, em relação aos africanos, o jornal foi conservador: «Ensine-se-lhe o manejo da charrua e do arado [...] obrigando-os a trabalhar e castigando-os de forma a que esse castigo seja mais moral do que físico.»

Em 17 de agosto de 1924, em Bissau, saiu o n.º 1 do *Pró-Guiné, Órgão do Partido Republicano Democrático*, que tinha como proprietário, editor e redator principal Francisco da Veiga. Reproduzido na Imprensa Nacional, propunha-se quinzenário, porém editou apenas quatro números. O n.º 1 explicava os objetivos do jornal:

> defender os interesses da pátria e da república [...] Não faltará quem diga, porque os maldizentes são muitos, como já disseram de *A Voz da Guiné*, falsamente, que o *Pró-Guiné* será um caudatário do Palácio do Governo e receberá dali inspiração para se conduzir. Não seria desdouro para nós que assim sucedesse, actualmente, porque à testa da administração superior da Província está um homem honesto, digno e pundenoroso [Velez Caroço].

Facto é que o *Pró-Guiné* nunca criticou o governador, pelo contrário, apenas lhe fez elogios.

O jornal afirmava estarem à frente das administrações municipais «homens de prestígio» e requeria melhoramentos nas infraestruturas. O problema do transporte marítimo continuava na agenda, «mas o governador tem feito todos os esforços para resolver a situação». As crises alimentares de Cabo Verde e a falta de mantimentos na Guiné foram outro tema do *Pró-Guiné*, que acusava os Cabo-verdianos de serem os responsáveis pelos altos preços dos alimentos (n.º 2). A propósito de um artigo «antipatriótico» publicado na *Gazeta das Colónias*, o *Pró-Guiné* respondia que a Guiné «é muito fértil e causa pena vê-la sem qualquer progresso agrícola [...] há concessões de terrenos mas estes não são explorados» ([44]).

O n.º 4 anunciava a rearticulação da Câmara do Comércio de Bissau: «A mais poderosa força da província, causa da produção gentílica e do consumo burocrático, a única fonte de civilização colonial, o suporte isolado em que se apoia toda a organização estadual da província.» A última edição conhecida do *Pró-Guiné* é de 25 de dezembro de 1924, número dedicado ao IV centenário da morte de Vasco da Gama.

---

([44]) Jornal publicado em Lisboa, *Gazeta das Colónias: semanário de propaganda e defesa das colónias*, 1924–26 (Lisboa: Oliveira Tavares Editor).

No final da década de 1920, a Guiné tinha avançado na urbanização, embora os serviços sociais permanecessem mínimos. No campo económico, a agricultura e o comércio persistiam como dominantes, existiam poucas companhias de exploração europeias e todas sofriam dificuldades financeiras. Do ponto de vista industrial não se conhecem iniciativas. Depois da Primeira Guerra, a Alemanha voltou a dominar o comércio.

### *A imprensa na Guiné na República*

20 anos após a implantação do boletim oficial, apareceu na Guiné o primeiro jornal não oficial, o *Ecos da Guiné*. Contudo, a imprensa não se consolidou e não surgiram títulos com distintas orientações políticas, como aconteceu nas demais colónias portuguesas em África. A fraqueza das elites na Guiné, o incipiente desenvolvimento económico e social da colónia e o prolongamento das guerras de «pacificação» ao longo da República permaneceram como fatores que inibiram o surgimento de uma imprensa política que representasse os grupos sociais em conflito.

A efemeridade e o apoio ao governo local são as características mais salientes da imprensa da época. Os três jornais foram iniciativas de funcionários públicos, pequenos comerciantes e políticos locais que dependiam da Imprensa Nacional para reproduzir os periódicos. Os vínculos profissionais, políticos e económicos que ligavam os fundadores dos jornais ao governo colonial explicam o suporte que os três títulos deram aos governadores, ainda que apontassem as deficiências no desenvolvimento da Guiné e reivindicassem maior protagonismo do governo metropolitano. Deste modo, o papel jornalístico colaborador preponderou. Todavia, nota-se que o *Ecos da Guiné* procurou exercer o papel monitor, com críticas ao poder público e privado, mas, como indicou *A Voz da Guiné*, tal levou ao seu fim precoce.

Durante a República, também não apareceu na Guiné um jornal africano que defendesse os interesses dos povos nativos, como aconteceu nas demais colónias portuguesas em África. As relações da Liga Guineense com o governo e a sua dissolução precoce dificultaram o protagonismo da organização. Na Guiné, o desenvolvimento de uma elite africana foi incipiente, e, como se viu, foi este grupo — em geral educado, com postos na administração pública ou propriedades comerciais e agrícolas, e articulado em organizações africanas e republicanas — que promoveu os jornais africanos que desempenharam um papel jornalístico radical nas outras colónias na Monarquia e na República.

Diferente das restantes colónias africanas, a imprensa na Guiné emergiu apenas ao longo da República. Porém, a efemeridade e a escassez de títulos e de orientações editoriais indicam que a imprensa não se consolidou na Guiné. Se nas outras colónias a imprensa não teve carácter comercial, na Guiné nem sequer se afirmou como espaço de discussão, reivindicação e negociação política. A propriedade da imprensa esteve ligada apenas às elites portuguesas, mas estas não foram capazes de consolidar os seus jornais e torná-los canais de discussão. Note-se que na Guiné a primeira loja da maçonaria surgiu em 1922, e que esta organização foi importante na criação de jornais nas restantes colónias portuguesas, o que pode estar associado ao aparecimento tardio da imprensa ([45]).

O Estado teve uma intervenção forte na imprensa e dele dependeu a impressão dos jornais, e, quando a imprensa ensaiava a crítica à administração, os títulos deixavam de existir. Os indicadores apontam para o controlo dos conteúdos pelo governador. É difícil aplicar a dimensão do paralelismo político na Guiné, porque não houve diversidade e pluralidade na imprensa, e esta representou apenas os interesses dos governos da colónia. A ausência de indicadores e a incipiência da imprensa na Guiné dificultam a análise da dimensão profissional. Contudo, sabe-se que os jornalistas eram funcionários públicos, políticos e comerciantes; não dependiam de rendimentos

---

([45]) Sobre a maçonaria, ver A. H. de Oliveira Marques, *Dicionário de Maçonaria Portuguesa*, vol. 1 (Lisboa: Editorial Delta, 1986), 723.

financeiros da atividade jornalística e atuavam como advogados do governo local.

Na Guiné, durante a Primeira República, sobressai a emergência da imprensa não oficial, embora esta não se consolide; a ausência da imprensa africana; o exercício do jornalismo colaborador; o perfil político da imprensa; a atividade jornalística associada à atuação política e à defesa do programa colonial; o paralelismo político numa única direção, de suporte ao governo; e a forte intervenção do Estado.

## A radicalização da imprensa na África Portuguesa durante a República

A Primeira República não «compreendeu a necessidade do sufrágio universal ou do Estado Social» (Matos, 2010, 135). Estado e governo não conseguiram promover a modernização de Portugal ou dos territórios africanos e as reformas administrativas não obtiveram sucesso. No pós-Primeira Guerra, além de não se terem resolvido as questões do regime e da religião, agravaram-se os problemas sociais e instalou-se a crise financeira. Ainda que os direitos políticos se tenham ampliado e o regime parlamentar consolidado durante a República, tal não significou a democratização.

A República caracterizou-se por um regime frágil, que teve como base a conquista e a manutenção do poder pelo Partido Democrático. Tal estratégia dependeu da marginalização dos partidos conservadores, da manutenção de relações com o movimento operário, da passividade do mundo rural, da vigilância e contenção do Exército e da conquista de um apoio mínimo de Inglaterra. Na perspetiva de Telo, o período republicano inseriu-se na crise de transição de uma democracia liberal elitista para uma democracia de massas e urbana, entre 1890 e 1930, transição que foi interrompida, primeiro pela ditadura e depois pelo Estado Novo. Nesta ótica, o «problema» foi a ausência de condições sociais, económicas e de mentalidade, características das democracias de massa, em Portugal no começo do século XX (Telo, 1999, 12–15).

O liberalismo republicano foi derrubado por um Exército dividido e politizado, que sofreu apelos golpistas no seu interior de diversos quadrantes: dos republicanos conservadores, dos católicos-sociais e da extrema-direita integralista. A queda da República deu-se no âmbito das relações civis-militares, no contexto de uma crise de legitimidade na qual um golpe militar cooptou parte da elite política liberal e a oposição, e excluiu do poder o partido dominante (Pinto, 1999, 41–42).

Alexandre (1993) assinala a «incapacidade» da Primeira República de desenvolver uma política colonial coerente como fator decisivo para o golpe de 28 de maio de 1926. O autor sublinha a crise da economia colonial a partir de meados da década de 1920, as pressões internacionais sobre os territórios ultramarinos portugueses (que ameaçavam a integridade do império) e o descontentamento entre as elites coloniais (que desejavam afirmação e autonomia em relação à metrópole) como razões para o «sobressalto nacionalista» e o surgimento de um movimento em defesa das colónias.

Para o ultramar, a República não teve um programa efetivo, e as medidas ensaiadas nesta fase acabaram por ser incipientes. O balanço da República nas colónias demonstra que não houve mudanças profundas na África Portuguesa: o debate sobre o regime de autogoverno propagado por alguns sectores coloniais não evoluiu e a autonomia foi limitada, com o poder concentrado nos governadores e altos-comissários; no campo económico, a dependência dos interesses coloniais portugueses em relação ao imperialismo britânico não se alterou e a metrópole não renunciou ao regime protecionista que poderia desenvolver a burguesia colonial (Oliveira, 2011, 303). O legado imperial da República para a ditadura foi significativo no plano teórico e legal, visto que originou a «Ideia Colonial», um movimento com novas dinâmicas administrativas e de forte teor nacionalista para o desenvolvimento económico de África (Wheeler, 1999, 163).

A instabilidade política da República, com 45 governos em 16 anos, afetou as políticas metropolitanas para o ultramar. Como os jornais da África Portuguesa assinalaram durante todo o período, a «trica política» da metrópole interferiu na administração das colónias, onde foram inúmeros os governadores-gerais e altos-comissários. Em Cabo Verde e na Guiné, cada um dos territórios teve dez governadores-gerais; em São Tomé e Príncipe houve 29 governos; em Angola, 11 governadores-gerais e quatro altos-comissários; e em Moçambique, 11 governadores-gerais e três altos-comissários.

As expectativas dos colonos europeus e das elites nativas não foram cumpridas pela República, que também não trouxe melhorias à população africana. A maioria dos colonos foi afetada pela constante instabilidade económica, pela descontinuidade das políticas infraestruturais e sociais, e manteve uma participação política limitada. Por sua vez, as elites africanas permaneceram afastadas da administração, continuaram a perder terras e apartadas das principais atividades económicas. Quanto à população africana, as suas condições de vida não mudaram: persistiu o trabalho forçado, continuaram os abusos dos patrões e das autoridades coloniais, a espoliação das terras e os impostos persistiram, além do seu estatuto «indígena», que a excluía dos direitos de cidadania. Aliás, foi no período republicano que se intensificaram as denúncias de trabalho «escravo» na África Portuguesa, a exemplo dos trabalhos de John H. Harris (1913) e de Edward Ross (1925), o que aumentou a pressão internacional sobre Portugal ([46]).

## *Dinâmicas do jornalismo*

A imprensa dos territórios africanos fez uma narrativa fiel do período republicano, acompanhou os principais acontecimentos da época e retratou os projetos e conflitos das forças sociais. No campo

([46]) Sobre o trabalho escravo nas colónias portuguesas em África, ver J. H. Harris, *Portuguese Slavery*, (Londres: Methuen & Co., 1913); E. A. Ross, *Report on Employment of Native Labor in Portuguese Africa* (Nova Iorque: The Abbott Press, 1925). Para a análise histórica da «missão civilizadora» do colonialismo português, nas dinâmicas relativas ao trabalho, à educação e às missões religiosas, ver M. B. Jerónimo, *Livros Brancos, Almas Negras: A «missão civilizadora» do colonialismo português c. 1870–1930* (Lisboa: Imprensa de Ciências Sociais, 2010).

estrito da política, os temas centrais foram a autonomia e a descentralização, as eleições para o parlamento e para as câmaras, a questão dos conselhos legislativos, as nomeações dos governadores-gerais e dos altos-comissários e os seus programas de governo, e as diretivas da metrópole para o ultramar. No âmbito económico, preponderaram os temas do orçamento, do crédito para os colonos, da atuação do BNU, dos investimentos privados (portugueses e estrangeiros), das políticas de incentivo ao sector agrícola, comercial e industrial, do custo de vida e dos aspetos monetários. A questão do trabalho indígena foi tema prioritário na agenda da imprensa: enquanto os colonos europeus reivindicavam «facilidades» no recrutamento, os grupos africanos condenavam o trabalho forçado e os abusos cometidos contra a população indígena. Nas questões infraestruturais ganharam relevo os seguintes problemas: as comunicações e os transportes; a urbanização das cidades, com foco na energia e no saneamento; e a instalação de serviços públicos diversos, com destaque para a saúde e a educação. A mobilização social também esteve na agenda, a exemplo das revoltas indígenas e da sua supressão; das greves dos funcionários públicos e comerciantes; e das atividades das organizações sociais e políticas. Ainda, os temas internacionais começaram a ganhar destaque na imprensa, o que se deveu à ligação das colónias ao cabo submarino e às agências noticiosas. Constata-se a semelhança temática dos conteúdos abordados pela imprensa nos cinco territórios africanos, ainda que os conteúdos noticiosos e de opinião tivessem foco local e ganhassem contornos específicos.

O papel colaborador foi desempenhado pelo jornalismo em toda a África Portuguesa, com sectores da imprensa a apoiar o projeto colonial e os governos locais, ainda que fossem críticos de algumas políticas e práticas metropolitanas. A colaboração também esteve associada às dinâmicas entre imprensa, governo e interesses socioeconómicos dos principais grupos, a exemplo da burguesia colonial em Angola, do capital estrangeiro em Moçambique, e dos proprietários de terras em São Tomé e Príncipe. Cabe destacar o caso da Guiné, no qual a colaboração foi o único papel efetivamente desempenhado pela imprensa.

O papel jornalístico monitor foi levado a cabo por diversos sectores da imprensa. Em Cabo Verde, Angola, Moçambique e São Tomé e Príncipe, houve monitoria das ações do poder público, com denúncias da corrupção e dos favorecimentos cometidos pelas administrações. O acompanhamento do sector privado foi relevante, com a imprensa a fiscalizar, por exemplo, as concessões de carvão em Cabo Verde, os negócios do BNU em Angola, as atividades das companhias de exploração em Moçambique, e as benesses para os roceiros de São Tomé e Príncipe. As notícias sobre os programas e ações dos governos, a intermediar instituições e sociedade, também caracterizam a prática monitora, assim como a abordagem das deficiências infraestruturais e de serviços nos espaços urbanos e rurais. A reivindicação de participação política pelos diversos grupos sociais também é característica deste papel jornalístico.

Em Cabo Verde, Moçambique e São Tomé e Príncipe, o exercício de um jornalismo radical destacou-se no período republicano. Os jornais dos grupos africanos, ou a estes associados, foram os protagonistas de uma imprensa reivindicativa de transformações estruturais nas políticas indígenas, de cidadania para os africanos e da sua inclusão económica e sociopolítica. Através do jornalismo também se propagou a independência dos territórios, o fim do colonialismo e/ou a sua reorientação, a «libertação» dos povos africanos, o pan-africanismo e o socialismo. Quer os tópicos quer a agenda da imprensa, no contexto do projeto colonial, revelam a radicalização do jornalismo. Em Angola, o jornalismo radical foi pontual e incipiente, o que se explica pela fraqueza do jornalismo africano, por sua vez afetado pela perseguição dos governos aos grupos nativos, com o seu consequente enfraquecimento e desarticulação. Na Guiné, não houve nenhuma manifestação de jornalismo radical e não existiu a imprensa africana, o que se deveu à fraqueza das elites nativas e ao encerramento da Liga Guineense pelo governo ([47]).

---

([47]) Numa breve análise comparada sobre jornalismo e literatura em Angola, Cabo Verde e Moçambique, Macêdo conclui que o jornalismo, a literatura e a

Em todos os territórios, a propriedade dos títulos esteve vinculada às forças sociais e políticas. Os partidos, as organizações africanas, as associações patronais e de trabalhadores, os funcionários públicos e os grupos económicos concentraram a propriedade da imprensa. O público manteve-se restrito às elites. Contudo, o aumento das tiragens indica a sua ampliação, o que resultou do maior número de colonos e de africanos alfabetizados e do crescimento dos espaços urbanos. A imprensa continuou a ter um perfil político e não comercial, o que se evidenciou sobretudo pelos conteúdos dos jornais. A regionalização da imprensa prosseguiu nesta fase, com títulos a surgir nas distintas ilhas de Cabo Verde e nos diversos espaços urbanos de Angola e Moçambique. No entanto, os periódicos foram efémeros, o que se explica pela repressão dos governos, no caso dos jornais de oposição, e pelas dificuldades económicas enfrentadas pelos títulos. Entretanto, também se observa a contínua emergência de novos jornais, alguns dos quais irão manter-se ao longo do Estado Novo em Angola e Moçambique. É este cenário que evidencia a primeira proposição sobre a imprensa no período republicano, a sua consolidação enquanto espaço privilegiado do debate público em Cabo Verde, Angola, Moçambique e São Tomé e Príncipe. Embora tardiamente em relação às demais colónias, a imprensa não oficial emergiu na Guiné. Porém, não se consolidou, o que se verifica pela efemeridade dos títulos e por não existirem jornais com orientações editoriais distintas. A não consolidação da imprensa na Guiné deve-se à fraqueza das elites locais, ao incipiente desenvolvimento económico do território e à interferência dos governos, que não admitiam críticas ou divergências quanto às suas políticas.

Predominou e reforçou-se durante a República a relação entre a atividade jornalística e a militância política. Os que exerciam o

---

política «foram as frentes de oposição ao colonialismo português durante o século XIX e inícios do século XX nas então colónias portuguesas em África (guardadas aqui as diferenças de calendário de território para território)». T. Macêdo, «As literaturas africanas e o jornalismo no período colonial», *Maka — Revista de Literatura & Artes*, vol I, ano I, n.º 1 (2010): 71–83.

jornalismo continuaram a advogar as causas dos grupos aos quais pertenciam. E, assim, as lideranças nativas reclamaram os interesses africanos, os dirigentes partidários defenderam os seus governos, os proprietários lutaram pelos seus interesses económicos, e os funcionários públicos e os operários reivindicaram melhorias nas suas condições de trabalho. O jornalismo continuou a não ser uma atividade económica e, na maioria dos casos, não foi desempenhada com exclusividade e não providenciou rendimentos financeiros. Porém, em Cabo Verde, Angola e Moçambique, pontualmente, apareceram alguns jornalistas que trabalharam em diversos títulos, o que aponta para o princípio da profissionalização da atividade, resultando também da consolidação da imprensa. Visto que os jornalistas atuavam nos jornais dos grupos aos quais pertenciam e advogavam as suas causas, conceitos como autonomia ou instrumentalização dos jornalistas são inadequados, e o jornalismo afirmou-se como atividade política na África Portuguesa. Assim, também critérios como «imparcialidade» ou «neutralidade» não se aplicam neste contexto. Por fim, a profissionalização dos jornalistas nas colónias foi incipiente, e não há indícios de organização associativa. Em Portugal, em 1880, há registo da Associação dos Jornalistas e Escritores Portugueses, em Lisboa; em 1882, da Associação dos Jornalistas e Homens de Letras do Porto; em 1896, surgiu a Associação dos Jornalistas de Lisboa; em 1904, apareceu a Associação de Classe dos Trabalhadores da Imprensa. Precedeu a organização sindical a criação da Casa dos Jornalistas, em 1921, e assinalam-se atividades do Sindicato dos Profissionais da Imprensa de Lisboa desde 1924, e da Associação dos Jornalistas do Porto desde 1925. No entanto, não há sinais de que estas associações interagissem com os jornalistas das colónias africanas. Ainda, a Associação da Imprensa Portuguesa surgiu em 1898, mas nas colónias africanas continuaram ausentes as organizações de jornais ou de proprietários da imprensa ([48]).

---

([48]) A respeito do processo de profissionalização dos jornalistas entre o século XIX e XX, assinala-se o estudo de I. N. Vargues, «A afirmação da profissão de

Os conteúdos e a diversidade de orientações editoriais, a propriedade dos títulos e o jornalismo associado à militância política, e a coexistência de jornais que apoiavam ou atacavam os governos e suportavam ou criticavam o projeto colonial são reveladores do forte paralelismo político entre a imprensa e as forças sociais em Cabo Verde, Angola, Moçambique e São Tomé e Príncipe. A Guiné é a exceção neste cenário, visto que nunca existiu mais de um jornal e, logo, não houve representação das distintas forças sociais através do jornalismo. Porém, observa-se na imprensa da Guiné um paralelismo político de direção única, na qual a imprensa apoia sempre o governo e o projeto colonial.

O conjunto dos indicadores precedentes e o intenso paralelismo político ao longo da República permitem outras duas asserções sobre a imprensa neste período. Primeira, a imprensa e o jornalismo consagraram-se como palco privilegiado das lutas políticas entre as forças sociais da África Portuguesa. Os principais sectores sociais, com interesses económicos e políticos, mantiveram jornais através dos quais procuraram influenciar os governos e a sociedade e obter apoios para a realização da sua agenda. Simultaneamente, os títulos promoveram o confronto com os grupos adversários, que também tinham os seus próprios jornais. Tais conflitos deram-se em múltiplas direções: interesses económicos e políticos contra ou a favor dos governos, empregados e funcionários contra patrões e governos, governos a confrontar os distintos grupos, colonos contra africanos, e africanos contra colonos, governos e projeto colonial. E, em decorrência destas características e conflitos, faz-se a segunda constatação sobre esta fase, a imprensa traduziu e confrontou as dualidades do projeto colonial, o que se evidencia pela importância do jornalismo radical e da imprensa africana em Cabo Verde, Moçambique e São Tomé. No caso de Angola, a resistência às dualidades coloniais e o confronto com as mesmas pelos africanos foram fortemente suprimidos, o que enfraqueceu o desempenho do jornalismo.

---

jornalista em Portugal: Um poder entre poderes?», *Revista da História das Ideias*, vol. 24 (2003): 157–75.

A legislação da República sobre a imprensa foi liberal na maior parte do período. Logo em 10 de outubro de 1910 foi revogada a lei repressiva de 1907 do governo monárquico. Em 28 de outubro do mesmo ano foi publicada a primeira lei de imprensa, e a Constituição de 1911 referendou a liberdade de publicar sem caução, censura ou autorização prévia. Porém, em 1912, foram promulgados decretos que permitiam a apreensão de impressos que atentassem contra a ordem pública. Em 1913, foi determinado o registo das publicações periódicas e, em 1914, com o início da Guerra, ficou proibida a publicação de notícias sobre as Forças Armadas que não tivessem origem oficial. Em 16 de março de 1916, através do decreto n.º 2270, foi permitida a apreensão dos escritos que pudessem causar prejuízos ao Estado, que ofendessem o regime, a nação e as suas lideranças. Seguiu-se, em 28 de março, a lei n.º 495, que estabeleceu a censura prévia em razão da Guerra, lei que se estendeu às colónias com o decreto n.º 2538, de 31 de julho. Em dezembro de 1917, o governo de Sidónio revogou as medidas contra a livre publicação de jornais. Contudo, logo publicou novos decretos que reprimiam a liberdade de imprensa. Em janeiro de 1918, foi aprovada a suspensão dos jornais que perturbassem a segurança pública. Em abril, a censura foi reposta de acordo com as leis de 1912 e 1916. Finalmente, em fevereiro de 1919, a censura deixou de ser exercida e, em março, voltou a vigorar a legislação de imprensa dos primeiros anos do regime republicano. Por fim, um decreto de dezembro de 1924 previu a criação da carteira de identidade dos profissionais da imprensa (Franco, 1993, 35–64).

O decreto que estendeu a censura às colónias deu poder aos governadores para a adaptarem aos territórios. Como se viu, os governadores abusaram da censura em todas as colónias e não limitaram o seu fim aos temas da Guerra. Pelo contrário, como denunciado pelos jornais, os governos usaram a censura para reprimir a imprensa que contrariava os seus intentos, que se opunha às suas políticas e que lhe criticava os atos. A perseguição — aos jornais, aos jornalistas e às organizações civis — foi intensa no período republicano nas colónias, e os periódicos e as organizações africanas foram as suas principais vítimas. Processos judiciais, multas, suspensões, apreensões e a destruição de tipografias estiveram no rol das estratégias dos governos para calar a imprensa de oposição.

Ainda na esfera da intervenção do Estado e dos governos sobre a imprensa, os boletins oficiais continuaram a ser usados como meios de propagação das políticas e dos interesses do império. Os governos persistiram nas práticas de subsidiar a criação de jornais e a sua existência, além de terem influenciado os conteúdos jornalísticos através dos periódicos que os apoiavam, numa teia de relações que envolvia os jornais, o governo e o sector privado. Ou seja, a intervenção do Estado e dos governos sobre a imprensa manteve-se forte.

### *O perfil radical da imprensa*

No período de 16 anos da Primeira República, nas relações entre a imprensa e o império colonial na África Portuguesa, destacam-se os seguintes fatores: a imprensa consolidou-se como espaço privilegiado do debate público; consagrou-se como plataforma das lutas políticas entre as forças sociais; e traduziu e confrontou as dualidades do projeto colonial. O sistema de imprensa apresentou as seguintes características: o jornalismo desempenhou os papéis monitor, radical e colaborador, típicos dos regimes liberais; a imprensa manteve um perfil político e não comercial; a propriedade dos títulos esteve vinculada às forças políticas; a atividade jornalística esteve associada à militância política; o paralelismo entre a imprensa e as forças políticas reforçou-se; e a intervenção do Estado e dos governos foi forte.

# Parte III
# A Imprensa no Estado Novo

Até meados da década de 1930, a imprensa na África Portuguesa conseguiu desempenhar um papel moderado de crítica e reivindicação, apesar da Ditadura Militar, das restrições da nova legislação de imprensa e do regresso da censura. No entanto, com a emergência do Estado Novo e a sua consolidação ao longo da década de 1930, a imprensa foi forçada a alinhar-se com o regime. A partir de 1940, a instrumentalização da imprensa tornou-se na regra, com o jornalismo a servir o governo autoritário através da propagação da sua ideologia, políticas e práticas nos cinco territórios da África Portuguesa. Ao longo do Estado Novo, a imprensa manteve-se como uma instituição política, ainda que despolitizada nos seus conteúdos, e a representar uma única força social, o regime e os seus governos. Para se analisar as relações entre a imprensa, o regime e a ação colonial durante o Estado Novo, na primeira parte deste capítulo acompanha-se as principais linhas políticas do Estado autoritário e as suas consequências nas colónias africanas. Num segundo momento, segue-se o desenvolvimento da imprensa no seu contexto sociopolítico em cada uma das colónias. Na terceira parte, faz-se uma análise comparada da imprensa na África Portuguesa no Estado Novo e avança-se proposições sobre o período.

## O Estado Novo e o império colonial africano

### *A emergência do regime autoritário*

A crise de legitimidade e representatividade do regime republicano (com a restrição do direito à participação política e a distorção do sistema partidário); a disfunção do sistema institucional, com a incapacidade de reforma do parlamento; a ausência de uma política económico-social que controlasse a oligarquia financeira; a rearticulação do campo conservador no sentido de uma solução ditatorial; o reforço do sector militar, com fortes laços aos partidos políticos; a desconfiança das elites intelectuais; o vazio ideológico dos partidos republicanos; a luta pelo poder entre partidos e a sua porosidade aos interesses oligárquicos; o controlo da imprensa pelos grupos conservadores; e a propaganda da solução ditatorial entre a opinião pública foram os fatores de ordem político-cultural que levaram ao golpe de 28 de maio de 1926 na ótica de Reis (2009, 569–82).

A revolta de oficiais que instituiu a Ditadura Militar recebeu a simpatia dos diversos partidos políticos, visto que desestruturava o Partido Democrático e o seu controlo do governo. Porém, as sanções administrativas, as prisões e deportações e o aniquilamento dos partidos acabou com as ilusões. Em 1926–28, período da ditadura militar pura, as Forças Armadas purgaram o aparelho político-administrativo e a situação financeira agravou-se. Daqui resultaram as reformas orçamental, monetária e de crédito de António de Oliveira Salazar, que até 1930 consolidou a sua posição no poder como técnico e dirigente político ([49]).

As primeiras tentativas de definir a forma institucional da república autoritária corporativa deram-se em 1930, o que incluiu a criação

([49]) Sobre as relações entre política e economia no período entre 1928 e 1932, que permitiram a Salazar reorganizar a situação financeira do país e contribuíram para a consolidação do regime autoritário, é relevante o estudo de A. J. Telo, «A obra financeira de Salazar: a "ditadura financeira" como caminho para a unidade política, 1928–1932», *Análise Social*, XXIX, n.º 128 (1994): 779–800.

da União Nacional (UN). Para se demarcar da Ditadura Militar e aproveitar o entusiasmo nacionalista, Salazar publicou nesta altura a legislação do Estado Novo, o Ato Colonial em 1930, a nova Constituição e o Estatuto Nacional do Trabalho em 1933. O «ethos» da Constituição era «absolutamente antiliberal, antiparlamentar, antidemocrático», e o documento sofreu poucas alterações ao longo do tempo, todas no sentido autoritário (Martins, 2006 [1968], 32).

O chefe do Estado, o governo e o parlamento mantiveram-se no novo regime. O Presidente da República era eleito por sufrágio direto para um mandato de sete anos e mantinha um Conselho de Estado como órgão consultivo. Cabia ao presidente nomear o chefe do governo e dissolver o parlamento de câmara única, a Assembleia Nacional. Todavia, o presidente não governava, o que cabia ao chefe do governo. A Assembleia Nacional, com 90 lugares, era eleita a cada quatro anos, discutia e votava as leis e orçamentos apresentados pelo governo. A Câmara Corporativa incluía 107 membros, os quais eram escolhidos pelo executivo. Eram excluídos do direito ao voto os «dementes», «indigentes», «os que careçam de idoneidade moral», «os falidos ou insolventes», «os pronunciados definitivamente» ou «condenados criminalmente», «os que não estejam no gozo dos seus direitos políticos», «os que professam ideias contrárias à existência de Portugal como Estado independente e à disciplina social» e os indígenas das colónias africanas (Schmitter, 1999, 71–102). As liberdades políticas foram drasticamente limitadas, com a censura prévia à imprensa a ser restaurada e reuniões e associações a dependerem da autorização do governo. A inconstitucionalidade das leis era julgada pela Assembleia Nacional, o que garantia os atos legislativos do governo.

A União Nacional, partido único do regime autoritário, foi criada em julho de 1930. Caldeira (1986) destaca que a UN era um «braço» do aparelho do Estado, ao qual estava submetida. Aliás, a sua formação dependeu da decisão do Estado e a sua implantação decorreu do trabalho dos órgãos de governo. O autor sublinha como funções da UN o apoio à monopolização do poder político pelo governo e a neutralização das forças que poderiam disputar o poder; a legitimação do regime, do governo e do seu chefe através dos processos eleitorais; e a unificação das forças de apoio ao regime, o que possibilitava a resolução dos conflitos internos (Caldeira, 1986, 975). Note-se que a União Nacional se estruturou nas principais cidades das cinco colónias africanas e desempenhou um papel de relevo na imprensa, como se verá nas próximas secções.

Entre as características da Constituição portuguesa de 1933, Amaral (2012) destaca a sua inspiração cristã e corporativa; o facto de resultar de um golpe militar; de assentar num sistema de partido único e de censura; de recusar o modelo parlamentar e de a soberania popular não ser a base legitimadora do governo, do parlamento e do presidente. O autor nota que as disposições constitucionais tinham carácter programático no que tange aos organismos corporativos, às autarquias, à ordem administrativa e económica, à política ultramarina, às finanças, ao ensino e cultura, à opinião pública e à família. Em síntese, constitucionalizou-se o autoritarismo conservador e nacionalista «como ideologia num programa de reforma da sociedade» (Amaral, 2012, 97).

O regime de Salazar consolidou-se em 1939 com um partido fraco e pouco mobilizador e com um governo de elite civil composto por académicos. Previsto na Constituição, o corporativismo desempenhou um papel central no modelo institucional, na ideologia, na relação com os grupos de interesse e na intervenção económica do Estado. A Igreja Católica, além de matriz e suporte ideológico, desenvolveu um «programa político de cristianização». O salazarismo instituiu uma visão orgânica da sociedade para enquadrar a administração, o corporativismo, a escola, a propaganda, as elites locais e a Igreja. O regime também reforçou a posição do Estado na economia, limitando assim a autonomia das elites económicas (Pinto, 1994 e 2000). Ainda sobre o corporativismo, Lucena sublinha a imposição da colaboração entre classes e grupos sociais, em nome da unidade nacional, como atributo principal dos sistemas corporativos. O autor sublinha que tal colaboração não pode ser parcial ou episódica, mas deve formar um «todo coerente» no qual se funda o Estado e a sociedade. No caso português, o corporativismo foi «essencialmente» económico, associativo e dependente do Estado, com os seus mecanismos e instituições sob controlo do poder executivo suportado pelo Exército e pela polícia (Lucena, 1979, 81–83).

A redefinição do discurso ideológico do regime fez parte da afirmação do projeto autoritário nas décadas de 1930–40. Os «mitos» que articularam o discurso da «nova ordem» salazarista foram sintetizados por Rosas (2001): o «palingenético» era a ideia de renascença nacional promovida pelo Estado Novo em oposição à decadência liberal; a «essência ontológica» significava o retomar do curso da história portuguesa, interrompido pelo liberalismo; o mito imperial dava continuidade à «vocação» de colonizar e evangelizar; a «ruralidade» valorizava o tradicionalismo rural como essência; a «pobreza honrada» exigia a conformidade com o «destino»; a «ordem corporativa» representava a hierarquização social; e a «essência católica» atribuía ao catolicismo o elemento definidor da nacionalidade portuguesa. Foi este o repertório que estruturou o discurso do Estado Novo e orientou a ideologia, a política e a propaganda autoritárias.

O corporativismo foi instrumento de «disciplina social» e da intervenção reguladora do Estado Novo na sua vertente económica, aponta Rosas (2012). Uma nova visão da ordem económica e social, na qual as instituições colaboravam para a harmonia entre o capital e o trabalho e em que os direitos de propriedade e iniciativa deviam «respeitar» os interesses nacionais, caracteriza o Estado Novo na ótica de Cardoso (2012). Tratava-se de uma nova «doutrina» de intervenção do Estado, através da qual seriam acordados entre as corporações os custos de produção, as normas e regras técnicas, preços e salários, entre outros.

A primeira estratégia económica do Estado Novo, implementada no final da década de 1920 e que marcou todo o regime, foi a aliança «agrária-industrial-bancária», identifica Bastien (2012). O conservadorismo para a manutenção das estruturas existentes foi a sua marca, em aliança ao protecionismo contra o capital estrangeiro. A indústria também esteve condicionada, o que limitou a iniciativa empresarial e de concorrência e estabilizou as estruturas económicas. No pós-Segunda Guerra, o «dirigismo económico» tinha como diretrizes explorar os recursos energéticos e centrar-se no mercado interno por meio da substituição de importações. O terceiro tipo de dirigismo foi o keynesiano, que deu forma ao planeamento económico através de planos de fomento. Contudo, o *welfare state*, um sector público empresarial alargado e estruturas participativas e de mediação de interesses estiveram ausentes. «O atraso do país, a articulação dos diversos dirigismos em presença e a forma não democrática do Estado assim o impunham» (Bastien, 2012, 136).

### *O Estado Novo no ultramar: dilatando a fé e o império*

A «incapacidade» da Primeira República de desenvolver uma política colonial coerente foi um fator decisivo para o golpe de 28 de maio de 1926, aponta Alexandre (1993 e 2000). O autor sublinha a crise da economia colonial a partir de meados da década de 1920, as pressões internacionais sobre os territórios ultramarinos portugueses (que ameaçavam a integridade do império) e o descontentamento entre as elites coloniais (que desejavam afirmação e autonomia em relação à metrópole) como razões do «sobressalto nacionalista» e do surgimento do Movimento de Defesa das Colónias, em 1924, o qual generalizou a ideia de que o Estado era incapaz de responder aos problemas coloniais. Neste cenário, confrontavam-se dois projetos distintos para os territórios ultramarinos. O primeiro pretendia constituir uma sociedade político-económica pautada pela cooperação e igualdade de direitos na qual a metrópole exerceria um papel aglutinador. No polo oposto, a burguesia industrial queria reduzir a autonomia do ultramar para que este não constituísse um encargo, o que exigia políticas de centralização, equilíbrio financeiro e o predomínio dos interesses metropolitanos, promovendo o renascimento económico, projeto este viabilizado pelo Estado Novo.

Na primeira fase da Ditadura Militar, entre 1926 e janeiro de 1928, as políticas coloniais foram marcadas pelo «nacionalismo extremo», o qual pretendia dar unidade política ao território colonial, limitar a descentralização administrativa e financeira, criar condições para o investimento português no ultramar, promover a colonização e desenvolver as missões religiosas. No segundo período, entre 1928 e 1929, cinco tópicos de ação foram definidos: nacionalização, fomento, civilização e proteção dos indígenas, estreitamento das relações económicas e fiscalização das finanças coloniais. Entretanto, as organizações económicas passaram a reivindicar a subordinação da economia colonial à metrópole, na continuidade de um regime de «pacto colonial» (Alexandre, 1993).

Apesar da diversidade dos espaços africanos, Henriques sublinha as similaridades das sociedades coloniais, baseadas em ideologias que justificavam a hierarquização dos homens e marcadas pelo conflito contínuo entre colonizado e colonizador. Entre os «níveis» ideológicos que determinaram a administração colonial, a autora identificou a «legitimidade histórica portuguesa», reforçada pela «continuidade transcontinental» entre os territórios, apoiando-se na dicotomia entre «civilizados e selvagens», do que resultou a «tarefa civilizadora» dos portugueses. Note-se que a tradução de tais princípios em políticas e no quotidiano da vida colonial afetou as distintas dimensões da vida social, a exemplo da reorganização do espaço natural e da estruturação dos núcleos urbanos. A autora concluiu que o «facto colonial» instrumentalizou os homens e a natureza com o intuito de aumentar o seu poder e o seu lucro (Henriques, 1999, 219–273).

Com base nesta ideologia discriminatória, o Estatuto Político, Civil e Criminal dos Indígenas de Angola e Moçambique foi publicado em outubro de 1926, e estendido à Guiné em 1929, e consagrou as diferenças entre africanos e europeus; entre nativos, assimilados e cidadãos; entre brancos e negros. Coube aos governos das colónias definir os critérios para a assimilação, mas as semelhanças prevaleceram entre os territórios. Aos africanos era exigido terem abandonado os seus hábitos e costumes, falarem português, e terem uma profissão ou os bens necessários para prover a sua sobrevivência. Em relação ao trabalho indígena, apesar das denúncias internacionais contra Portugal ao longo da década de 1920, as alterações foram mínimas, e as leis de 1926–29 mantiveram a obrigação «moral» do trabalho, o que na prática mantinha o trabalho forçado.

Na perspetiva de Cahen (2012), o trabalho forçado e o regime do indigenato não resultaram do declínio da escravidão, mas foram consequência de uma nova era colonial, na qual o capitalismo se tornou possível devido à efetiva conquista militar do território. Nesta análise, entre a escravidão, o trabalho forçado e o regime do indigenato não houve continuidade ou transição, mas sim uma rutura. Ou seja, tratou-se de uma mudança nos modos de produção que exigiu a inclusão de todo o povo africano num mesmo sistema. Porém, o trabalho forçado não produziu a integração dos africanos no sistema capitalista, dado que os seus contratos não eram permanentes, os salários não eram calculados em relação ao valor do trabalho e que não emergiu um mercado nativo. Isto é, o regime do indigenato e o trabalho forçado serviram para submeter os africanos aos processos de dominação capitalista e não para os integrar (Cahen, 2012, 149–171).

A partir de 1930, Salazar assumiu a pasta das colónias tendo como objetivo central estender o equilíbrio financeiro alcançado na metrópole aos territórios do ultramar. O Ato Colonial, em abril de 1930, queria proteger a soberania colonial portuguesa e reorganizava a administração pública. Reafirmava a «função histórica» de Portugal de colonizar e civilizar e estabelecia que as relações do império fossem regidas pela «unidade e solidariedade entre a metrópole e os territórios». A centralização política e administrativa punha fim à autonomia do período republicano. A recusa em assinar a convenção internacional sobre o trabalho forçado, a prioridade nos pagamentos aos exportadores metropolitanos e o reforço do equilíbrio financeiro em detrimento do fomento económico estiveram entre as medidas que se seguiram nesta fase, traduzindo a nova ordem colonial.

Nas décadas de 1930–40, o Estado Novo esteve empenhado em propagar o império e a «ideia» colonial. Através dos congressos coloniais, de feiras e exposições, de publicações impressas e do cinema, entre outros meios, o regime disseminou o império e a sua «missão», divulgou a sua ideologia e propagou a sua ação «civilizadora» sobre povos «atrasados» (Matos, 2006). Também é desta altura o reforço dos vínculos entre a identidade imperial e a cristianização, expressa na ideia de «dilatar o império e a fé». A Constituição de 1933 reconheceu os direitos das missões católicas e reafirmou os apoios públicos do Estado à ação missionária nos espaços ultramarinos. Da «restauração missionária» dos anos de 1930, deu-se o acordo entre a Santa Sé e o Estado português em 1940. Este subordinava a ação católica ao projeto colonial, o que se verificou até à década de 1960 de modo quase unânime. Entretanto, já em meados da década de 1950, surgiram entre os clérigos católicos as primeiras vozes críticas da política indígena, do regime autoritário e do colonialismo, a exemplo do bispo da Beira, D. Sebastião Soares de Resende, o que deu início a uma fase de conflitos entre a Igreja e o Estado Novo, a qual teve entre os seus ápices a audiência concedida pelo Papa Paulo VI aos líderes dos movimentos independentistas da África Portuguesa, em 1970. Ainda que com menor impacto, os protestantes também protagonizaram missões em África, as quais desenvolveram serviços sociais e educativos, contribuindo para a formação de jovens que se tornaram lideranças nacionalistas, entre eles, Eduardo Mondlane e Holden Roberto, entre outros (Ferreira, 1999, 384–405). Como se verá nas próximas secções, em todos os territórios africanos a Igreja atuou na imprensa, por vezes apoiando o regime colonial e, noutras, criticando-o.

No plano dos serviços sociais, as ações do Estado colonial mantiveram-se incipientes no que diz respeito aos indígenas ao longo de todo o período. O sistema de ensino definiu-se pelo método autoritário e centralizado das políticas da metrópole, na regulação e seleção discriminatória da mobilidade social através da escolarização, e na compartimentação institucional e racial das práticas educativas. Com estas diretrizes, educar os africanos relacionava-se com a missão de «evangelizar e civilizar», o que se traduziu na divisão do ensino entre elementar, para brancos e assimilados, e rudimentar, para indígenas, com este sob a responsabilidade das missões católicas e financiado pelo Estado a partir de 1930. Em 1958, o analfabetismo na Guiné atingia 98,85% da população, em Moçambique 97,86%, em Angola 96,97% e em Cabo Verde chegava a 78,50%. As políticas educativas sofreram alterações a partir dos anos de 1950 — o que se deveu às pressões anticoloniais e das organizações internacionais, além da adoção do discurso lusotropical —, resultando na redução do peso da Igreja no sistema de ensino e na gradual expansão da rede de escolas, com o fim do ensino rudimentar em 1964, o que por sua vez propiciou o aumento dos africanos inseridos no sistema escolar. Contudo, em 1966, os dados da Unesco estimavam em 95% o nível de analfabetismo nos territórios portugueses em África (Paulo, 1999, 320–326) ([50]).

A África Portuguesa não foi cenário de operações militares na Segunda Guerra Mundial. Entretanto, o conflito contribuiu para o desenvolvimento da economia das colónias devido à procura internacional de produtos agrícolas e matérias-primas e à dificuldade de circulação de bens, o que levou o governo metropolitano a reduzir os obstáculos à criação de indústrias nas colónias. É da década de 1950 a instituição dos planos de fomento nos territórios coloniais, o primeiro em 1952, e nestes destacaram-se os investimentos nas infraestruturas, com recursos oriundos do Plano Marshall e de empréstimos internacionais (Rosas, 1994, 487–489).

No pós-Segunda Guerra, os movimentos de descolonização ganharam fôlego, inclusive com diretivas da ONU para que os países colonizadores promovessem governos autónomos e trabalhassem no sentido da independência dos territórios. As pressões internacionais

([50]) Os indíces de analfabetismo das quatro colónias em 1958 são indicados pelo *Anuário Estatístico do Ultramar 1958* (Lisboa: Instituto Nacional de Estatística). O estudo de Ferreira faz uma síntese das políticas coloniais, e dos seus efeitos, no campo da educação, da ciência, da cultura e da informação. E. de S. Ferreira, *Le colonialisme portugais en Afrique: la fin d'úne ère* (Paris: Les Presses de l'Unesco, 1974).

produziram alterações mínimas na legislação colonial, e a reforma constitucional de 1951 substituiu o termo «colónias» por «províncias ultramarinas». Seguiu-se o novo estatuto indígena, publicado em 1954, o qual tornou mais exigentes as condições para a assimilação, ao estabelecer que a esposa e os filhos dos assimilados não adquiriam o estatuto automaticamente; ao aumentar os requisitos tangentes ao uso da língua portuguesa; e ao exigir «bom comportamento» atestado, além de manter as imposições sobre profissão e meios de sobrevivência.

Foi neste cenário internacional, crítico do colonialismo e favorável aos movimentos de independência, que o Estado Novo adotou o lusotropicalismo como ideologia do regime, a qual se baseava na «originalidade» da colonização portuguesa, não teria preconceitos e não promoveria a discriminação racial, estimularia a mestiçagem e a integração dos seus povos. Os elementos que fundamentavam o conceito de lusotropicalismo do sociólogo Gilberto Freyre — miscigenação, fusão cultural e ausência de discriminação racial — foram apropriados pelo regime salazarista, que os identificava com a missão civilizadora que há séculos Portugal desenvolvia nos seus territórios além-mar. A «vulgata» lusotropicalista alicerçava-se também na «mística luso-cristã de integração», a qual traduzia uma suposta sociedade plurirracial. O próprio Freyre contribuiu para a disseminação de tais ideias com a sua viagem aos territórios portugueses no ultramar, entre agosto de 1951 e fevereiro de 1952, a qual teve ampla cobertura na imprensa da África Portuguesa (Léonard, 1999, 37–44). Como observou Margarido (2000, 25), a modernidade colonial portuguesa estava «empapada» no lusotropicalismo de Gilberto Freyre. A ideologia lusotropical serviu sobretudo para defender o império português no contexto internacional fazendo uso da retórica da nação «pluricontinental». Apesar de ter sido aceite como membro da ONU em 1955, Portugal foi constantemente questionado sobre os seus territórios «não autónomos».

Os movimentos nacionalistas da África Portuguesa ganharam novo fôlego na década de 1950 através de uma nova geração de estudantes e intelectuais africanos, ligados aos movimentos comunistas europeus, que reivindicavam a independência imediata das colónias. A Casa dos Estudantes do Império e o Centro de Estudos Africanos foram importantes para a articulação das lideranças que fundaram o Movimento Anticolonial (MAC) em 1957, em Paris, entre elas Amílcar Cabral, Marcelino dos Santos e Viriato da Cruz. Em 1960, em Tunes, na Conferência dos Povos Africanos, o MAC deu lugar à Frente Revolucionária Africana para a Independência das Colónias Portuguesas (FRAIN). Entretanto, em Angola tinha sido criado, em 1956, o MPLA (Movimento Popular de Libertação de Angola); também em 1956, tinha sido fundado o PAIGC (Partido Africano da Independência da Guiné e de Cabo Verde); em Moçambique, em 1960, tinha surgido a Udenamo (União Democrática Nacional de Moçambique); e, em São Tomé e Príncipe, em 1960, foi criado o Comité de Libertação de São Tomé e Príncipe. Em 1961, em Rabat, reuniu-se a Conferência das Organizações Nacionalistas das Colónias Portuguesas (CONCP) ([51]).

Em 1961, as ações armadas das forças nacionalistas de oposição ao regime colonial provocaram assaltos em diversos pontos de Angola, o que veio a significar o início da Guerra Colonial, ou das guerras de libertação africanas. Em Agosto daquele ano, foi revogado o estatuto indígena e todos os habitantes do ultramar passaram a ser considerados «cidadãos». Seguiu-se, em 1962, a alteração do código do trabalho indígena, com o fim da obrigação «moral» do trabalho para os africanos. Além de o trabalho forçado se tornar proibido, deixavam de existir sanções caso os trabalhadores não cumprissem o contrato de trabalho. O Instituto do Trabalho, Previdência e Ação Social foi criado para fiscalizar o cumprimento da lei e o salário

([51]) A Udenamo irá dar origem à Frelimo, Frente de Libertação de Moçambique, em 1962. Sobre os movimentos nacionalistas em Angola e Moçambique, ver, por exemplo, D. Birmingham, *Frontline Nationalism in Angola & Mozambique* (Londres: James Currey, 1992). Sobre o PAIGC e o nacionalismo na Guiné e em Cabo Verde, ver, entre outros, A. Pereira, *Guiné-Bissau e Cabo Verde: Uma Luta, Um Partido, Dois Países* (Lisboa: Editorial Notícias, 2002).

mensal foi aumentado. Entretanto, as reformas produzidas ao longo do Estado Novo — motivadas sobretudo pela pressão das organizações internacionais, pelas denúncias na imprensa estrangeira e pelas atividades missionárias — foram instrumentos de racionalização e consolidação do império, num colonialismo tardio que procurava a sua legitimação. De facto, as reformas visavam conter as críticas internacionais e atender aos padrões de legitimidade e de responsabilização da comunidade das nações (Jerónimo e Monteiro, 2013, 163).

Se tais medidas aliviaram a situação do povo africano, não foram acompanhadas de políticas sociais e económicas que permitissem a sua integração. Também não tiveram impacto entre as forças nacionalistas africanas, que deram início à guerra na Guiné, em 1963, e em Moçambique, em 1964. Entre a comunidade de origem europeia e entre os colonos portugueses, permanecia a insatisfação com as políticas do regime, sobretudo com o quadro económico. A oposição de tais sectores manifestou-se, por exemplo, no apoio a Humberto Delgado nas eleições presidenciais de 1958, e na articulação de grupos que almejavam a autonomia das colónias num sistema federativo com Portugal ou uma independência que originasse regimes dirigidos pela minoria branca, no estilo da Rodésia e da África do Sul.

A substituição do «pacto colonial» pelo «Espaço Económico Português», conjugando metrópole e ultramar, como tática para o fortalecimento da presença de Portugal na Europa, foi a estratégia adotada pelo regime em 1961. Iniciava-se uma fase liberal para a economia das províncias africanas, visto que se pretendia formar um mercado único português através da livre circulação de mercadorias, pessoas e capitais entre territórios. Para tal, as restrições ao comércio e as barreiras alfandegárias seriam progressivamente abolidas, além de se permitir a livre prestação de serviços e de circulação de capitais. Criava-se também um sistema de pagamentos interterritoriais e uniformizava-se o regime de pagamentos metrópole/colónias com o estrangeiro, criando-se o Fundo Monetário da Zona Escudo (FMZE). Com estas políticas, almejava-se criar um «espaço económico nacional» e reestruturar as economias por este abrangidas

(Torres, 1983; Valério e Fontoura, 1994; Ferreira, 2005). No entanto, o protecionismo económico regressou em 1971 para se resolver o défice da balança de pagamentos das colónias. Reduzir as importações e controlar as finanças através das pautas alfandegárias tinha como objetivo fomentar as indústrias de substituição de importações, reconvertendo economias de exportação de produtos primários em economias de base industrial. Portugal desejava assim superar as suas insuficiências e integrar-se na Comunidade Económica Europeia como um império.

Anderson caracterizou o regime português em África no Estado Novo como «ultracolonialista». O sistema de trabalho forçado, o perfil dos colonos portugueses em África (o que incluía as suas «debilidades» económicas e culturais), a fraqueza das missões católicas, a presença do capital estrangeiro em aliança com o regime autoritário e uma ideologia que mitificava o império português como uma missão civilizatória eram as facetas de um sistema ultracolonialista caracterizado como «anacrónico e opressivo» (Anderson, 1962, 123).

Durante a Primeira República, a imprensa ligada aos colonos europeus tinha reivindicado a descentralização política e administrativa. A imprensa africana tinha ido além, combatido o colonialismo e defendido os direitos dos africanos. No Estado Novo, foi exíguo o espaço de críticas e reivindicações dos grupos sociais. O papel da imprensa foi determinado pela Constituição de 1933, no seu artigo 20.º — «A opinião pública é elemento fundamental da política e administração do País, incumbindo ao Estado defendê-la de todos os factores que a desorientem contra a verdade, a justiça, a boa administração e o bem comum» —, e coube aos governos das colónias garantir que o jornalismo cumprisse tal disposição ([52]). Deste modo, os conteúdos da imprensa nas colónias acompanharam a agenda do regime, privilegiando a propagação das decisões do Estado e da

([52]) Constituição Política da República Portuguesa, decreto n.º 22:241, publicado em Diário do Governo n.º 43/1933, 1.º suplemento, série I de 1933, em 22 de fevereiro de 1933: www.dre.pt/application/file/210931 [consultado em 6 de outubro de 2014].

administração, os discursos dos líderes, a ideologia do regime, os valores católicos, o projeto colonial e os seus mitos, entre eles o carácter pluricontinental da nação portuguesa: «Somos tanto uma nação europeia, como africana, como asiática. As nossas províncias estão dispersas pelo mundo, mas todas são partes integrantes do território nacional», alardeou *A Voz de S. Tomé*, em janeiro de 1954, n.º 141, como fez a maioria dos jornais da África Portuguesa ao longo do Estado Novo.

## A instrumentalização da imprensa no Estado Novo

### CABO VERDE

Depois da efervescência jornalística do período republicano, o arquipélago esteve desde o fim de *O Manduco* (publicado na ilha do Fogo), em 1924, sem um jornal. Apenas em 1931 surgiu *O Notícias de Cabo Verde*, publicado em São Vicente, que tinha como proprietário e diretor Manuel Ribeiro de Almeida (Leça Ribeiro), comerciante e político cabo-verdiano, também dono da Sociedade de Tipografia e Publicidade, na qual se imprimia o jornal, que nasceu como *quinzenário regionalista independente*. Em 1932, o jornal esteve interrompido entre março e dezembro e, quando reapareceu, anunciava-se semanário. Em novembro de 1935, o jornal tornou-se mensal, estatuto que manteria até ao seu fim. A partir de 1937 o jornal saiu irregularmente, em 1945 não saiu durante sete meses, contudo, manteve-se até 1962.

O combate ao racismo e o nativismo foram temas privilegiados na agenda de *O Notícias de Cabo Verde*, que deu continuidade à defesa do estatuto de adjacência para o arquipélago. A defesa do crioulo, enquanto língua local que deveria ser promovida através do ensino nas escolas, foi outro dos temas relacionados com o nativismo que ocupou as páginas do jornal. Em 1960, *O Notícias de Cabo Verde* anunciou a formação de uma frente de libertação que reivindicava a independência do arquipélago.

O governo central era indiretamente criticado em razão das suas políticas (e da sua ausência) em Cabo Verde, e o jornal denunciava as crises alimentares do arquipélago e a falta de estímulo para o desenvolvimento económico. No entanto, o periódico também publicou textos de governadores e de ministros. Entre os temas económicos, a contínua crise na produção agrícola, o fraco desenvolvimento industrial e a decadência das atividades portuárias em São Vicente. Neste cenário, o desemprego aparecia como consequência do fraco desempenho económico e era denunciado nas páginas do jornal. Em 1934, o povo saiu às ruas em São Vicente para protestar contra a fome e o desemprego, manifestações que resultaram num morto. Os eventos foram reportados pelo jornal, porém, a censura recrudesceu e impediu a utilização do termo «fome», que deveria ser substituído por «crise». Neste contexto, apareceram no jornal textos de opinião que defendiam a emigração de cabo-verdianos para a Guiné, de forma que se produzissem no continente alimentos para abastecer as ilhas.

A ascensão de Hitler (e uma posição antifascista); a guerra civil em Espanha; o golpe de Getúlio Vargas no Brasil e as reivindicações da China e da Índia em relação a Macau e a Goa estiveram entre os conteúdos internacionais do jornal. A educação e a defesa do liceu de São Vicente foi um dos tópicos do periódico ao longo da sua história. Temas culturais, a exemplo da literatura e da música, também estiveram nas suas páginas, que incluíram um suplemento humorístico e outro desportivo. Uma coluna em inglês, reflexo da comunidade estrangeira que vivia em São Vicente, também era publicada pelo jornal.

*O Notícias de Cabo Verde* procurou contornar a censura e, quando foram encerradas as associações comerciais do Sotavento e do Barlavento e enviados comerciantes para a prisão do Tarrafal (porque estes alardeavam a crise alimentar em 1942 e pediam ajuda externa), informou da situação repressiva. Contudo, a opressão e a censura sobrepuseram-se e, em articulação com a decadência económica da ilha de São Vicente, determinaram o fim do jornal em 1962 (Oliveira, 1998, 428; 488–492 e 520–523).

Na Praia, ilha de Santiago, circulou entre 1933 e 1935 o *Eco de Cabo Verde*, jornal mensal que tinha como proprietário e diretor o advogado Leão Gomes de Pina. O tom colonialista, salazarista e pró-português definiu a sua linha editorial. Na ilha de Santo Antão saiu, também entre 1933 e 1935, o *Ressurgimento*, publicado por um grupo de proprietários e funcionários nativos. Defendeu os interesses da ilha, ainda que tivesse um tom elogioso ao governador e fosse moderado. Além de noticiar os acontecimentos locais e denunciar as dificuldades estruturais de Santo Antão, o *Ressurgimento* teve conteúdos sociais e literários. *A Defesa* apareceu na ilha de São Nicolau e teve apenas seis edições, em 1934. Embora efémero, o jornal denunciou o abandono da ilha — a exemplo da falta de energia elétrica, da situação do ensino, do mau estado das estradas — e as execuções fiscais das propriedades. As críticas do jornal aos administradores e ao governo, associadas às dificuldades económicas enfrentadas pelo título, levaram ao seu fim.

*Alma Nova* foi o quinzenário dos estudantes do liceu de São Vicente e tinha informações sobre as atividades escolares. Circulou entre março de 1933 e dezembro de 1934. Registou-se também em 1935, na Praia, a folha literária *Mocidade Caboverdiana*, que teve apenas três números. Artigos, poemas e contos foram os seus principais conteúdos. Ainda o *Boletim dos Falcões de Cabo Verde*, órgão da associação cultural e desportiva Falcões de Cabo Verde, sediada na ilha de São Vicente. O boletim teve apenas dois números, em 1936, e em 1939 a associação foi extinta pelo regime e imposta aos sócios a participação na Mocidade Portuguesa.

Depois das grandes fomes da década de 1940, em 1941–43 e 1947–48, acabar com as crises de subsistência e gerar receitas que permitissem o relançamento económico do arquipélago eram as prioridades do governo colonial. A agricultura, o aproveitamento dos recursos locais, o povoamento e as obras de infraestruturas foram as prioridades do I Plano de Fomento de Cabo Verde, entre 1953 e 1958. A agricultura e as comunicações continuaram entre as prioridades no II Plano, entre 1959 e 1964. Se num primeiro momento as elites do arquipélago criaram expectativas em relação a tais programas, estas logo se dissiparam, vista a escassez de verbas e os encargos financeiros que os planos implicavam (Pereira, 2004).

A revista *Claridade*, criada por intelectuais na função pública, teve apenas nove edições ao longo de 24 anos. Os três primeiros números foram publicados em 1936–37 e os demais, em 1947–60. Foi uma revista literária de grande impacto na sociedade cabo-verdiana e deu origem ao grupo de intelectuais «claridosos». Os textos eram escritos em crioulo e os seus temas, a seca, a fome, o isolamento e a imigração, entre outros. A *Claridade*, através da literatura, manifestou uma consciência regional que se transformou em nacionalismo a partir da década de 1950.

O Partido Africano da Independência (que em 1962 adotaria a sigla PAIGC) foi fundado em 1956 na Guiné-Bissau por cabo-verdianos e guineenses. «A liquidação da dominação colonial portuguesa, a criação das bases indispensáveis para a construção duma vida nova para o povo da Guiné e de Cabo Verde e a construção da paz, do bem-estar e do progresso contínuo do povo da Guiné e de Cabo Verde» compunham as linhas diretivas do Partido ([53]). Com a independência da Guiné-Conacri, em 1958, algumas lideranças do PAI deslocaram-se para Conacri para organizar a luta de libertação e criou-se, em 1959, o Movimento de Libertação dos Territórios sob a Dominação Portuguesa. A partir deste ano, o movimento passou a ter uma emissão semanal na rádio, difundida em português, em crioulo e nas línguas da Guiné, que propagavam a luta pela independência. Em simultâneo, em Bissau, constituiu-se o Movimento de Libertação da Guiné e Cabo Verde.

Em 1958, Abílio Duarte, fundador e liderança do PAI, desembarcou em São Vicente com a missão de mobilizar os cabo-verdianos para a luta de libertação nacional. A sua atividade entre os jovens deu origem ao grupo 3.º Ciclo, que mobilizava estudantes e trabalhadores

---

([53]) Sobre a história da Guiné, Cabo Verde e PAIGC, ver PAIGC, *História da Guiné e Ilhas de Cabo Verde* (Porto: Edições Afrontamento, 1974), 141.

por meio de iniciativas culturais. A estruturação de células clandestinas do PAIGC ampliou-se para as ilhas de Santiago e Santo Antão em 1963. Em julho deste ano, realizou-se uma reunião do Partido no Senegal, a qual decidiu criar condições para a luta armada em Cabo Verde, o que se mostrou inviável devido ao grau de organização do Partido, às condições geográficas do arquipélago e à repressão do regime colonial. A mobilização das comunidades cabo-verdianas na diáspora europeia também contribuiu para o reconhecimento da luta pela independência. Em Portugal, estudantes universitários cabo-verdianos incorporaram-se no movimento, alguns entraram na clandestinidade e outros ingressaram na luta armada na Guiné-Bissau. Em 1968, uma ação da PIDE (Polícia Internacional e de Defesa do Estado) em Cabo Verde desmantelou a organização no território e prendeu os seus principais dirigentes (Pereira, 2002) ([54]).

O *Cabo Verde — Boletim de Propaganda e Informação* foi uma iniciativa do governo da colónia e publicou-se mensalmente na Praia entre 1949 e 1962. Literatura, ensaios de ciências (sociais, físicas e naturais), discursos e entrevistas, sobretudo com governantes locais, e textos sobre o problema das secas e as suas possíveis soluções estiveram entre os temas do *Boletim*. O periódico defendeu o projeto colonial e o governo, local e central, contudo, teve colaborações de intelectuais insatisfeitos com o regime, através do seu suplemento literário ([55]). Com o surgimento do jornal *O Arquipélago*, em 1962,

([54]) Uma síntese sobre a luta pela independência em Cabo Verde, bem como sobre o período colonial, encontra-se no trabalho de C. Foy, *Cape Verde: Politics, Economics and Society* (Londres: Pinter Publishers, 1988).

([55]) Neto aponta que as páginas do *Boletim* foram permeadas de «ambiguidade ideológica», vista a publicação de textos literários, escritos por intelectuais insatisfeitos com o regime, que carregavam uma crítica «encapotada» ao colonialismo. Na análise do autor, a publicação de tais textos explica-se por a revista *Claridade* ter servido de «modelo» para a propaganda colonial, pela notoriedade e influência dos seus autores, e pelo facto de a produção literária dos intelectuais claridosos, já que abordava os principais problemas do arquipélago, ser «equiparada a empenho cívico», perfil que o *Boletim* reclamava para si e o que permitia enquadrar os intelectuais cabo-verdianos. S. Neto, *Colónia Mártir, Colónia Modelo: Cabo Verde no*

o periódico transformou-se em *Boletim Documental e de Cultura*, tornando-se irregular e desaparecendo em 1964.

Dois exemplares da revista *Certeza*, produzida por estudantes de São Vicente, circularam em 1944. Temas literários e sociais apareceram na revista, a qual propagava uma cultura de esquerda e socialista, reivindicava o progresso e a liberdade. A *Certeza* criticou a burguesia de Cabo Verde e de Portugal e o jornal *O Notícias de Cabo Verde* por não tratar dos problemas locais. Foi produzido um terceiro número da revista, mas foi proibido de circular pela censura. No mesmo ano e também em São Vicente, saíram dez números do jornal desportivo *Goal*. No princípio dos anos de 1950, surgiu uma imprensa protestante em São Vicente. Por ter tipografia própria, distinguiu-se a Igreja do Nazareno, que entre os seus títulos periódicos publicou *Maná*, *Seara Nazarena*, *Alvorada*, *Lâmpada* (1963) e *Epístola* (1963), todos estes restritos aos temas religiosos.

*Mocidade: Órgão do Comissariado Provincial da Mocidade Portuguesa* circulou em 1955–56 na cidade da Praia e teve o papel de divulgar o regime salazarista e a sua organização de jovens. Além de difundir o programa e as ações do governo, publicou discursos das autoridades, incluiu notícias desportivas, passatempos e conteúdos literários. Em março de 1956, circulou na Praia o número único do *Diário de Cabo Verde*, tentativa frustrada de se publicar um diário no arquipélago. *Alvorada Técnica*, boletim da Escola Industrial e Comercial do Mindelo, em São Vicente, teve apenas dois números. *O Mais Além* circulou em Santiago entre 1965 e 1967, e foi o órgão informativo da Ala n.º 1 da Mocidade Portuguesa. *A Voz Paroquial: Jornal da Família Paroquial da Praia*, da Igreja Católica, publicou-se em Santiago entre 1967 e 1970, foi irregular e limitou-se aos conteúdos religiosos.

*O Arquipélago* teve a sua primeira edição em agosto de 1962. Semanário e publicado na Praia, era propriedade do Centro de Informação

---

*pensamento ultramarino português (1925–1965)* (Coimbra: Imprensa da Universidade de Coimbra, 2009), 164–165.

e Turismo, reproduzia-se na Imprensa Nacional e tinha como diretor Bento Levy, que também dirigia o *Boletim de Propaganda e Informação*. Órgão do regime e com apoio estatal direto, publicou os discursos das autoridades e os textos legais do governo; no âmbito informativo deu prioridade à reprodução de notícias e artigos dos jornais de Lisboa. Além da propaganda do regime, o jornal publicou biografias, estudos históricos, conteúdos culturais, textos literários, curiosidades e entretenimento. As guerras de libertação em África não existiam em *O Arquipélago*, e quando saíram conteúdos sobre os movimentos de libertação africanos, eram de ataque às suas causas e de defesa do colonialismo. A partir do 25 de Abril, o jornal mudou de tom e de conteúdo, porém, não conseguiu sobreviver ao n.º 619, em 20 de junho de 1974, quando anunciou o seu fim e justificou a sua linha editorial conservadora e de suporte ao governo com a censura.

### *A imprensa em Cabo Verde no Estado Novo*

Cabo Verde esteve oito anos sem um jornal até que surgisse *O Notícias de Cabo Verde*, o que sinaliza a fraqueza institucional da imprensa, a intervenção repressiva do Estado nos meios de comunicação e as dificuldades estruturais do sector. Até meados da década de 1930, os títulos que emergiram conseguiram desempenhar um papel informativo, de relativa monitoria dos poderes e de certa independência em relação ao governo. *O Notícias de Cabo Verde* insistiu na crítica ao regime colonial, o que implicou multas e suspensões do título, com o seu fim no princípio da década de 1960. Entretanto, a censura e a opressão às ideias que se dissociavam do Estado Novo enfraqueceram o jornalismo, e na década de 1940 a imprensa foi forçada a alinhar-se com o regime autoritário.

Ao longo do Estado Novo, apareceram títulos que procuraram ser críticos das políticas autoritárias e coloniais, todavia, estes logo foram suspensos ou sofreram pressões que os inviabilizaram. Como assinala I. S. A. Nascimento (2012, 148), «a necessidade de provar o sucesso da missão civilizadora» levou à reestruturação do discurso jornalístico e o tom passou a ser de «contenção». Os jornais continuaram a ter como espaço privilegiado de produção, impressão e circulação as ilhas de Santiago e São Vicente. As dificuldades de comunicação entre as ilhas e no seu interior impediam uma cobertura informativa que abrangesse o arquipélago, e, também por isso, surgiram jornais em Santo Antão e São Nicolau. Estes, ainda que fossem elogiosos ao governo, buscaram retratar as dificuldades locais. Porém, a pressão dos administradores locais, as dificuldades económicas e uma sociedade civil desarticulada tornaram estes periódicos efémeros.

No Estado Novo, ganhou relevo na crítica ao regime uma imprensa literária, que através de contos, crónica e poesia escrita em crioulo abordou os problemas do arquipélago e manteve na agenda os temas nativistas. Notando que a imprensa «ensaiava conselhos sensatos, mas mantinha o tom de simples preocupação» e que a falta de informação tornava «quase absurda a prática do jornalismo», Cruz avalia que foi a produção literária a responsável pela resistência ao colonialismo, visto que esta criou «referentes ficcionais» que levaram à «indignação» e à «revolta» (Cruz, 2009, 122). Na perspetiva de Brito-Semedo, emergiu uma «consciência regionalista» entre 1932 e 1958 através dos intelectuais que compuseram o «Movimento Claridoso», o qual reivindicava a especificidade de Cabo Verde no contexto colonial. A terceira geração de intelectuais apareceu entre 1958 e 1975, a «elite de ideologia nacionalista», e exigiu a autonomia de Cabo Verde também através dos recursos literários.

O governo fez um forte investimento na imprensa ao longo do Estado Novo em Cabo Verde, além da continuidade do boletim oficial (que na ausência de outros meios de comunicação ganhava relevo), através do *Cabo Verde — Boletim de Propaganda e Informação*, ao qual se seguiu *O Arquipélago*. Os jornais sustentados pelo Estado foram os únicos a manter a sua regularidade. Note-se que Cabo Verde ao longo do colonialismo nunca teve um jornal diário. Em suma, Estado e governo apropriaram-se da imprensa, e o jornalismo desempenhou papéis característicos dos regimes autoritários, fazendo a sua propaganda, defendendo as suas políticas, reforçando a sua orientação ideológica e servindo como instrumento de governação.

Em Cabo Verde, a imprensa manteve um perfil político e não comercial ao longo do Estado Novo. De facto, além de não ter havido um acréscimo no número de títulos e um aumento da circulação destes e entre as ilhas, deu-se a redução dos periódicos em relação ao período republicano. O principal proprietário da imprensa foi o Estado, mas também foram proprietários funcionários públicos e os comerciantes, seguindo-se o padrão do período anterior. Não há indicadores que apontem para uma mudança no perfil dos que exerciam a atividade jornalística, que continuou a ser praticada por intelectuais e servidores públicos; também não há sinais da articulação dos profissionais jornalistas ou dos jornais em associações de imprensa.

O paralelismo político entre a imprensa e o regime ganhou um novo carácter, a imprensa passou a expressar apenas a opinião e as diretrizes do regime autoritário, num tipo de paralelismo político de sentido único. Neste, embora existam diferentes tendências sociopolíticas numa sociedade, apenas um sector é representado pela imprensa. O Estado manteve uma forte intervenção na imprensa em Cabo Verde: foi proprietário e usou a tipografia da Imprensa Nacional para imprimir os seus periódicos; fez uso da censura e da legislação para suprimir e suspender títulos; usou a imprensa para propagar a sua ideologia, políticas e ações, bem como para defender os seus governos e lideranças.

## ANGOLA

Entre as décadas de 1930 e 1960, Angola passou por uma governação colonial «clássica», com fracas pressões anticoloniais, efeito da eliminação das atividades dissidentes e do domínio sobre a população africana no Interior. No entanto, o problema do desenvolvimento económico e da política indígena continuou na agenda do império na colónia (Wheeler, 2009, 193–194).

Depois do golpe militar de maio de 1926, o governo metropolitano deportou para Angola ativistas políticos. Estes associaram-se a oposicionistas do regime em Luanda e tentaram derrubar o governo da colónia através de um golpe promovido por oficiais dissidentes das Forças Armadas, em março de 1930. A ação fracassou, Lisboa nomeou um novo governador para Angola e suspendeu as atividades políticas no território, extinguindo-se a agitação em 1931. Em 1933, a população total de Angola era de 3 098 281, havia 62 escolas do ensino infantil, no qual estavam matriculados 4251 alunos, e 13 estabelecimentos de ensino profissional, num total de 867 alunos ([56]).

A Liga Nacional Africana foi reorganizada em 1930, passou a ser subsidiada pelo governo e priorizou atividades sociais e educacionais. A organização tinha membros e contactos em Luanda e no Interior, foi dominada pela geração mais velha até 1955, quando apareceram conflitos ideológicos com as gerações mais jovens. Apesar de colaborar com o governo da província, a Liga não se limitou à defesa das suas elites; subsidiou escolas e instituições de beneficência para os seus sócios e procurou defender os direitos dos africanos. Por exemplo, apresentou ao presidente Óscar Carmona, em 1938, a petição «As Necessidades e Aspirações das Populações Indígenas», a qual requeria a representação dos angolanos no Conselho de Governo, o que veio a acontecer em 1946. Em 1955–56, a Liga enviou um manifesto à ONU declarando a sua insatisfação com o governo português. Contudo, a intimidação do governo aos movimentos oposicionistas na década de 1960 fez que a Liga recuasse e voltasse ao foco social (Wheeler, 2009, 217–220).

No campo económico, a maior parte da receita de Angola dependia das taxas alfandegárias, pois a agricultura não produzia para a exportação, a indústria era escassa e a produção de diamantes estava no início. Até 1931, Lisboa cobriu os défices de Angola, mas a partir de meados da década de 1930 a balança comercial começou a

---

([56]) *Anuário Estatístico de Angola, Ano de 1933* (Luanda: Repartição de Estatística Geral, Imprensa Nacional, 1935).

apresentar saldos positivos, o que se deveu à crescente produção de café e diamantes e aos baixos custos da mão de obra, sujeita ao trabalho forçado e aos maus-tratos. Na agricultura, a produção de milho e mandioca expandia-se, mas o atraso tecnológico prejudicava o desenvolvimento da cultura do algodão e do sector pesqueiro (Gonçalves, 2011, 99–100). Dilolwa (2000 [1978], 47) sublinha os seguintes aspetos na situação económica de Angola entre 1919 e 1938: consolidação das estruturas capitalistas; penetração dos interesses monopolistas internacionais; exploração do trabalho indígena; exportação de trabalhadores para São Tomé e Príncipe; fraco crescimento da produção; crise financeira e cambial contínuas; ciclo do diamante e ingresso da colónia nos circuitos internacionais.

Apesar da repressão aos grupos políticos e às ideias liberais, da Lei João Belo — que exigiu aos periódicos diretores licenciados e portugueses — e da censura prévia, que se estruturou em 1932, ao longo da década de 1930 continuaram a surgir títulos críticos do governo e da ditadura que, por exemplo, reivindicaram o restabelecimento da Constituição republicana quando do plebiscito constitucional de 1933. Porém, estes foram efémeros, e mantiveram-se apenas os periódicos que se alinharam às diretivas do regime autoritário e do governo de Angola.

*Notícias do Lobito, Semanário Independente de Defesa dos Interesses Regionais*, circulou no Lobito entre 1927 e 1930, propriedade de José Melo & Cia. (donos da tipografia de mesmo nome), e tinha como diretor Albano Tavares Correia. O n.º 1, em 15 de agosto, observava que,

> O aparecimento deste jornal, em momento tão delicado, com uma lei de imprensa que só encontra justificação nos melindres da situação política dominante, não representa coragem, temeridade ou audácia. Apenas, traduz o propósito em que estamos de provar que, posta de parte a linguagem latrinária ao serviço de interesses inconfessáveis, é possível, apesar de tudo, servir a causa colectiva.

A mesma edição notava que a «obra» do Lobito resultava da conjugação de capitais nacionais e estrangeiros, o que era positivo e necessário para o desenvolvimento da colónia. O título foi conservador, defendendo o regime e os governos locais e reivindicando investimentos da metrópole em Angola e no Lobito. Em setembro de 1928, n.º 30, o periódico defendia que não se adotassem em Angola as práticas políticas da metrópole, as quais criavam discórdia, e afirmava como desejo dos colonos «que não se monopolize nem se aliene seja a que grupo for, aquilo que é preciso ser livre para bem dos interesses gerais da economia de Angola». O problema colonial foi o tema do jornal em agosto de 1929, n.º 30, o qual criticava o BNU por ter explorado os colonos, valendo-se do monopólio concedido pelo Estado, e defendia as iniciativas privadas. A mesma edição saudava o plano de fomento das colónias e o trabalho «incisivo» de Salazar. A última edição na coleção da BNP é de 9 de abril de 1930, n.º 12, que relata a tentativa de golpe em Luanda e «lamenta» acontecimentos que prejudicam o desenvolvimento da colónia.

Também no Lobito saiu em 1928–29 o *Defesa de Angola*. Circulou também, entre 1930 e 1975, o semanário *O Lobito, Órgão dos interesses do porto e cidade do Lobito*, fundado por Adolfo Pina (fundador e diretor de *A Província de Angola*), propriedade da Gráfica do Lobito e dirigido na primeira fase por Jakobus Arthur Botha Ferreira de Paiva ([57]). Em abril de 1940, o jornal tornou-se semanário, e passou a trissemanário em 1965, nesta altura sob a direção de Carlos Mimoso Moreira. Melo (1993, 149–150) considera o título «independente» e «combativo» (embora não justifique tais adjetivos), relata que o jornal foi defensor dos interesses do Lobito, teve correspondentes em Luanda e manteve um suplemento literário aos domingos. No final da década de 1960, o jornal passou a propriedade do industrial Artur Lourenço Pires, do Lobito.

---

([57]) A coleção de *O Lobito* está em processo de digitalização na Biblioteca Nacional de Portugal, e por isso indisponível para pesquisa.

Em Moçâmedes, entre 1932 e 1936, circulou o *Mossamedes, Semanário Defensor dos Interesses do Distrito*, tendo como proprietário e diretor Joaquim Augusto Monteiro, dono da Tipografia Monteiro. Em março de 1933, n.º 29, o jornal anunciava tornar-se semanário e reafirmava o seu programa: «Combatendo as ditaduras, venham elas de um homem do governo ou sejam criadas pela desassociação de ideias na família, o *Mossamedes* não terá dúvida em aceitar a colaboração das pessoas que, acima das formas governativas a que estão ligados, põem o bem da terra e do distrito.» A mesma edição notava que Angola não queria ser a «eterna vítima das exigências da indústria metropolitana», abordando também a questão do plebiscito da Constituição, observando que «Portugal é liberal e quer ver valer a Constituição da república», em claro desalinhamento com o regime autoritário. Em maio de 1933, n.º 35, o jornal anotava que

> o Estado vê um filme patriótico mostrar às massas já descrentes de Portugal, a obra intangível da Ditadura, cuja acção é tão lenta, tão mole, que jamais ganhará fôlego capaz de atravessar o oceano e trazer a esta esquecida e linda cidade da colónia alguma coisa mais que o agravamento constante dos impostos e a asfixia torturante em que vivemos.

Em setembro deste ano, o jornal anunciou ter sido suspenso judicialmente por dois meses, registando o seu diretor que tinham sido, juntamente com o diretor do *Defesa de Mossamedes*, «solicitados para terminarmos com a luta jornalística, como meio de estabelecer o sossego em Mossamedes». Entretanto, o jornal manteve-se crítico, e em fevereiro de 1934, n.º 60, tratava do império português, enfatizando que «A unidade nacional não será uma realidade enquanto a lepra da plutocracia não tiver desaparecido da nação». Em junho de 1935, n.º 16, o jornal apresentava um tom mais moderado, mas não deixava de criticar a falta de atenção da metrópole às queixas dos colonos. Em novembro de 1936, n.º 62, noticiava a exoneração do censor de imprensa a pedido do periódico, sem deixar de agradecer a «forma atenciosa» como sempre foi recebido pelo censor. Na coleção da BNP o último número do *Mossamedes* é de 12 de novembro de 1936, o qual anunciava uma suspensão de 15 dias devido à partida do diretor para a metrópole.

*O Sul de Angola*, semanário, também saiu em Moçâmedes em 1932, tendo como proprietário J. Trindade e como diretor António C. C. Mendes. O n.º 1, de fevereiro, explicava que o título dava continuidade ao *Imparcial* e que tinha como objetivo defender os interesses da região. O jornal foi defensor do regime e dos governos da colónia e do distrito e publicou os discursos das autoridades. Em março de 1933, n.º 59, observava que «este saber esperar, recôndito segredo da obra já gloriosa, sem temor de exagero, de Salazar, traduz antes o conhecimento de verdadeira presciência, na busca do momento azado para a efectivação de uma obra». *Semanário defensor da situação* foi a epígrafe adotada pelo jornal em abril de 1934, quando o título se tornou propriedade de Elmano Cunha e Costa, advogado em Moçâmedes, mantendo a sua linha de apoio ao governo. A semana militar era a manchete em maio de 1935, e *O Sul de Angola* sublinhava que «Portugal, que o Estado Novo conduz com modelar administração e cujo património hora a hora valoriza no campo da matéria e nos domínios do espírito, caminha para grandes destinos em marcha triunfal». Mário Trabulo, até então administrador do título, tornou-se proprietário e diretor do jornal em junho de 1936, quando este assumiu a epígrafe *Semanário Independente*, embora não tenha havido mudanças na sua linha editorial. A exaltação do Estado Novo e dos seus líderes, o apoio às autoridades locais e a propagação dos valores católicos mantiveram-se como linhas mestras de *O Sul de Angola* até ao seu fim, em setembro de 1956. Em Moçâmedes circulou *O Papo Seco*, em 1929.

Em Sá da Bandeira, em abril de 1933, estreava-se o *Ecos do Sul, Semanário Regionalista, Pró-Angola, Pró-Huíla*. O título teve como diretor e proprietário Sérgio Joaquim Príncipe, notando o n.º 1 que Angola estava «doente», mas que a ação do governo geral era «inteligente». O editorial também sublinhava que em Angola tudo se resumia «à defesa dos interesses particulares», e que o intuito do jornal era defender a Huíla. Neste número, o *Ecos do Sul* reclamou da crise económica, que estava a provocar o desemprego, e denunciou a ação «perniciosa» do BNU, que resultava na queda do crédito e na miséria. O título defendeu o governo da província e exortou os «huilenses» a participarem do referendo da Constituição: «Se amais Angola, respeitai a vontade da metrópole. Votai a Constituição.» O último número do *Ecos do Sul* na coleção da BNP é de abril de 1933. Em Sá da Bandeira, também circulou neste período o semanário *Notícias da Huíla* (1930–51), propriedade da Empresa do Notícias da Huíla e dirigido por Domingos Alexandrino da Silva.

*Notícias do Bié, Órgão Quinzenário de Defesa e Propaganda das Regiões do Bié e do Moxico*, saiu em Silva Porto em 15 de agosto de 1933, dirigido por Pedro Miranda (o mesmo proprietário do *Última Hora*). O jornal abria com uma saudação do governador do distrito ao jornal, embora o editorial assumisse a «posição de absoluta independência» do título. O periódico foi irregular e, em agosto de 1934, n.º 9, aparecia como propriedade da Gráfica do Planalto, dirigido pelo advogado Pedro Júdice Biker e tendo como chefe de redação Pedro Miranda. A edição reproduzia o discurso do «querido amigo» governador do distrito do Bié e elogiava o «exemplo de civismo» do governador da Huíla. Em janeiro de 1935, n.º 13, o jornal saudava as eleições locais e a participação do povo do Bié «elegendo os candidatos que apoiam o governo, demonstra ainda mais nitidamente o entendimento dessa obrigação [a da necessária união entre governantes e governados para se superar a crise que afectava a colónia]». A mesma edição tomava nota da posse de Pedro J. Biker como vogal do Conselho de Governo, facto que indica a utilização do periódico para dar suporte à sua eleição. Este é o último número do jornal na coleção da BNP.

O *Última Hora, Semanário independente de grande informação*, propriedade de Pedro Miranda e dirigido por Agostinho M. C. de Carvalho, saiu em Luanda em novembro de 1930 e esteve ligado à Aliança Republicano-Socialista. O n.º 1 assumia atacar «com violência o que seja pernicioso, defendendo com o entusiasmo que nos dá a nossa mocidade, as causas justas, as iniciativas arrojadas mas honestas e tudo o que represente ideias novas, progresso e civilização». Em fevereiro de 1931, n.º 20, o jornal passou a ter como diretor Dionísio de C. S. Menezes, e reclamava colonos e dinheiro que «transforme este solo abandonado, em nova terra de promissão, — prolongamento da metrópole, que como mãe a tem de auxiliar». A mesma edição critica o movimento pan-africano, o qual era organizado por «negros da América pagos por Moscovo», que se tinham afastado da ideia de «conciliação». Entretanto, em agosto de 1931, no n.º 23, o jornal anunciava ter sido suspenso «por motivos de força maior», e já ter afastado da sua direção aqueles que tinham modificado a sua orientação política. Nesta edição, o título publicava o manifesto da Aliança Republicano-Socialista, e recordava que o «governo da ditadura» se havia comprometido a regularizar a situação política de Portugal. Nesta fase, o *Última Hora* passa a trissemanário e, em fevereiro de 1932, n.º 85, critica os «grandes coloniais» e «grandes quadrilheiros», que através dos organismos públicos exploram os colonos e o Estado, entre eles o diretor da Companhia Agrícola do Cazengo. Nos meses que se seguiram, o jornal reclamou da censura que atingia a imprensa de Angola, afirmando que «os artigos censurados não teriam causado qualquer problema ao governo ou ao regime». Porém, a partir de julho o título teve como chefe de redação Rogério Pereira Marques, e adotou uma linha menos conflituosa e mais propagandística, divulgando as realizações do governo no interior de Angola. Marques tornou-se proprietário do título, e, em julho de 1933, n.º 184, as ilegalidades nas nomeações dos funcionários públicos e as dívidas do Estado ao comércio fizeram manchete. O *Última Hora* adotou a epígrafe de *Jornal Republicano da Tarde* em 1934, e o n.º 305 reclamava da falta de verbas para o quadro administrativo, o que afetava a coleta do imposto indígena. Em agosto de 1935, o jornal tornou-se *Diário da Tarde, popular independente*, tendo como diretor J. H. da Silva Abreu, alinhando-se em definitivo com o governo e o regime. No n.º 453, tratou do império, sublinhando que «do renascimento da fé colonial, há-de resultar, como infalível corolário, a volta dos tempos prósperos e felizes que o nosso país já desfrutou». O título saiu até agosto de 1936, quando se tornou *Diário de Luanda*, jornal do qual voltar-se-á a falar.

Em janeiro de 1932, saiu em Luanda *A Lucta de Angola, órgão defensor dos interesses portugueses sem distinções de raças em geral e da causa colonial em especial*, tendo como proprietário, diretor e redator principal o médico Antero de Seabra. Jornal de duas páginas, saía três vezes por semana e tinha um foco literário. Ainda que desse pouca atenção aos temas políticos, defendeu o império e publicou os discursos dos ministros, a exemplo de um texto de Armindo Monteiro sobre os problemas coloniais, no n.º 96, de abril de 1932. Em março de 1933, n.º 127, o jornal pediu uma política indígena «mais rigorosa» para se acabar com a escravidão entre as etnias africanas. A mesma edição reivindicava o fim da lei que impedia os funcionários demitidos, não condenados judicialmente, de regressarem à função pública. A partir de 1935, o jornal passou a ter como proprietária, diretora e redatora Valeriana Seabra, enquanto Antero Seabra passava à condição de secretário de redação. O título reproduziu diversos textos de jornais de Lisboa e de Luanda ao longo da sua existência, e o n.º 310 (setembro de 1935) saiu em defesa da colónia e do império: «os portugueses-africanos se mostram muito ciosos da terra que a mãe-pátria lhes concedeu». O último número conhecido de *A Lucta* é de abril de 1937, n.º 322, que fez um balanço da obra colonial em 1936.

*A Notícia, Semanário Literário e Noticioso*, circulou entre 1932 e 1937 e teve uma vida turbulenta em razão das suas posições políticas. Sofreu diversas mudanças na propriedade e na sua direção, as quais visavam atender às exigências da lei de imprensa, sobretudo a que impunha um diretor licenciado. Logo nos primeiros números, adotou como epígrafe *Semanário Republicano*, e sempre esteve próximo dos críticos da ditadura e do regime autoritário, a exemplo de Norton de Matos e de Cunha Leal. No n.º 1, em outubro de 1932, o título declarava o propósito de preencher a «lacuna» que era a falta de um jornal noticioso em Luanda, e assumia não se guiar por política partidária ou interessar-se por benesses de qualquer género. Em março de 1933, n.º 21, a propósito do plebiscito da nova Constituição, o jornal explicava os motivos para não se participar do referendo, visto que para aprovar o projeto bastaria «ficar em casa», e reivindicava «Liberdade de imprensa, liberdade de reunião, liberdades de propaganda. Sem isso, o voto sempre é e foi a vontade de quem governa.» Entre outras críticas ao regime, o jornal reclamou da censura, da ameaça de «morte» da democracia, de as diretivas da metrópole não «servirem» a Angola e da política financeira do governo central. Em abril de 1934, o jornal mudou de direção e tornou-se *A Notícia, Órgão de todas as actividades de Angola dentro do pensamento do império*, e passou a elogiar a obra de Salazar. Entretanto, em 1935, n.º 79, retomou o objetivo da «propaganda da ideia política» e trouxe um texto de Norton de Matos a defender o intensificar da colonização. Porém, o jornal manteve-se irregular até março de 1937, quando saiu o seu último número conhecido.

*A Tribuna, Quinzenário Nacional-Sindicalista, Pela Nação, Pelos Trabalhadores*, saiu em Luanda em 13 de julho de 1933. O n.º 1 saudava os trabalhadores portugueses e assumia como missão a defesa dos seus interesses, sem o intuito de criar «agitação revolucionária», mas sim para «impulsionar a união dos trabalhadores», organizados pela «barricada já invencível do Movimento Nacional Sindicalista». Em outubro de 1933, o jornal saudava Salazar como «uma das figuras mais notáveis do momento actual». O título surgiu como propriedade da empresa de publicações nacional-sindicalista, contudo, em abril de 1934 passou a posse do seu diretor, J. Natal Mota, e o n.º 9 discutia o problema algodoeiro e a «crise» da escassez de trabalhadores indígenas. Em maio de 1934, *A Tribuna* passou a propriedade de Manuel Lourenço, e o n.º 25, de fevereiro de 1935, defendia ser necessário «fazer de Angola um novo Brasil», bem como «assegurarmos firmemente a nossa soberania em todas as colónias». Nesta fase, o jornal fez uma crítica moderada ao governo local e central e requereu investimentos para Angola, todavia, não conseguiu manter a sua regularidade e afirmar-se entre a imprensa da colónia. Em agosto de 1936, n.º 31, *A Tribuna* assumia-se como *Periódico literário e de crítica*, justificando com as «dificuldades enfrentadas», sem explicar quais eram, a sua publicação mensal. Entretanto, dizia manter o propósito de defender «os pequenos». O jornal continuou irregular até 1950, saindo a cada dois meses para atender aos requisitos da lei e manter o título. Em agosto de 1950 o jornal fez uma tentativa de regressar aos temas políticos, trazendo na capa o problema das rendas pagas pelo governo de Angola para a instalação dos seus serviços em Luanda. No entanto, em 1951, o título retomou os temas culturais. A última edição conhecida de *A Tribuna* é de maio de 1952, n.º 136, a qual teve como destaque a obra de Bernard Shaw.

Em dezembro de 1933, em substituição do *Comércio de Angola*, saiu em Luanda *O Comércio*, fundado por Joaquim Faria e propriedade da Nova Editorial Angolana ([58]). Melo (1993, 156–158) considera o título um dos mais «importantes» da colónia. Na década de 1960, foi adquirido pelo grupo Champalimaud, e deixou de ser publicado em 1972. Entre os seus diretores, Ferreira da Costa, sobre o qual Melo prefere deixar de lado «o seu plano ideológico» e destacar a sua «pena cintilante». No âmbito dos jornais religiosos, saiu em 1933 o título evangélico *O Estandarte* e, em 1935, o semanário católico *O Apostolado*. Este teve orientação da Arquidiocese de Luanda e restringiu o seu conteúdo aos temas religiosos e sociais, tendo circulado até 1974.

Entretanto, em Luanda, continuava a circular *A Província de Angola*, com a mesma linha editorial que seguira durante a República, a de apoio ao governo e ao regime, agora o Estado Novo. Em 1926–39, também saíram na capital da colónia os seguintes títulos: *Angolana* (1929), *Correio de Angola* (1929), *Correio Angolano* (1929), *O Reclame* (1929, dedicado à publicidade), *A Vanguarda* (1929), *A Ordem* (1931), *O Pirilampo* (1931), a revista *Ilustração*

([58]) A coleção de *O Comércio* da Biblioteca Nacional de Portugal está em processo de digitalização, e por isso indisponível ao público.

*Colonial* (1932), *União Nacional* (1932, do partido do regime), *Jornal de Notícias* (1932), *Angola* (1933), *O Direito* (1933), *A Pátria* (1933), *O Estudante* (1933–53), *Angola Ilustrada* (1933) e a revista *Ilustração de Angola* (1933–43).

Em Novo Redondo, circularam nesta fase os seguintes títulos: o *Quanza Sul* (1929), o *Folha do Sul* (1929) e o *Mocidade* (1929). Em Benguela continuava a circular o *Jornal de Benguela*, mas também saíram *O Momento* (1928–29), *O Comércio de Benguela* (1929), o *Notícias de Benguela* (1931), *A Verdade* (1933, quinzenário com propriedade e direção de J. Sousa Carvalho) e *O Intransigente* (1929–74), do qual falar-se-á à frente.

Em Nova Lisboa, Adolfo Pina foi o fundador da Gráfica Nova Lisboa, ao que se seguiu a fundação do jornal *O Planalto*, com o n.º 1 em 17 de maio de 1930 ([59]). Até 1932, esteve à frente do jornal um funcionário do Banco de Angola na cidade. O periódico passou a chamar-se *Voz do Planalto* entre 1932 e 1959. Passou a ser trissemanário em 1959, voltanto ao título *O Planalto*. Foi publicado até 1974, teve como foco a defesa dos interesses do Huambo, e nos seus últimos anos foi adquirido pelo agricultor J. Martins Nogueira.

### *O alinhamento da imprensa com o regime*

Em 1940, a população de Angola era de 3 788 100, dos quais apenas 91 611 eram considerados «população civilizada»; existiam 68 escolas primárias, 34 postos escolares e sete escolas profissionais ([60]). A economia angolana continuava a fortalecer-se na década de 1940, com o aumento da produção de café e milho — em fazendas que na sua maioria pertenciam aos europeus, enquanto os africanos trabalhavam nas culturas forçadas de algodão, que continuavam incipientes.

---

([59]) As coleções dos jornais *O Planalto* e *Voz do Planalto* da Biblioteca Nacional de Portugal estão em processo de digitalização, e por isso indisponíveis ao público.

([60]) *Anuário Estatístico 1949 Colónia de Angola* (Luanda: Imprensa Nacional, 1951).

A coleta do imposto indígena, crescentemente em dinheiro e não em géneros, também contribuía para as contas públicas (Gonçalves, 2011, 102–103). Com o fim da Segunda Guerra Mundial, o preço do café disparou e muitos produtores de Angola enriqueceram, o que reforçou os conflitos entre europeus e africanos, vista a continuidade do trabalho forçado e dos abusos, bem como o problema das terras e da concorrência entre os agricultores. A crescente produção de café também incrementou a emigração para Angola, e em 1950 estavam no território cerca de 78 mil portugueses.

Diferente do que se passara na década de 1930, com o aparecimento de títulos que procuraram ser críticos e fazer oposição ao regime, na década de 1940 a imprensa estava controlada, a fazer a propaganda do Estado Novo, das suas políticas e dos seus líderes.

Desde 1933, saía de forma irregular *Angola, revista mensal de doutrina, estudo e propaganda instrutiva*, publicada pela Liga Nacional Africana. Na coleção da BNP há exemplares de 1941–43, embora haja registos de que a revista tenha circulado até 1953. A edição de maio e julho de 1941 tinha como manchete o serviço à pátria: «A Liga Nacional Africana, desde a sua fundação, orgulhou-se sempre de ser um valioso cooperador na obra de engrandecimento de Angola. Nada lhe tem sido indiferente desde que se trate do progresso da colónia e do bem-estar das populações autóctones.» A mesma edição registava que a Liga tinha oferecido dois monumentos ao público, uma estátua de Afonso Henriques, inaugurada nas comemorações do 28 de Maio, e uma edição especial da revista sobre o centenário da restauração portuguesa. Além de temas culturais, a exemplo da poesia de Camões, a revista trouxe temas religiosos e elogiou os governadores de Angola e São Tomé, bem como a obra de Salazar. A edição de julho e agosto de 1943, no âmbito do 13.º aniversário da Liga, observava que, «quando um negro viu pela primeira vez um branco, viu nele seu elemento civilizador», sublinhando que «Temos sabido, não imitar, mas assimilar sem reserva, o espírito do progresso que do povo português nos veio, e a que correspondemos com o nosso indefectível amor, patriotismo e lealdade».

Nesta fase, em Luanda, regista-se o *Mocidade Portuguesa*, que circulou em 1941. Em Sá da Bandeira, em 1940, apareceu *A Huíla, Semanário Defensor dos Interesses da Província*, que teve como proprietário e diretor Carlos Alberto Cacella de Victoria Pereira e foi publicado até 1974.

Em Malanje, entre 1946 e 1951, circulou o *Angola Norte, Semanário Independente*, que tinha como diretor António Bargão Robalo. O n.º 1, de junho de 1946, trazia na capa um texto do governador distrital, o qual notava que «poderá ter um papel importantíssimo [o jornal] nesta Província, não sendo usado como uma arma, mas como um livro». O título assumia-se como uma iniciativa dos colonos, «Malange merece uma imprensa que brade as suas necessidades e evoque sem desfalecimentos os seus anseios». Apesar da promessa, o jornal foi um fiel colaborador do governo local e da colónia, bem como referendou e aplaudiu as políticas da metrópole e do regime. Em agosto de 1947, n.º 65, o jornal criticava os trabalhadores africanos e a «indústria clandestina», que, sem estar registada, prejudicava o comércio legalmente estabelecido: «com materiais de procedência muito duvidosa oferecem os seus artigos e serviços por preços irrisórios, com manifesto prejuízo da economia geral, sabido que o preto entregue a si próprio não produz o equivalente a sua capacidade de trabalho». O *Angola Norte* saudava o Estado Novo como «democrático» em janeiro de 1948, n.º 84, registando que «o governo coloca o superior interesse da pátria acima e muito além dos interesses ou predilecções de homens e grupelhos». Na mesma linha, em julho de 1949, o jornal dava destaque a uma reportagem da revista alemã *Der Spiegel* — sobre a visita de Óscar Carmona a Moçambique, com imagens deste a ser recebido pela população indígena —, a qual servia como «prova» da ação portuguesa em África, «realização histórica única». «A participação portuguesa no progresso do mundo» era responsabilidade «da obra política e da obra espiritual que realizámos no Ultramar. Mas se essa obra vem de longe, como colonização e civilização, tem os seus alicerces no plano económico em recentes actos e decisões», apontava o *Angola Norte* em abril de 1950, n.º 203.

Na coleção da BNP, o último exemplar do jornal é de setembro de 1951, n.º 274, que destaca a manchete da revista italiana *Concórdia*, «O regime português despertou a simpatia do povo», contudo, o jornal foi publicado até 1974.

Em Benguela circulava desde 1929 *O Intransigente, Semanário Defensor do Nacionalismo em Angola, Pela Pátria, Pela República*, propriedade da gráfica de Benguela e tendo como diretor António Leitão Pinheiro, então presidente da Câmara Municipal de Benguela. Em 1932 o redator principal do jornal, Gastão Vinagre, passou a diretor do periódico e dirigiu-o até ao seu fim, em 1962. Até 1937, *O Intransigente* fez uma crítica moderada do regime e reivindicou políticas económicas distintas das emanadas da metrópole. Por exemplo, em junho de 1930, n.º 60, reclamou da isenção do imposto de rendimento aos agricultores; em julho de 1931, n.º 117, rejeitou o decreto de transferência de fundos de Angola para Lisboa; em setembro de 1933, n.º 231, atacou a política fiscal; em novembro de 1934, n.º 290, defendeu que o «povo» também deveria votar para os vogais do Conselho de Governo; em fevereiro de 1935, n.º 304, reivindicou assistência aos indígenas, «maior riqueza da colónia»; e em março de 1936, n.º 359, reclamou das restrições impostas pela indústria da metrópole. No entanto, a partir de 1937, o jornal voltou-se para a defesa do regime e da ação colonial da metrópole, alinhando-se com outros títulos da colónia na propaganda do Estado Novo, publicando relatórios e balanços das instituições públicas e os discursos das lideranças políticas. Em outubro de 1941, n.º 648, o texto da capa notava que «é justo salientar que o governo de Salazar não descura um só momento a defesa da economia ultramarina». Em março de 1946, n.º 1070, o jornal saudava o discurso do deputado de Angola na Assembleia Nacional, Fausto Frazão. Em abril de 1947, n.º 1171, a homenagem era a Henrique Galvão, que merecia «a gratidão dos colonos de Angola» por defender os seus interesses económicos. Em setembro de 1950, n.º 1895, o título elogiava o desenvolvimento da cidade de Sá da Bandeira, e anotava que em Angola o desenvolvimento anunciava a «realização de perspectivas triunfantes».

*O Intransigente* foi bissemanário por curtos períodos na década de 1940 e 1950, publicou-se regularmente até fevereiro de 1962, quando morreu o seu diretor, Gastão Vinagre, tendo mantido até ao fim uma linha de suporte ao projeto colonial e ao regime. Até 1974 saíram duas edições por ano do título, com o intuito de garantir a sua propriedade.

### *O jornalismo e a propaganda do regime*

Na década de 1950, o sector industrial reforçava-se em Angola, com indústrias de conserva e farinha de peixe, confecção de roupa e calçado, artigos de borracha e iniciativas no sector do cimento. A produção de açúcar era significativa, além de pequenas indústrias no sector alimentar. Em 1955, foi autorizada a instalação da primeira refinaria de petróleo em Luanda e, em 1956, foram exportados os primeiros barris. A pesca e a sua indústria desenvolveram-se neste período, bem como se ampliaram os rebanhos. O sector da construção civil foi incrementado, com obras de barragens em Luanda e Benguela e zonas habitacionais, o que decorria do aumento do número de colonos portugueses (Gonçalves, 2011, 103–107).

No período de 1946–60 a relação económica de Portugal com Angola, como importador e exportador, deteriorou-se, embora o défice angolano na balança comercial permitisse o acúmulo de divisas para a metrópole. A acumulação de défices entre 1957 e 1960 levou a novas dificuldades cambiais e a outra crise nas transferências. Nestes 15 anos, a indústria transformadora pouco cresceu; em 1960 sobressaía a refinação de petróleo e borracha, a produção de cimento, lacticínios e cerveja e a indústria metalomecânica. A indústria extrativa sofreu pouco incremento, e predominava a extração de diamante, ferro e petróleo. No geral, a indústria transformadora estava ligada ao capital português e a extrativa, ao capital internacional. Os principais impostos eram os direitos de importação e exportação e o imposto indígena (Dilolwa, 2000 [1978], 109–117). É desta altura o primeiro plano de desenvolvimento económico, em 1956–59, que reduziu o protecionismo económico. Porém, as grandes companhias continuavam a dominar os investimentos e o crédito, enquanto os pequenos e médios produtores e industriais não tinham acesso aos empréstimos.

A prosperidade da década de 1950 alimentava ideais de autonomia e independência entre europeus e africanos. Identificam-se quatro sectores sociais em Angola nesta altura: as associações africanas, patrocinadas pelo governo; os novos partidos africanos na clandestinidade; os grupos étnicos de separatistas africanos; e os partidos (informais) de colonos europeus. Entretanto, os grupos europeus dividiam-se entre a ideia da independência e da associação com Portugal, e os interesses económicos sobrepunham-se às questões políticas.

Desde 1948, há relatos de atividades comunistas em Angola, e estas parecem ter tido origem no Partido Comunista Português, que contribuiu para a disseminação de ideias marxistas e socialistas em Luanda. Em 1955, foi criado o Partido Comunista de Angola (PCA). Embora a sua existência tenha sido efémera, a organização foi decisiva no desenvolvimento do nacionalismo angolano. No início de 1956, o PCA participou na criação do Partido da Luta dos Africanos de Angola, que por sua vez esteve na origem do Movimento Popular de Libertação de Angola (MPLA) em dezembro de 1956 ([61]). O MPLA designava-se como uma frente ampla de reunião dos diversos sectores nacionalistas, e no seu manifesto clamava pela unidade das forças sociais no combate ao colonialismo, argumentando que o seu fim dependia da «luta revolucionária». Entretanto, em 1957, foi criado o Movimento de Independência Nacional de Angola e, em 1960–61, o Movimento de Libertação de Angola, este fundado por jovens intelectuais de Luanda. A crescente agitação política em Angola levou à instalação da PIDE na colónia em 1957. Nas eleições presidenciais de 1958, a população de origem europeia expressou a sua insatisfação com o regime, apoiando o candidato de oposição,

([61]) Sobre a história do MPLA, ver também M. Bittencourt, *"Estamos Juntos!" O MPLA e a luta anticolonial (1961–1974)*, 2 vols. (Luanda: Kilombelombe, 2008).

Humberto Delgado. Neste cenário, o governo intensificou a repressão aos movimentos subversivos e, em março de 1959, realizou prisões maciças em Luanda. A repressão obrigou a direção do MPLA a concentrar-se na Europa, com os seus principais líderes no exílio, entre eles Agostinho Neto, Mário Pinto de Andrade e Viriato da Cruz (Munslow, 1969, 27–39).

Ao longo da primeira metade do século XX, os reis católicos mantidos pela administração portuguesa no norte de Angola (no antigo Reino do Congo), bem como as instituições coloniais na região, sofriam com a insatisfação e a pontual resistência popular. A partir de meados da década de 1950, os grupos locais de oposição, com células no Congo Belga, passaram a reivindicar o restabelecimento de um reino do Congo independente de Portugal. Foi o princípio do nacionalismo na região norte, que teve na sua base agricultores da etnia bacongo com laços à Igreja Protestante. Em julho de 1956, em Leopoldville, surgiu a União das Populações do Norte de Angola (UPNA), que procurava articular-se internacionalmente e apresentar as suas demandas à ONU. Em 1958, representando a UPNA, Holden Roberto participou na Conferência dos Povos Africanos, em Acra. Dadas as críticas dos líderes africanos à organização, a qual era acusada de «tribalismo», Holden Roberto lançou a União das Populações de Angola (UPA), que no seu manifesto clamava pela independência de todo o território. Em 1959, Holden Roberto falou na 42.º Assembleia da ONU, e pela primeira vez o tema da independência de Angola surgiu no cenário internacional. Em janeiro de 1960, o líder da UPA participou na segunda Conferência dos Povos Africanos, em Tunes, onde se encontrou com a delegação do MPLA. Apesar dos convites desta organização, Holden Roberto recusou-se a fundir os movimentos. O nacionalismo também se manifestou na região do centro de Angola, entre os povos ovimbundos. Com raízes protestantes e católicas, surgiu em 1954, entre outras organizações, a Juventude Cristã de Angola (Munslow, 1969, 61–70; 101–109). Em 1966, fruto das divergências internas da UPA, Jonas Savimbi fundou a Unita (União Nacional para a Independência Total de Angola).

O MPLA, a FNLA (Frente Nacional de Libertação de Angola, fundada pela UPA) e a Unita foram as três forças político-militares que assinaram o cessar-fogo com os portugueses, em 1974, e que deram início ao processo de transição para a independência de Angola ([62]).

Em 1951, saíram dois números da revista cultural *Mensagem*, publicada pelo departamento cultural da Associação dos Naturais de Angola, com o objetivo de propagar mensagens «literárias, estéticas ou ideológicas». A revista teve a colaboração de Agostinho Neto, Mário Pinto de Andrade e Viriato da Cruz, entre outros críticos do regime e do colonialismo. Contudo, a edição do terceiro número foi proibida pelo governo de Angola. Assim, apesar da existência de grupos de oposição ao regime entre africanos e europeus, a censura e o controlo da imprensa por grupos ligados ao governo impediu a sua manifestação através do jornalismo.

A instalação da PIDE em Angola, com a transferência de quadros da metrópole para a província, foi noticiada pelo n.º 1 do *Notícias de Angola, Jornal Independente do Povo e para o Povo*. O jornal saiu em Luanda em julho de 1957, bissemanário, propriedade da tipografia A Minerva e dirigido por Fernando Janeiro. A primeira edição assumia como linha editorial «servir o público, defender os interesses legítimos da comunidade, contribuir para a grandeza do país, ser elemento de acção renovadora e construtiva». Em dezembro deste ano, n.º 43, o jornal observava que «Angola atravessa a sua fase de mais intensa evolução. Assistimos ao restituir, junto das massas populares, da fé optimista em melhores dias. Alguém de novo insufla a confiança segura e serena na sua energia de viver, de se renovar, de progredir.» A edição também assinalava o trabalho «sistemático e ponderado» do governador. Em março de 1958, n.º 71, o jornal reclamava

([62]) Sobre a história e as diferenças entre o MPLA e a FNLA, ver J. M. A. Mbah, *As Rivalidades Políticas entre FNLA e MPLA (1961–1975)* (Luanda: Mayamba, 2010). Outro estudo sobre a luta de libertação em Angola e os movimentos nacionalistas, o qual inclui entrevistas com lideranças políticas e a reprodução de documentos das organizações, é A. J. de Freitas, *Angola: O Longo Caminho da Liberdade* (Lisboa: Moraes Editores, 1975).

da quebra na produção do algodão e assinalava a exportação de manganês de Angola. O último número do jornal na coleção da BNP é de 9 de Agosto de 1958, n.º 100, o qual saudava a eleição do presidente Américo Tomás e do novo governador-geral de Angola.

O *Jornal de Angola*, da Associação dos Naturais de Angola, publicou-se entre 1953 e 1961 e pretendeu-se mensal, embora tenha sido irregular. Até 1961, o jornal esteve voltado para a propaganda e defesa do projeto colonial. Em 1957, n.º 46, entre os temas da edição, as declarações do governador-geral sobre a situação da província, o problema das transferências, a questão da colonização branca e a relação dos indicados pela União Nacional para representar Angola na Assembleia Nacional. Em abril de 1958, n.º 51, o jornal sublinhava que «Todo o mundo português está com Salazar nesta data gloriosa em que perfaz trinta anos de governo ao serviço da paz e do progresso da Nação por um Portugal maior». Em maio de 1960, n.º 77, discutia a posição de Portugal no ultramar: «Será possível duvidar que as bases da nossa estadia em África não sejam tão seguras que tenhamos de nos escudar perante as pedradas, ainda que mal atiradas, por consensos políticos internacionais que somente invejam a nossa serenidade e tranquilidade?» Entretanto, em 1961, o jornal adotou uma linha editorial que privilegiava temas culturais, por exemplo, na edição de abril (n.º 112), trazia uma entrevista com Luandino Vieira (militante do MPLA e escritor que já tinha estado preso por atividades «subversivas»), textos sobre literatura angolana e poesia moçambicana. A última edição do *Jornal de Angola* na coleção da BNP é o n.º 113, de novembro de 1961, na qual se discutia a existência de uma tradição literária angolana, os preconceitos raciais e a questão da educação, e trazia poesia das novas gerações.

O semanário *Jornal da Huíla* saiu em abril de 1955, com propriedade e direção de Venâncio Guimarães Sobrinho, oficial da Marinha e então proprietário de uma oficina mecânica em Sá da Bandeira, mas que se tornaria presidente da Associação Comercial da Huíla e, em 1971, seria vogal do Conselho Legislativo do governo de Angola. A edição n.º 1 assumia o jornal como «independente» de pessoas, partidos e empresas, todavia, afirmava o «apoio completo ao governo da nação», embora reconhecesse que pudesse discordar em matérias administrativas. De facto, o jornal sempre esteve ao lado do regime e do projeto colonial, defendendo as políticas de Salazar e publicando os discursos dos ministros. Em agosto de 1961, quando da revogação do estatuto de indígena, o jornal saudou as medidas como «clarividentes e adequadas às circunstâncias», afirmando a expectativa de que «surjam sem demora outras ainda mais progressistas». Contudo, quando o Instituto do Trabalho (por recomendação da ONU) orientou que a alimentação dos trabalhadores fosse paga em dinheiro, o jornal reagiu (fevereiro de 1967, n.º 661), acusando os «pretos» de «beberem o dinheiro e faltarem ao trabalho». O *Jornal da Huíla* criticou pontualmente algumas das políticas e práticas do governo metropolitano. Por exemplo, em janeiro de 1957, n.º 88, atacava o atraso do Estado nos pagamentos aos comerciantes e industriais, o que os obrigava a recorrer ao crédito. Em 1959, quando o jornal se tornou bissemanário, acusou Melo Machado, deputado por Angola na Assembleia Nacional, de desconhecer o problema das transferências, ressaltando que a carta orgânica previa a facilitação das transferências de recursos financeiros para a metrópole, o que na prática não acontecia, deixando milhões de contos parados nos cofres de Angola. Em outubro de 1962, n.º 442, o periódico questionou o Mercado Único Português, visto que as economias de Angola, Moçambique e Portugal eram complementares apenas no campo agrícola, sendo «concorrentes» nas demais áreas. No âmbito da política local, o jornal também interveio. Em abril de 1963, n.º 468, denunciava a câmara municipal por estar «empenhada em luxos e fantasias que não têm qualquer interesse para a cidade e representam um desperdício de dinheiro numa época em que é aconselhável a supressão de todas as despesas supérfluas». Embora tenha passado ao lado da guerra colonial e dos conflitos em Angola, em setembro de 1969, n.º 793, o jornal publicava um discurso de Spínola sobre a situação na Guiné, e dizia «não» ao abandono do ultramar, ainda que defendesse a política de liberalização de Marcello Caetano. Em janeiro de 1971, n.º 860, publicava um discurso do general Sá Viana Rebelo, que argumentava que «o país faz a luta sozinho em três frentes e ainda faz investimentos em obras de fomento». Em abril de 1974, o jornal não saiu, tinha optado por «refletir» sobre os acontecimentos políticos. A edição n.º 1028, de maio de 1974, trazia um texto sobre o problema ultramarino pelo «chefe socialista» Mário Soares; destacava as palavras de Agostinho Neto, «Pretos e brancos são povos de Angola»; e publicava um discurso do diretor do jornal no Conselho Legislativo de Angola em 1971, na altura proibido pela censura, no qual Venâncio Guimarães Sobrinho criticava o governo pela crise e o regime por impedir a participação política dos colonos. O jornal continuou a circular até março de 1975.

Na década de 1950, em Moçâmedes circulou *O Namibe* (de 1956 até meados da década de 1970). Em Luanda, saiu a revista *Notícia* (1959), propriedade da Neográfica e com uma tiragem de cerca de 3500 exemplares. A *Notícia* explorou reportagens de entretenimento e relatou episódios da guerra colonial em Angola com uma perspetiva que defendia o império e o colonialismo.

### *A imprensa como instrumento de governação*

Ao longo do Estado Novo, a sociedade angolana manteve-se estruturada em desigualdades «raciais» e na exclusão dos africanos de qualquer tipo de participação social, económica ou política. A progressão social foi vedada aos africanos até 1961, e o número de assimilados foi restrito, cerca de 30 mil (0,7% da população africana) na década de 1950. Porém, o fim da política indígena e a igualdade de estatuto jurídico entre europeus e africanos não implicaram medidas que promovessem a inclusão social e económica da população de Angola (Bender, 1978, 150; 212–213).

A guerra colonial deu os seus primeiros sinais em 1960, em Angola. A Revolta do Algodão, na Baixa do Cassange, resultou da insatisfação com o sistema obrigatório de cultivo do algodão, com os trabalhadores a recusarem-se a trabalhar e a pagar impostos entre novembro e dezembro de 1960, e com ataques a estabelecimentos comerciais e postos administrativos. A repressão, em janeiro de 1961, incluiu bombardeamentos e o uso de *napalm*. Em Luanda, na madrugada de 4 de fevereiro de 1961, pequenos grupos atacaram a prisão de São Paulo, a polícia e a estação de rádio. Foram rechaçados, mas houve mortos e feridos, o que levou a reação do governo e da comunidade de origem europeia nos dias que se seguiram, provocando o terror, mortes e prisões em Luanda. Em março, seguiu-se a insurreição do Congo, organizada pela UPA, com inúmeros portugueses e africanos mortos (Pélissier, 2009, 249–260). Apesar da diversidade de grupos políticos nacionalistas e das suas divergências, emergia a guerra de libertação em Angola ([63]).

A edição de 7 de fevereiro de 1961 do *ABC Diário de Angola* trazia na capa o discurso do governador-geral de Angola, Silva Tavares, a respeito dos acontecimentos de 4 de fevereiro:

> Os agitadores pretendiam e pretendem, em obediência a comandos internacionais que já haviam chegado ao conhecimento do Governo, porque sabem e conhecem ser impossível fomentar um movimento de alguma envergadura, criar lutas episódicas que possam especular. Dum simples incidente pretendem tirar o máximo de efeito para as suas manobras internacionais.

([63]) Sobre a guerra de libertação em Angola, regista-se a coletânea de textos jornalísticos, escritos por jornalistas nascidos em Angola mas no exílio, publicados em jornais africanos de língua francesa, a exemplo do *Le Courrier d'Afrique* (Kinshasa), entre 1961 e 1975, S. Casimiro, org., *Memórias do Jornalismo que Acompanhou a Luta de Libertação Nacional, «Maquis» e Arredores* (Luanda: Mayamba, 2011). Outra referência sobre a luta de libertação é a coletânea *Textos e Documentos do MPLA sobre a Revolução Angolana* (Lisboa: Edições Maria da Fonte, 1974). Regista-se ainda o relatório sobre a situação de Angola em 1970, a partir das observações do autor no terreno, por B. Davidson, «Angola in the Tenth Year: A Report and an Analysis, May–July 1970», *African Affairs*, vol. 70, n.º 278 (1971): 37–49.

O *ABC Diário de Angola* tinha publicado o seu primeiro número em 10 de junho de 1958, era propriedade das indústrias ABC e dirigido por Manuel Monterroso Carneiro. Este narrava, na primeira página daquela edição, que desde 1954 havia a iniciativa do jornal, mas que apenas «agora» o pedido tinha sido deferido pelo governador, a quem «o jornal afirma a sua consideração». O propósito do jornal era «prodigalizar notas de boa convivência dos colonos e o legítimo das suas aspirações». O título teve uma agenda variada, com temas económicos, sociais, internacionais, culturais e desportivos. No que tange à sua orientação, esteve sempre ao lado do governo e do regime, embora não deixasse de pautar reivindicações para o desenvolvimento económico de Angola ([64]). «Gilberto Freyre acusa os indianos a quem classifica de "ridículos imperialistas" de visarem principalmente a África Portuguesa» era a manchete em 26 de março de 1962, número que também noticiava que «um grupo de bandoleiros tentou atingir trabalhadores agrícolas em S. Salvador»; que «elementos terroristas em Dange atiraram sobre uma patrulha militar» e que «nativos voltam a sua região, onde recebem assistência médica e alimentar». A partir de 1965, o diretor do jornal foi António Pinto da Fonseca, e na primeira página do periódico aparecia o nome de Manuel Machado Saldanha como fundador do *ABC*. Em 1967 o diretor é Frederico Braga Paixão, e em 5 de agosto deste ano o jornal dava destaque às novas instalações da escola técnica dos serviços de saúde no âmbito local e ao não alinhamento de Joseph-Désiré Mobutu, do Congo, com os países de tendência socialista. Com a mudança política de 1968, o *ABC* sublinhou as manifestações de rua em Luanda, nas quais «Angola exprimiu sua gratidão a Salazar e deu o seu apoio ao governo de Marcello Caetano». A partir de

([64]) Melo, que foi colaborador do jornal, relata que o *ABC* foi «de feição antisalazarista». No entanto, a análise do jornal neste período revelou uma agenda de crítica moderada ao regime até meados da década de 1960, não identificando conteúdos que se opusessem ao regime, nem indicadores de suspensão. A. B. de Melo, *História da Imprensa de Angola* (Queimados, RJ: Semana Ilustrada, 1973), 173.

1969, o jornal passou ao controlo do grupo Mota Veiga, deixou de lado a propaganda dos temas políticos e adotou uma linha comercial e sensacionalista. Em 14 de novembro daquele ano, por exemplo, a manchete do *ABC* era «O crime da Samba, a caçada ao assassino prossegue intensamente». Em 1971, o *ABC* apareceu como *Jornal da Tarde*, e na primeira página de 18 de janeiro assinalava «Dois barcos russos ao largo de Singapura» e «Mulher abatida a tiros de pistola pelo homem que a tentou violar». O título continuava a publicar notícias breves de Luanda e do Interior, temas internacionais que passavam ao lado do contexto africano, conteúdos dirigidos à mulher e informação desportiva. Neste ano, o jornal tornou-se irregular e a partir de então saiu duas vezes por ano, apenas para garantir a propriedade do título. O último número é de 13 de maio de 1974, o qual tem como manchete uma declaração de Champalimaud: «É-me difícil conceber como é que alguém de qualquer partido político ou mesmo facção de guerrilha possa conscientemente prescindir do esforço português em África.»

Os acontecimentos no Congo, em 1961, tiveram reflexo na imprensa regional, e o *Jornal do Congo*, em junho de 1961, n.º 153, afirmava que,

> Com referência especial aos nativos desta nossa Angola, temos de atender ao facto de ter sido o milongo, que pretos do exterior, evoluídos na prática do genocídio, lhes ministrou a ponto, de privados completamente da faculdade de pensar, se esquecerem de que fomos nós que lhes substituímos por tecidos, as folhas de palmeira com que se resguardavam da chuva e do frio e os ensinámos também a comer de faca, garfo e colher e tudo o mais em matéria da nossa política de integração racial e seu desenvolvimento geral.

O título circulava na cidade de Carmona desde 1958, propriedade da Empresa Gráfica do Uíge e dirigido por António Francisco Borja dos Santos. O *Jornal do Congo* foi defensor do regime e do governo, bem como da ação colonial em África, que caracterizava como «pacífica e humanitária». Porém, em setembro de 1962, o semanário defendia o povoamento do ultramar através de um «programa de desenvolvimento da ocupação militar». Desde 1962, o jornal publicava o *Boletim das Forças Armadas*, o qual, em janeiro de 1968, n.º 499, assinalava que terroristas vindos do Congo tinham atacado a polícia em Cabinda, além de relatar rusgas e emboscadas nas quais as forças portuguesas atuavam heroicamente. Em janeiro de 1971, n.º 657, o *Jornal do Congo* saudava a intervenção do deputado Pinto Machado na Assembleia Nacional, que tinha defendido reformas, as quais eram aprovadas pelo título: «Não há lugar para indiferentes, a maioria silenciosa terá de tomar posição, que não pode deixar de ser a dos caminhos da reforma, que são os caminhos do progresso.» O periódico também se preocupou com a defesa dos interesses da região e, em abril de 1972, denunciava o «ataque à pecuária do Norte», o estado «mísero» das estradas da região e homenageava o deputado Manuel Montanha Pinto, também presidente da Câmara de Carmona. O último número do jornal saiu em 25 de abril de 1974; a edição anunciava a Junta Militar e temia que «as consequências mais profundas serão para o ultramar».

O desenvolvimento económico acelerou-se ao longo da década de 1960, com o incremento da indústria transformadora num mercado interno em expansão. A indústria representava, em 1960, 26% do PIB e, em 1973, 41%. Lideravam o sector industrial a produção de alimentos, o sector têxtil, os minerais, o tabaco, os derivados de petróleo e os produtos metálicos. Porém, a liberalização da economia agravou o volume de pagamentos devidos por Angola e a balança com a metrópole tornou-se negativa a partir de 1966. O sistema de pagamentos interterritoriais, associado à moeda única, facilitou o deslocamento de capital, o que trouxe nova crise nas transferências de Angola para Lisboa. Apesar dos avanços, a burguesia colonial sentia-se insatisfeita com a evolução da indústria, porque a economia continuava a ter como base a exportação de matérias-primas. Daí que, a partir de 1971, o governo central tenha retomado o protecionismo, com a regulação do sistema de pagamentos e restrições nas importações, medidas com as quais esperava resolver o problema do défice da província e, em simultâneo, converter Angola numa economia exportadora de base industrial (Valério e Fontoura, 1994, 1202–1206). Em suma, entre 1960 e 1970 deu-se o «arranque» do desenvolvimento industrial de Angola, com a expansão e a diversificação da produção e com a melhoria do mercado interno, embora a população de origem europeia tenha sido a principal beneficiada em detrimento dos africanos. O predomínio das indústrias de exportação revelava a dependência de uma economia controlada pelo governo central, com um carácter de exploração colonial (Torres, 1983, 1107) ([65]).

Comercial e voltado para o entretenimento foi o *Jornal Magazine*, quinzenário propriedade de A. Sousa Vieira, que saiu em Luanda em 9 de agosto de 1964. O n.º 1 notava que o «jornal aparece numa hora difícil» e saudava «a todos etnologicamente, subordinados apenas ao lusitanismo dos nossos antepassados». Reportagens a focar as belezas e as riquezas naturais das regiões e cidades de Angola, notícias sobre as estrelas do cinema, conteúdos voltados para as mulheres (moda, culinária, beleza), jogos para crianças e uma página literária estiveram entre os temas privilegiados do *Jornal Magazine*. Embora tenha evitado os temas políticos, quando o fez, o jornal apoiou o governo e o regime. No n.º 7 de 1965, por exemplo, exaltava Cabinda como «sentinela de Angola», com textos elogiosos aos dirigentes e administradores da região. Em 1967, o diretor do *Jornal Magazine* foi o advogado Victor Homem de Almeida, e o n.º 32, de junho, perguntava na capa «Quem é Roberto Carlos, o rei do yé-yé do Brasil?» e cogitava se «Estaline era descendente de judeus portugueses?». A última edição do jornal na coleção da BNP é de maio de 1971,

([65]) Um conjunto de textos do MPLA, publicados nas décadas de 1960–70, abordava as relações entre economia, imperialismo, «neocolonialismo» e a guerra em Angola a partir das relações económicas e políticas entre Portugal, Alemanha e África do Sul, entre outros países e agências internacionais «ocidentais». *MPLA, O Imperialismo em Angola* (Lisboa: Cadernos Portugália, Universidade do Porto, 1975).

n.º 78, a qual afirmava na capa que «A sorte do país depende da capacidade de resolução e da tenacidade dos seus cidadãos».

Na década de 1960 circularam em Angola os seguintes títulos: *A Voz do Bié* (1961, propriedade da paróquia de Silva Porto); *Sul* (1962, Lobito); *Angola-Centro* (1962–63, mensário, propriedade da paróquia de Benfica, no Huambo); *Actualidade Económica* (1965–75, Luanda, revista semanal); *Tribuna dos Musseques* (1965–74, Luanda); *Semana Ilustrada* (1967–75, Luanda); *A Palavra* (1970–74, Luanda); e *Cuanza-Sul* (1971, Novo Redondo).

O *Diário de Luanda* tinha substituído o *Última Hora* em 1936. O título foi fiel ao regime e aos governos de Angola, propagando o programa colonial e as suas diretrizes. Conteúdos religiosos e de entretenimento, notícias internacionais (a privilegiar a Europa e a excluir os temas sobre a situação na África Portuguesa), de Portugal e locais, e também o desporto, estiveram entre os assuntos favorecidos pelo título. Em março de 1950, o jornal tinha como epígrafe *Jornal da tarde, popular, independente e de informação*; o n.º 5560 tinha como manchetes «Pelas terras do Congo, uma viagem dos dembos ao Quitexe»; «Primeira exposição filatélica de Angola», «Assembleia Nacional, vai ser feita a revisão da Constituição» e «Aniversário de sua santidade o papa». Depois dos acontecimentos de Luanda, em fevereiro de 1961, a edição de julho daquele ano, n.º 9585, comentava o discurso de Salazar na Assembleia Nacional: «Fê-lo com a serenidade e a clarividência de sempre e exprimiu, como sempre, os verdadeiros sentimentos da nação. Disse da posição irredutível de Portugal, de Portugal d'aquém mar e d'além mar, na actual conjuntura. Referiu a evolução da campanha posta pelos afro-asiáticos na ONU, como porta-vozes da Rússia comunista.» A manchete de 26 de abril de 1974, n.º 14 130, abandonava os adjetivos: «A Junta de Salvação Nacional Anuncia Decisões: libertação dos presos políticos, suspensão total da censura à imprensa, abolição da DGS.» Com o fim do Estado Novo e o processo de transição para a independência de Angola, o *Diário de Luanda* mudou a sua orientação editorial, adotando entre 1974 e 1975 uma posição mais independente em relação aos poderes políticos e económicos, tendo sofrido uma mudança profunda na sua propriedade, direção e jornalistas.

## *A imprensa em Angola no Estado Novo*

Apesar da repressão aos movimentos sociais e políticos de Angola, das contínuas restrições à imprensa através da legislação e do estabelecimento da censura prévia, até meados da década de 1930 o jornalismo disseminou conteúdos característicos do papel monitor. Por exemplo, em 1933, o *Mossamedes* reivindicava a Constituição republicana; o *Última Hora* exigia o restabelecimento da ordem «democrática»; e *A Notícia* requeria liberdades: imprensa, reunião e propaganda. A crítica às políticas económicas de Lisboa destacou-se nesta fase, pois continuavam a favorecer a indústria metropolitana em detrimento do desenvolvimento da colónia. O *Notícias do Lobito*, o *Ecos do Sul* (de Sá da Bandeira) e *O Intransigente* (de Benguela) são exemplares da defesa dos interesses económicos dos colonos europeus neste período.

Contudo, se houve uma imprensa que fez uma crítica moderada às diretrizes centralizadoras e protecionistas do Estado Novo, esta conviveu com uma imprensa que apoiava o projeto político e colonial de Salazar, assim se manifestando o papel colaborador ao longo da década de 1930. Nesta linha, é simbólico que *A Província de Angola* se tenha associado e alinhado ao regime ditatorial, e depois ao Estado Novo, desde o princípio, o que se explica pelas conexões do jornal ao poder político e económico na colónia.

A consolidação do regime autoritário ao longo da década de 1930 significou o silenciamento da imprensa, o controlo dos seus conteúdos através da censura e o alinhamento dos jornais com o regime em Angola. Ao longo do Estado Novo, o jornalismo desempenhou papéis característicos dos regimes autoritários. Colaborou (através do apoio às diretrizes do regime, que não eram questionadas, mas sim exaltadas), fez a propaganda do regime (ao disseminar os discursos das suas lideranças e os documentos oficiais) e serviu como instrumento da governação autoritária. Entre 1940 e 1974, a imprensa de Luanda e das cidades do Interior aliou-se às políticas de Salazar, sobretudo para viabilizar os seus interesses económicos, mas também como caminho para a intervenção política (ainda que limitada e articulada aos interesses financeiros) através das associações comerciais e industriais, das câmaras municipais, dos governos de distrito, do Conselho Legislativo e da Assembleia Nacional. Por exemplo, entre os acionistas de *A Província de Angola*, a Diamang e o Estado português, associando interesses económicos e políticos. Na mesma linha, o *Jornal da Huíla*, que teve como diretor o presidente da associação comercial da região, em simultâneo vogal do Conselho de Governo; também o *Jornal do Congo*, com fortes laços ao presidente da Câmara de Carmona e deputado na Assembleia Nacional.

A imprensa africana foi incipiente ao longo do Estado Novo. Embora a Liga Nacional Africana tenha publicado uma revista entre 1933 e 1953, esta foi irregular e, quando saía, aplaudia e exaltava o regime, a «pátria» e a ação colonial. Assinala-se que a população africana desapareceu da agenda e dos conteúdos jornalísticos ao longo do período autoritário. Se não foram protagonistas, também como «objetos» da ação colonial, a sua aparição era rara, limitada aos contínuos problemas relativos à mão de obra e aos requisitos do processo de «civilização», que exigia educar os negros para que estes contribuíssem para o edificar da nação «una e pluricontinental». Quando a guerra colonial deu os seus primeiros sinais, a imprensa culpou os «pretos comunistas», pagos por Moscovo, de incitarem os negros de Angola, agora já considerados «pacíficos» e «civilizados», na retórica dos 400 anos da missão portuguesa em África.

O jornalismo deixou de ser um instrumento de luta política no Estado Novo, mas a imprensa manteve um perfil político, uma vez que deu apoio incondicional ao regime e ao governo e, no âmbito internacional, atacou as ideias e os países anticoloniais e socialistas. No entanto, simultaneamente, houve uma despolitização dos conteúdos, visto que, além dos discursos e documentos dos chefes e das instituições, prevaleceu na agenda o entretenimento, as notícias internacionais sem relação com a realidade africana, os temas desportivos, o enfoque religioso e as pautas dirigidas à mulher dona de casa. Ainda no que diz respeito ao perfil, a emergência de uma imprensa comercial e que privilegiava o entretenimento, caso dos jornais *ABC Diário de Angola*, a partir da década de 1960, e do *Jornal Magazine*.

«O jornal de maior expansão» foi um epíteto que acompanhou a maioria dos jornais nesta fase, embora os periódicos de Angola não anunciassem a sua tiragem. Pouco se sabe a respeito do público leitor e da circulação dos títulos no Estado Novo. Dos jornais, têm-se as seguintes informações: *A Lucta de Angola*, na década de 1930, anunciava uma tiragem de 1000 exemplares, e o *Jornal do Congo* parece ter tido cerca de 500 assinantes. Outra fonte de informação sobre as tiragens da imprensa são os anuários de Angola publicados pelo regime. Segundo tais documentos, em 1948, circulavam em Angola 19 «jornais e outras publicações», 13 em Luanda, quatro em Benguela, três na Huíla e um em Malanje. Entre estes, oito tinham uma tiragem entre 501 e 1000 exemplares, seis entre 1001 e 2000 exemplares, e cinco entre 2001 e 5000 exemplares. No conjunto, dois eram diários, três bissemanários, sete semanários, três de periodicidade mensal e dois trimestrais. Em 1970, os «jornais e outras publicações periódicas» do tipo «generalidades» eram um total de 37. Entre estas, duas publicavam entre 901 e 1900 exemplares; seis, entre 1901 e 7000 exemplares; duas, entre 7001 e 15 000 exemplares; oito, entre 15 001 e 70 000 exemplares; e 18, mais de 70 000 exemplares. Cinco eram publicações diárias, 11 semanais, dez mensais, quatro trimestrais e sete anuais ou «outra». Embora não se conheça quais títulos tinham qual tiragem, Melo (1993, 196) informa de que a revista *Semana Ilustrada*, em 1969, tinha uma tiragem de 15 000 exemplares, o que parece indicar que as grandes tiragens se referiam às publicações de entretenimento ([66]). É certo que o potencial

---

([66]) Dados sobre a imprensa periódica de Angola em *Anuário Estatístico 1949 Colónia de Angola* (Luanda: Imprensa Nacional, 1951); *Anuário Estatístico de*

público leitor de Angola cresceu nesta altura, o que se deveu à crescente imigração portuguesa para Angola, à ampliação da rede de ensino (incluindo maior acesso pelos africanos) e, mais tarde, à presença dos militares.

Quanto à propriedade dos periódicos, a título individual manteve-se associada a comerciantes e industriais. Também se registam jornais que foram propriedade de gráficas e de sociedades que agrupavam interesses económicos diversos. Os grupos sociais continuaram a ter os seus periódicos, ainda que estes fossem irregulares ou efémeros, a exemplo dos grupos religiosos, da União Nacional, da Liga Africana e da Associação dos Naturais de Angola. Além do boletim oficial, que se publicou até 1974, a participação do Estado como acionista na imprensa de Angola foi limitada, embora se manifestasse no principal diário da colónia, *A Província de Angola.* Esta fraca intervenção do Estado enquanto proprietário pode ser explicada pelo alinhamento generalizado da imprensa com o regime.

O número de jornalistas cresceu nestas décadas, em especial devido ao acréscimo de títulos diários e bissemanários e ao aumento do número de páginas das edições ao longo do período. Melo (1993) cita inúmeros jornalistas que escreveram na imprensa periódica de Angola ao longo do Estado Novo. No entanto, o crescimento do número de jornalistas e a sua afirmação enquanto categoria profissional não se refletiu nos títulos, visto que a esmagadora maioria das notícias e reportagens não era assinada e que os jornais não traziam fichas técnicas que indicassem os seus profissionais e os relacionassem com as respetivas editorias. Embora tenham atuado na imprensa de Angola jornalistas críticos do regime e do colonialismo, tal não se evidenciou nos conteúdos de imprensa, como é manifesto no que diz respeito aos jornalistas que apoiavam o regime. Quando os jornalistas procuravam ser independentes do governo e dos grupos económicos a este associados, eram punidos, a exemplo do caso de António Pires.

---

*1970* (Luanda: Instituto Nacional de Estatística, Delegação de Angola, Direcção Provincial dos Serviços de Estatística, 1973).

Em maio de 1964, n.º 521, o *Jornal da Huíla* trazia um texto assinado por este jornalista, o qual relatava ter sido demitido de *A Província de Angola* por pressão da Diamang, visto que tinha publicado uma reportagem na qual denunciava a desvalorização dos diamantes de Angola em relação aos da África do Sul, o que, inclusive, tinha alterado o preço dos diamantes na tabela do boletim oficial. O jornalista também reclamava que a imprensa de Angola «mantém o silêncio», sobre este caso e outros de censura.

Os jornalistas de Angola não estavam filiados no Sindicato Nacional dos Jornalistas e não há nenhum indicativo sobre a sua associação e organização enquanto categoria profissional na província. Quanto aos meios impressos, também não estiveram articulados em associações. No entanto, o Centro de Informação e Turismo de Angola (CITA) organizou na cidade do Luso, entre 3 e 8 de junho de 1964, a primeira reunião da imprensa não diária de Angola. Neste encontro participaram representantes de nove jornais, dos diversos pontos da província, e registou-se a ausência do *Jornal a Huíla* «por não concordar com a sua realização». Em relação às «funções» da imprensa, concluiu-se que «a função do jornal local ou regional compreende a informação e o estudo dos problemas económicos, culturais e sociais», e que os jornais, «na modéstia dos seus recursos, continuam a ser os guardiães e sentinelas vigilantes dos valores pátrios». Sobre as fontes noticiosas, o CITA comprometia-se a mobilizar os órgãos de governo no sentido de «facilitar a informação». A respeito da administração das empresas, definiu-se a criação de um curso de Artes Gráficas e o comprometimento do CITA na revisão das tarifas e impostos relativos à imprensa. Nas relações entre a imprensa e a rádio estimulava-se «a maior colaboração». Sobre as limitações da informação, o relatório do encontro assinalava que «a liberdade de imprensa não pode ser considerada um direito absoluto» e esperava que «se consiga a maior uniformidade de critério, no que se refere ao "corte de informações" [...] Mais: que qualquer notícia já censurada em qualquer localidade possa ser reproduzida sem mais formalidade.» Entre as recomendações especiais, que o CITA promovesse um curso de Jornalismo e que no próximo evento fosse discutido o problema da sindicalização dos profissionais (Silva, 1964, 11–15).

O paralelismo político foi forte também nesta fase, embora tenha tido uma única direção. Ou seja, o conjunto da imprensa traduziu a ordem política vigente, expressando a ideologia, a política e a ação do regime. Como se viu, existiam distintos grupos políticos em Angola, mas estes não tiveram expressão através da imprensa, o que confirma a existência de um paralelismo de sentido único. Este paralelismo entre a imprensa e o regime pode ser observado nos conteúdos (alinhados com a ordem política vigente ou despolitizados, mas nunca de oposição ou crítica); nos papéis desempenhados pelo jornalismo (ainda que na década de 1930 tenha havido uma crítica moderada, prevaleceu uma atividade jornalística característica dos regimes autoritários); na propriedade dos títulos, por indivíduos ou grupos ligados ao regime e com interesses económicos e políticos; e também através das práticas dos jornalistas, pois, ainda que o trabalho destes fosse limitado pela censura e pela legislação de imprensa, estes não se coibiram de fazer a propaganda do Estado Novo.

O Estado manteve uma forte intervenção na imprensa ao longo do regime autoritário. Os governos, metropolitanos, gerais e locais, foram decisivos na agenda jornalística, visto que os conteúdos políticos reportaram diretrizes, planos, discursos e ações destes, sem questionamento ou crítica, e, na maioria das vezes, de forma efusiva. A propriedade dos jornais, associada aos grupos económicos que apoiavam o regime, também foi uma forma de o Estado intervir na imprensa, visto que dependia dos governadores o deferimento dos pedidos de publicação. A legislação de imprensa estendeu-se a Angola e, no fundamental, definiu o abuso de imprensa e proibiu os periódicos em línguas que não a portuguesa (a partir de 1927); estabeleceu a censura prévia (a partir de 1932); obrigou a imprensa a «elucidar a opinião internacional sobre a nossa acção civilizadora e de modo especial sobre a acção exercida nas colónias e o progresso do império ultramarino» (a partir de 1933); exigiu cauções em dinheiro para a fundação de novos jornais e diretores licenciados (a partir de 1937).

A censura prévia em Angola começou em 1932 e, em maio deste ano, o *Última Hora*, n.º 10, notava que «a maioria da imprensa angolana é republicana» e opinava que «os artigos censurados não teriam causado qualquer problema ao governo ou ao regime». Note-se que a maioria dos jornais reclamou da censura até meados da década de 1930, quando esta deixou de ser questionada. *O Intransigente*, em março de 1936 (n.º 359), registava que «publicou-se o regulamento de censura à imprensa, menos para coibir abusos ou reprimir atitudes inconvenientes do que para imprimir uniformidade ao critério dos censores».

## MOÇAMBIQUE

Nas vésperas do golpe militar, em abril de 1926, surgiu em Lourenço Marques o diário *Notícias* ([67]). Na altura da sua fundação, teve como sócios advogados, militares e industriais, contudo, acabou por pertencer exclusivamente ao maçom e militar Manuel Simões Vaz. A edição especial vespertina do dia 28 de maio, a narrar o golpe, promoveu o jornal. Quando a Lei João Belo se estendeu às colónias, os diretores dos jornais publicados em Lourenço Marques lançaram um número conjunto de protesto, do qual não participou o *Notícias*. A crítica à nova legislação resultou na apreensão dos exemplares e na expulsão de dois jornalistas que respondiam pela publicação. «Este foi o último grito de liberdade permitido», realça I. Rocha (2000, 144). O *Notícias* não criticava o Estado Novo e a política colonial, pelo contrário, publicava todos os acontecimentos políticos da metrópole e da colónia, inclusive com a reprodução dos discursos das figuras públicas. As notícias sobre o governo de Moçambique ganhavam destaque na primeira página e favoreciam-no.

([67]) O *Notícias* continuava a circular em Moçambique em 2014, sendo o título mais antigo do país.

Os 55 títulos publicados em Moçambique em 1925 reduziram-se para 42 em 1927 como efeito da nova lei de imprensa (I. Rocha, 2000, 154). Entretanto, não deixavam de brotar tentativas de uma imprensa livre e independente. Em Lourenço Marques publicava-se, em 1931, o semanário *República, Pela liberdade — Pela democracia*, e, em 1933–35, saía o semanário republicano *Democracia*. Em 1931–33 publicou-se *O Direito*, propriedade de um jornalista. O *The Lourenço Marques Guardian* passou a diário em 1935, quando completou 30 anos de existência, e continuava a publicar notícias em português e inglês.

A carta orgânica de Moçambique foi publicada em 1933 e dividia-se em quatro secções — «Garantias Gerais», «Os Indígenas», «O Sistema Político Administrativo» e «Garantias Económicas e Financeiras». Entre as novas diretrizes da economia, o fim do direito administrativo das companhias e uma forte regulamentação das concessões pelo Estado. O Conselho Legislativo da colónia foi remodelado, dez dos seus membros eram chefes de departamentos administrativos e os restantes sete eram indicados entre as organizações estatais e as associações corporativas, o que reduziu a participação dos colonos na administração (Newitt, 1997, 393–395).

As culturas forçadas de algodão e arroz foram introduzidas como estratégia central da política económica do Estado Novo em Moçambique. O açúcar, o caju, o chá e a copra também ganharam destaque no período, contribuindo para os resultados económicos positivos da colónia. O sistema de cultivo forçado obrigava os africanos a manterem-se na sua zona e a cultivarem a terra. O aumento dos impostos e do custo de vida, a redução dos salários, as precárias condições de sobrevivência e o trabalho forçado levaram a manifestações de trabalhadores na Beira, em 1932, e em Lourenço Marques, em 1933 (Hedges, 1999, 36–55).

A industrialização iniciou-se na década de 1930 em Moçambique com um programa de substituição de importações. Nas vésperas da Segunda Guerra Mundial, a colónia já produzia bebidas, massas, cimento, cerâmica e mobiliário, entre outros. A produção agrícola, por sua vez, fez surgir fábricas de transformação. Em 1937 foi estabelecido um plano de fomento sexenal, o qual incluía a construção de caminhos de ferro, o desenvolvimento do Porto de Nacala, investimentos rodoviários e projetos de irrigação. Em 1942, o governador permitiu o recrutamento forçado daqueles que não tivessem um emprego pleno. O sistema de cadernetas ou livre-trânsitos foi estendido para se controlar os camponeses e, em 1944, foi implementado nas cidades. Além de controlar o trabalho, o livrete servia para limitar a circulação dos indígenas nos espaços urbanos.

Depois de ter atuado como plataforma de defesa dos direitos dos trabalhadores de Lourenço Marques e de ter resistido às represálias do governo entre 1924 e 1926, *O Emancipador* ainda jogou um papel de crítica ao regime ditatorial e à lei de imprensa. Depois do 28 de Maio, o jornal publicou edições únicas nas quais aparecia com os seguintes epítetos: dos Humildes; dos Produtores; dos Proletários; dos Espoliados; dos Operários; dos Sindicatos; dos Oprimidos; dos Artistas; e dos Desprotegidos. O jornal conseguiu encontrar um diretor que atendesse às exigências da lei e, a partir de 1926, tornou-se semanário. Com restrições editoriais, *O Emancipador* resistiu até 1937, quando foi suspenso (I. Rocha, 2000, 123–128).

Na Beira, segunda cidade de Moçambique, também surgiram jornais importantes. O *Comércio da Beira*, propriedade de maçons, foi semanário em 1928–29. Crítico da Companhia da Beira, que continuava a explorar o território, e do governo da metrópole, foi censurado e passou a chamar-se *O 19 de Junho*. Com a proibição da maçonaria em 1935, as dificuldades cresceram para o jornal, que se tornou quinzenário e deixou de ser publicado em 1937. Ainda o *The Beira News/Notícias da Beira*, defensor da política da Companhia, publicado até 1951.

Nos primeiros anos do salazarismo, *O Brado Africano* continuou a jogar um papel de crítica e denúncia, «expondo desvarios, desmandos, desvios de poder, e o esbanjamento» do regime colonial. O jornal fez campanha aberta contra a discriminação racial — que se fazia sentir sobretudo na educação, no funcionalismo público e nas diferenças salariais —, foi crítico da economia colonial, do trabalho forçado e imigratório. Porém, «enganado em relação aos possíveis benefícios para o povo africano» — o jornal defendia iniciativas coloniais como a cultura do algodão e os régulos estabelecidos pelo regime —, o título foi «dominado pela burguesia reformista» e pretendia «humanizar o colonialismo» ([68]). Apesar das diferenças entre os colaboradores do jornal, da censura e da perseguição aos jornalistas, *O Brado Africano* desempenhou até 1936 oposição ao regime autoritário e às suas políticas locais. Uma lei de 1936, aplicada a partir do ano seguinte, obrigava os funcionários do Estado a serem ativos no repúdio às ideias «comunistas» e «subversivas», o que afetou as associações e os sectores intelectuais. Ainda, a direção do jornal foi substituída por simpatizantes do regime a partir de 1937, quando começaram a aparecer artigos que apoiavam os objetivos políticos e económicos do Estado Novo.

O regime colonial explorou as diferenças de raça, religião e filosofia de ação das organizações africanas, contribuindo para a sua desarticulação e para o surgimento de organizações que se limitavam à promoção de atividades recreativas, a exemplo do Instituto Negrófilo de Lourenço Marques. Na década de 1940, iniciou-se em Moçambique a criação de sindicatos corporativos, no entanto, a legislação excluía os trabalhadores negros das organizações. Em 1936 publicaram-se 230 números do diário *O Jornal*, que por razões políticas e económicas não sobreviveu. Em 1938, uma sociedade de jornalistas e tipógrafos tentou lançar *O Diário*, com uma linha editorial independente, mas o governador indeferiu o pedido de licença. Outro *O Diário*, em 1943, foi suspenso após 72 números, por ter publicado uma notícia não censurada.

O semanário *Agora* publicou-se em 1948, e usava o tema das artes e das letras para amenizar as suas pretensões políticas. Foi suprimido

---

([68]) Sobre a história de Moçambique no Estado Novo, ver D. Hedges, coord., *História de Moçambique*, vol. 2, *Moçambique no Auge do Colonialismo, 1930–1961* (Maputo: Livraria Universitária, 1999), 64–65.

após 17 números por uma notícia crítica aos passeios a cavalo na praia do governador e do presidente da comissão de censura (I. Rocha, 2000, 163). No mesmo ano foi criado na colónia o Movimento da Ação Popular de Moçambique, situado à direita da União Nacional. Em setembro, o Movimento lançou o seu órgão oficial: o semanário *Manifesto* tinha como lema *Liberdade pela Autoridade*. Publicado até 1951, desapareceu junto com o próprio Movimento, que respondia ao apelo de Salazar e se integrava na União Nacional. Aliás, a própria UN tinha o seu próprio semanário desde 1933, o *União*, que deixou de ser publicado em 1958.

No pós-Segunda Guerra, o nacionalismo despontou em Moçambique através das associações culturais de estudantes, de intelectuais e das organizações sindicais. Estes sectores estiveram na base da formação dos movimentos nacionais de libertação. As associações sofriam um rígido controlo da autoridade colonial e, embora advogassem as causas africanas, não tinham uma ligação direta ao povo, e as suas atividades mantinham-se restritas à educação, ao desporto, à cultura e à ação social. A imprensa destas organizações já tinha sido amordaçada, contudo, alguns intelectuais colaboravam e criticavam através da literatura. Assim, renasceu em 1947 o *Jornal da Mocidade Portuguesa em Moçambique*, que tinha periodicidade mensal e incluía alguns dos críticos do regime que se tornariam nomes de relevo da literatura nacional, entre eles Rui Knopfli e Noémia de Sousa. Outros jovens escritores e futuras lideranças políticas de Moçambique, a exemplo de José Craveirinha e Marcelino dos Santos, colaboraram no *Itinerário*, uma publicação mensal de letras e arte. Criada em 1941, ganhou relevo entre 1949 e 1955, e deixou de ser publicada quando o seu editor foi forçado ao exílio (I. Rocha, 2000, 165).

A imprensa católica tinha tido pouca importância em Moçambique até então. Uma edição única em 1895 a assinalar o centenário de Santo António e os jornais de número único *A Luz* e *O Indo-Português*, em 1926, que criticavam a Igreja por não aceitar alunos que não tivessem pai e mãe europeus. O semanário *O Oriente*, fundado em 1919 por um indo-português católico e dirigido a esta comunidade, foi oferecido à Igreja, junto com a sua tipografia, em 1948. Em 1949–52 o jornal esteve sob a direção da Junta Central da Ação Católica; bissemanário, foi crítico do poder dentro dos limites da censura.

Seria o *Diário de Moçambique*, fundado na Beira, em 1950, pelo bispo D. Sebastião Soares de Resende, o jornal católico de maior importância em Moçambique, em especial pelas suas críticas ao regime autoritário e colonial. Ao longo da sua trajetória, o jornal chegou a «condenar globalmente o capitalismo como causa última da situação colonial e a preconizar a independência de Moçambique como único meio de libertação de um povo e de um país» (Capela, 1989, 178).

Embora a publicação tivesse dificuldades financeiras e falta de pessoal especializado, contava com uma delegação em Lourenço Marques e outra em Lisboa e com nomes que mais tarde apoiariam o movimento rebelde, entre eles José Luís Cabaço ([69]). Os problemas de transporte impediam-no de ser colocado noutras cidades, o que limitava o público leitor. A exploração dos africanos e o trabalho forçado estiveram entre as temáticas privilegiadas pelo *Diário de Moçambique*, que, em 1958, não defendeu o candidato oficial (Américo Tomás) e, em 1964, noticiou o princípio da luta armada. O jornal foi diversas vezes multado e suspenso pelas suas posições. A publicação foi vendida pelo sucessor de Soares de Resende sob a alegação de deficitário em 1969, e o governo emprestou a Jorge Jardim, empresário defensor do regime, o dinheiro necessário para o comprar. Em 1971 o jornal deixou de ser publicado, todos os exemplares em depósito e as coleções encadernadas foram destruídos por ordem de Jardim.

O primeiro plano de fomento em Moçambique foi implementado em 1953–58 e centrava-se nas infraestruturas, com a extensão da via-férrea e a construção de barragens. O segundo plano, em 1959–64,

([69]) José Luís Cabaço foi ministro do primeiro governo de Moçambique independente, chefiado por Samora Machel.

apostava na agricultura e nos transportes e investia na saúde e na educação dos indígenas com o intuito de aumentar a sua produtividade. O envio de trabalhadores para as minas da África do Sul continuou como fonte de renda essencial, bem como as taxas de utilização dos portos e caminhos de ferro. Com os planos de fomento, os bancos e as corporações foram estimulados a investir e criaram-se indústrias de manufaturas, em especial em Lourenço Marques e na Beira. A produção de energia elétrica e um sector mineiro também emergiram no pós-Guerra (Clarence-Smith, 1985, 151–199).

Ainda que a censura fosse severa, houve tentativas de criação de uma imprensa independente e crítica em Moçambique. Em 1952, a arquidiocese de Lourenço Marques comprou o *The Lourenço Marques Guardian*, que a partir de 1955 passou a chamar-se apenas *Diário*. Embora tenha recrutado novos colaboradores e inovado nas editorias, a censura impediu que o jornal tivesse uma perspetiva liberal. Com uma influência limitada e baixa tiragem, a partir de 1968 a orientação editorial tornou-se de apoio incondicional às autoridades civis e militares. Também em 1952 passou a ser editado o primeiro vespertino de Moçambique, o *Notícias da Tarde*, propriedade do jornal *Notícias*, que apoiava as políticas do regime.

O V Congresso Pan-Africano (que reivindicava a independência imediata para todas as colónias) e o fortalecimento do bloco socialista estão entre os fatores que influenciaram o contexto moçambicano e contribuíram para o surgimento de novos núcleos de discussão e ação política. O Movimento dos Jovens Democratas Moçambicanos, que fez propaganda contra o Estado Novo por meio de panfletos clandestinos, foi encerrado em 1949 através de processos judiciais contra os seus líderes. Entre os militantes do Núcleo dos Estudantes Secundários Africanos de Moçambique (Nesam), que funcionava no Centro Associativo dos Negros, Eduardo Mondlane, fundador da Frelimo (Frente de Libertação de Moçambique). No entanto, a repressão do Estado ao Nesam, com prisões e interrogatórios, limitou as atividades do grupo. O mesmo se passou com as associações e núcleos negros da província. Por seu lado, os camponeses usavam os motins e as greves para protestar contra as injustiças económicas, sociais e políticas do regime (Munslow, 1983, 62–76).

Em 1960, o território estava dividido em nove distritos com uma população de 6 430 530 pessoas (das quais cerca de 100 mil eram europeias). A crescente produção agrícola, investimentos em infra-estruturas, o aumento dos colonos e da industrialização assinalam o apogeu do colonialismo português em Moçambique. Novos sindicatos foram criados, sobretudo para manter os postos de trabalho especializados restritos aos europeus. Embora o sistema de ensino se tenha expandido, não beneficiava a população negra, que para chegar à escola dependia das missões católicas e protestantes ([70]). Foi em 1960 que trabalhadores moçambicanos na Rodésia do Sul criaram a Udenamo (União Democrática Nacional de Moçambique), obrigada pela repressão britânica a retirar-se para o Tanganica em 1961. Também em 1960 foi criada a União Nacional Africana de Moçambique Independente, que teve o seu líder expulso. As organizações das etnias maconde e macua sediadas no Tanganica transformaram-se em 1961 na MANU (União Nacional Africana de Moçambique) (Hanlon, 1984, 23–24).

A *Voz de Moçambique*, publicada a partir de 1959, foi um semanário de afirmação da burguesia branca nascida em Moçambique e de defesa da independência económica do território. Contudo, incomodava o governo quando reivindicava formação universitária ou liberdade de cultivo para os africanos. Depois de 1962, o jornal ganhou fôlego com novos jornalistas, que tinham colaborado no *A Tribuna*, mas a censura impôs-se, impedindo as críticas ao regime. Publicou-se até 1975, na última fase como mensário.

*A Tribuna* tinha como projeto editorial atender aos problemas da população negra e destacar os seus valores culturais, entre outros. Saiu à rua em 1962 e tinha uma equipa jovem e liberal, experimentada

([70]) Sobre o sistema de ensino em Moçambique ao longo do colonialismo, é relevante o trabalho de J. Marshall, *Literacy, Power, and Democracy in Mozambique: The Governance of Learning from Colonization to the Present* (Boulder: Westview Press, 1993).

noutros jornais. Diário, *A Tribuna* contava com notícias, opinião, e suplementos dedicados à cultura, à economia e ao desporto. Embora as vendas e a publicidade fossem escassas, o jornal incomodava o regime pelas suas críticas e provocações. Um vice-governador do BNU era o proprietário do diário e, driblando a redação, escreveu um artigo a elogiar um dirigente da União Nacional. Assim, em março de 1963, o título passou a ser propriedade do banco. Entre 1966 e 1969, *A Tribuna* passou a semanário, tornando-se diário vespertino em substituição do *Notícias da Tarde*. Após o 25 de Abril voltou a ser semanário, deixando de ser publicado em 1975 (I. Rocha, 2000, 193–198).

A partir de 1962, passou a ser publicado na Beira o jornal *Voz Africana*. Propriedade do Centro Africano de Manica e Sofala, foi publicado pelo Centro Social, que detinha o *Diário de Moçambique*. O objetivo do jornal foi «a realidade Africana de Moçambique». O semanário teve alta recetividade por parte da população, da qual vinham cartas que chegavam a preencher edições inteiras do tabloide de duas páginas. Em síntese, as cartas tratavam da diversidade de conflitos entre africanos e europeus numa sociedade dual, «pessoas em conflitos permanentes e totais: com as estruturas e com os indivíduos». Capela agrupou uma seleção de cartas nos seguintes grupos: «das relações clânicas para a amizade individual»; «um mundo afectivo diferente»; «de uma moral tribal para uma outra moral»; «o clã não acabou mas já aí está a família»; «de uma sociedade comunitária para as empresas de finalidade lucrativa»; «em pátria ocupada»; e «vida na tragédia do dia-a-dia». Como nota Capela (1971, 14), num povo de tradição oral, «toda esta gente não está a escrever pela primeira vez na sua vida. Está a escrever pela primeira vez, sim, na sua história.» Em 1969, assim como o *Diário de Moçambique*, o *Voz Africana* passou para o controlo do empresário Jorge Jardim, e deixou de ser publicado em 1974.

A Frelimo formou-se em junho de 1962 em Dar es Salam. No seu 1.º Congresso, em setembro, definiu como objetivo fundamental a independência de Moçambique e elegeu como líder Eduardo

Mondlane. No princípio, não houve consenso sobre a luta armada, contudo, a opção pela via militar concretizou-se com o início da guerra, em 25 de setembro de 1964, com o ataque à base de Chai, em Mueda, no distrito de Cabo Delgado. Entretanto, a PIDE (instalada em Moçambique desde 1956) impediu a hipótese de uma rebelião urbana com a prisão de cerca de 1500 ativistas no Sul, desarticulando a Frente na região. A guerra desenvolveu-se sobretudo no norte do território, onde a Frelimo promoveu aldeamentos populares e libertou algumas áreas (Birmingham, 1992, 53–67).

Antes do começo da guerra, o regime já tinha tomado algumas precauções, entre elas, as bases aéreas, as tropas regulares de paraquedistas, os incrementos navais e a construção de estradas militares. Contudo, na primeira fase, a ação portuguesa era sobretudo política, o que incluiu novos serviços de saúde e educação para a população africana a partir de 1965. Entretanto, a partir de 1968, a estratégia de Lisboa foi a ofensiva, o que provocou milhares de mortes, inclusive entre a população civil, como foi o caso do Massacre de Wiriamu, em 1972, aliás, este foi decisivo para o isolamento de Portugal no cenário internacional. O império enfrentava a guerra colonial e procurava manter-se, enquanto os futuros moçambicanos faziam a sua guerra de libertação nacional (Reis e Oliveira, 2012) ([71]).

O processo de estatização do *Notícias* concluiu-se em 1967, quando o BNU se tornou seu acionista principal. Observe-se que foi o Banco o agente da estatização da imprensa em Moçambique, quer através da compra direta de ações ou dos empréstimos que cedia aos aliados do regime. Assim, aprofundava-se o alinhamento da imprensa com o regime. Inclusive, o *Notícias* publicou entre 1969 e 1974 o suplemento *Coluna em Marcha*, dedicado às Forças Armadas portuguesas.

---

([71]) Sobre a guerra em Moçambique, assinalam-se os estudos de A. Hastings, «Some reflections upon the War in Mozambique», *African Affairs*, vol. 73, n.º 292 (1974): 263–276; e F. P. Garcia, *A Guerra em Moçambique, 1964–1974* (Matosinhos: Quidnovi, 2010).

O *Notícias da Beira*, antigo jornal da Companhia de Moçambique, tornou-se diário em 1966, viabilizado por recursos do BNU, numa sociedade liderada por Jorge Jardim, também seu diretor de facto. Quando o semanário da União Nacional deixou de ser publicado, em 1958, a organização obteve a concessão de *O Brado Africano*, transformando-o no órgão de informação do partido único do regime até 1974. O jornal que nascera a reivindicar os direitos dos africanos e a denunciar os abusos do governo local transformava-se num espaço para anedotas e receitas, com artigos sobre a preguiça, as diferenças raciais ou os planetas (I. Rocha, 2000, 190–191).

Em 1970, apareceu a revista *Tempo*, criada por um grupo de jornalistas liberais em conflito com a direção do *Notícias* e que fundou a Sociedade de Redatores. Contudo, a falta de recursos financeiros obrigou os jornalistas à sociedade com o empresário Augusto Sá Alves — crítico da política económica do Estado Novo e defensor de uma independência com o domínio da minoria europeia. Assim, foi criada a Tempográfica SARL, que detinha a revista *Tempo*, uma gráfica e um estatuto editorial que garantia a autonomia dos jornalistas em relação aos conteúdos. Até 1972, a revista publicou peças sobre a liberdade de expressão, o feminismo, o analfabetismo e os conflitos de terra entre os colonos e os africanos. Os artigos eram limitados pela censura governamental, mas iam ao encontro das reivindicações da classe média liberal urbana, seu público-alvo. Entretanto, o aumento do capital da sociedade resultou no domínio do grupo de Sá Alves e na anulação da cláusula de independência editorial. Daí que, até 1974, a revista se tenha concentrado em temáticas sobre a modernização, o progresso e o desenvolvimento das «províncias ultramarinas portuguesas». Uma edição especial da revista, em 30 de abril, saudava as medidas da Junta de Salvação Nacional e afirmava-se um órgão de informação «apenas comprometido com Moçambique e o seu futuro» (Machiana, 2000). Em 7 de setembro de 1974, a Frelimo assinava os Acordos de Lusaca. Moçambique tornava-se numa nação em 25 de junho de 1975.

### *A imprensa em Moçambique no Estado Novo*

*O Brado Africano* e *O Emancipador* são jornais representativos da resistência da imprensa em Moçambique ao regime autoritário até meados da década de 1930. Tais periódicos conseguiram desempenhar um papel monitor moderado ao denunciar, criticar e desafiar o regime, o que implicou multas, perseguições e suspensões aos periódicos. Entretanto, no final dos anos de 1930, muitos títulos tinham sido proibidos, outros desapareceram pela pressão do governo ou modificaram a sua linha editorial, alinhando-se com o regime. Ao mesmo tempo, desde o golpe militar e do regime da ditadura, sempre houve jornais associados ao governo, a defender a nova ordem e a sua ideologia, caso do *Notícias*.

A partir da década de 1940, a imprensa desempenhou sobretudo um papel característico dos regimes autoritários, divulgando e referendando a ideologia e as políticas do regime e dando suporte aos seus governos, locais e central. No entanto, como notou Barton (1979, 169), «the press in Mozambique had always been distinguished by two or three courageous publications [...] a handful of journalists in Mozambique had somehow managed to keep the idea of democracy alive». O *Diário de Moçambique* e o *Voz Africana*, na década de 1950, *A Tribuna*, nos anos de 1960, e a revista *Tempo*, na década de 1970, foram simbólicos da resistência e da oposição ao regime. No caso do *Diário de Moçambique* — que sofreu com multas, apreensões e suspensões —, a sua continuidade, numa primeira fase, pode explicar-se por ter sido publicado por um bispo, ou seja, supõe-se que o governo não desejava ampliar os seus conflitos com a Igreja Católica, numa relação que começava a balançar. Quanto ao *Voz Africana*, pode ter passado ao lado da censura numa primeira fase, visto que muitas das cartas publicadas, conteúdo privilegiado do jornal, eram redigidas em língua africana. Em relação ao jornal *A Tribuna* e à revista *Tempo*, envolveram empresários de origem europeia associados ao regime, embora com orientações críticas, o que permitiu o deferimento dos títulos e eventualmente uma posição de questionamento da ação colonial. Neste contexto, pontualmente, o jornalismo desempenhou um papel radical em Moçambique no Estado Novo.

A dificuldade em domar a imprensa levou à associação entre governo e empresários para o controlo do jornalismo. Já na década de 1930, o governo infiltrou jornalistas n'*O Brado Africano*, como se viu, e na década de 1950 a União Nacional assumiu a publicação do periódico. Na década de 1960, o empresário Jorge Jardim recebeu recursos do BNU e assumiu o controlo de diversos jornais modificando a sua linha editorial, a exemplo do *Diário de Moçambique* e do *Voz Africana*. O maior diário do país, o *Notícias*, também foi nacionalizado, levando o Estado à posição de principal proprietário da imprensa em Moçambique.

Embora o jornalismo tenha sido instrumentalizado ao longo do Estado Novo, sobretudo pelos sectores ligados ao regime, manteve um perfil político, já que a imprensa teve como papel principal a disseminação das ideias e das diretrizes do regime. Ao mesmo tempo, também se assinala a despolitização dos conteúdos — em especial a partir dos anos de 1960 e com o início da guerra —, que passaram a privilegiar entretenimento, desporto e conteúdos internacionais sem conexão com a situação da África Portuguesa. Os dados sobre a circulação da imprensa são escassos e imprecisos, no entanto, em 1970, num total de 38 «jornais e outras publicações periódicas», 18 eram de «generalidades». Entre estes, cinco eram diários, seis semanários, dois mensários, seis de publicação trimestral, dois anuais e cinco «ocasionais». Sobre as tiragens, em relação ao total das 38 publicações, uma reproduzia até 500 exemplares; uma, entre 501 e 900; oito, entre 901 e 1900; quatro, entre 1901 e 7000; cinco, entre 7001 e 15 mil exemplares; e 19, mais de 15 mil exemplares ([72]). O aumento das tiragens representa o crescimento dos leitores, o que se deveu sobretudo

([72]) *Anuário Estatístico de Moçambique 1970* (Lourenço Marques: Instituto Nacional de Estatística, Delegação de Moçambique, Direcção Provincial dos Serviços de Estatística, 1973).

ao acréscimo de colonos e ao número de alfabetizados entre os africanos. Em relação à propriedade, numa primeira fase manteve-se associada às organizações da sociedade civil e às iniciativas privadas ligadas ao comércio e a indústria. Porém, a partir da década de 1950, o Estado tornou-se no maior proprietário da imprensa, ainda que para tal utilizasse como fachada aliados do regime.

A profissionalização dos jornalistas continuou baixa em Moçambique nesta fase. Hohlfeldt (2010) analisou um inquérito realizado entre os jornalistas moçambicanos em 1960, a respeito da «inclusão dos jornalistas do Ultramar no Sindicato Nacional dos Jornalistas». A pesquisa parece ter alcançado a «totalidade» dos profissionais da província, tendo sido respondida por 21 jornalistas. Entre os aspetos mais citados pelos profissionais, sublinham-se os seguintes: a reivindicação do reconhecimento enquanto profissionais e de equiparação aos jornalistas da metrópole, com o direito de pertencerem ao sindicato e de terem os mesmos direitos; as dificuldades no exercício da profissão; a necessidade de meios materiais para o exercício jornalístico; as dificuldades do jornalista para obter informação e compor as notícias; a demanda por regalias no exercício profissional; as responsabilidades dos jornalistas perante o público; e a avaliação de que o jornalismo colonial está no mesmo patamar de «qualidade» do metropolitano, além de não ser «mais regionalista». Por fim, a análise do inquérito regista que os jornalistas moçambicanos apontavam a «necessidade de se promover um movimento conjunto com os profissionais de Angola — alternativa de criação de um novo sindicato ou qualquer outra instituição válida para as colónias». Em síntese, os dados confirmam que a profissionalização e o profissionalismo se mantiveram baixos, com um número escasso de profissionais, com a ausência de organizações associativas e representativas e de códigos éticos ou deontológicos ([73]).

---

([73]) A. Hohlfeldt, «Os Profissionais de Moçambique no Campo Jornalístico em 1960: consensos e contradições». Texto apresentado ao Grupo de Trabalho de Jornalismo, do XVIII Encontro da Compôs, na PUCMG (Belo Horizonte, MG,

O paralelismo político também se manifestou nesta fase, com o jornalismo a traduzir a ideologia e o programa do regime. As breves vozes críticas que emergiram neste período também estiveram ligadas aos grupos sociais, a exemplo da Igreja Católica. Nesta altura, o paralelismo político limitou-se aos grupos que apoiavam ou que rejeitavam o regime autoritário e o colonialismo. Contudo, a expressão destas posições distintas pela imprensa foi pontual, e predominou um paralelismo político de direção única, com a imprensa a traduzir os interesses do regime autoritário.

A intervenção do Estado na imprensa intensificou-se no Estado Novo, sobretudo no que diz respeito à propriedade da imprensa. Os conteúdos foram um espaço decisivo de interferência do governo no jornalismo, visto que este dominou a agenda. A censura, a perseguição aos jornalistas e aos títulos, o indeferimento de pedidos de publicação foram outras estratégias utilizadas pelo regime para calar e controlar a imprensa.

## SÃO TOMÉ E PRÍNCIPE

A emergência da ditadura coincidiu com uma grave crise financeira em São Tomé e Príncipe em razão do declínio na produção agrícola. A população nativa desarticulava-se em decorrência da perda de terras, da sua redução entre o funcionalismo público e do encerramento dos seus jornais. Os europeus trabalhadores sofriam com o desemprego e a miséria assolava as ilhas. Daí que os conflitos nas eleições de 1926 tenham servido de argumento para o regime silenciar as forças sociais em São Tomé e Príncipe.

Com o fim de *A Desafronta* e a suspensão de *O Combate*, ambos em 1925, São Tomé e Príncipe esteve sem jornais por cerca de um ano. *O Equador* — «não publica artigos sobre a vida particular de

2010). Disponível em: http://compos.com.puc-rio.br/media/gt9_antonio_hohfeldt.pdf [consultado em 13 de outubro de 2014].

quem for» —, administrado e editado por Hygino J. Assumpção, que então se anunciava como procurador e solicitador judicial, circulou entre 1926 e 1927. No seu n.º 1, em 31 de julho de 1926, *O Equador* assumiu compromissos:

> Zurziremos os fetiches porque não os adoramos, e todos os papões locais porque a eles não estamos ligados por qualquer cordão umbilical. Sob o ponto de vista geral pugnaremos por uma política conservadora firmada nas sacrossantas tradições da nação portuguesa. Trabalharemos com aqueles que em Portugal hoje representam a corrente conservadora republicana. Sob o ponto de vista local pugnaremos pelo bem-estar de todas as classes, indistintamente, porque assim contribuiremos para o progresso e civilização desta ilha.

O semanário foi de facto conservador, sobretudo pelo seu apoio ao governador. A propósito das conflituosas eleições para o Conselho Superior das Colónias — as quais resultaram em um morto e feridos, na deportação de nativos e na ilegalização da Liga dos Interesses Indígenas —, *O Equador* observava que o governador «é uma indefectível garantia de paz para a província» (n.º 16, dezembro de 1926). Ainda que o jornal apontasse os problemas da colónia, fazia elogios constantes a Junqueira Rato: «temos um governador com o qual a colónia muito se honra [...] tem esse alto funcionário aqueles requisitos necessários para a bem governar», saudava o n.º 31, de abril de 1927. No n.º 39, de julho de 1927, *O Equador* assinalava que «não podia a província, nos caos financeiro em que se encontrava, ter calhado em melhores mãos».

O problema da mão de obra continuava na agenda do arquipélago e o semanário não hesitou em defender as condições dos serviçais. Um trabalhador nas roças exprimiu a sua situação em entrevista ao jornal no n.º 1, em julho de 1926: «A vida da roça agrada me imenso, na minha terra não tinha o luxo que disfruto por cá.» Os interesses dos comerciantes também foram representados pelo jornal, «o comércio sabe tomar o seu lugar como mostrou a sua representação na eleição dos representantes do Conselho do Governo», sublinhava o n.º 29, em março de 1927.

Pese embora ter apoiado o governo, *O Equador* nasceu sob a ditadura e foi afetado pelas leis que restringiam a imprensa.

> Riremos, é a única forma de conseguir triunfar da lei que como o decreto 12 271 é um amontoado de incoerências e a rir os castigaremos se por vezes através do riso, aparecer alguma lágrima, não se admirem, é a mágoa de termos de acorrentar a nossa gargalhada alvar para não virem os esbirros as nossas algibeiras ou atentar contra a nossa liberdade.

O jornal também avisava os colunistas e clarificava o público: «ficando desde já avisados todos os nossos colaboradores que a mais rigorosa censura será exercida sobre os seus escritos [...] passa a ser um desporto caro o escrever em jornais, mas tenham paciência», pedia no n.º 1, em novembro de 1926. No n.º 34, em maio de 1927, o jornal defendeu a liberdade de imprensa:

> Pauperismo, parasitismo, produção e divisão de riqueza, moeda, crédito, trabalho, salário, extinção do proletariado, diminuição progressiva da penalidade, miséria, prostituição, direito da mulher que emancipa metade da espécie humana, direito da criança que exige, digo exige — ensino gratuito e obrigatório, direito de alma, que implica liberdade religiosa; tais são os problemas. Com a imprensa livre eles têm a luz acima de si, são praticáveis.

O n.º 50, de 24 de setembro de 1927, é a última edição do jornal na coleção da BNP; este registava que as liberdades da Constituição existiam apenas «*in nomine*» em Portugal.

Fundado em 1924 pela Associação dos Empregados do Comércio e da Agricultura de São Tomé e Príncipe (AECA), o quinzenário *O Trabalho* foi irregular e teve apenas sete números na sua primeira série, sendo retomado em 1927 com o n.º 8. A terceira série data de

1933, com o n.º 19 em 15 de fevereiro deste ano, tendo como diretor Armindo Almeida Pires. «Continuar sempre, sempre sem desfalecimentos, pugnando pela defesa das centenas de trabalhadores, sem distinção de cores (o colorido epidérmico não nos interessa) e profissões que nesta Colónia dão o melhor do seu esforço, da sua saúde e da sua vida para o engrandecimento alheio», prometia no seu n.º 19.

*O Trabalho* foi alvo da censura e da perseguição do Estado Novo, o que terá sido a causa da sua efemeridade. «A suspensão do nosso jornal» foi o título da página 6 do n.º 23, em abril de 1933. O texto denunciava uma intriga na qual um colono teria pedido ao governador a suspensão do jornal, o que estaria vinculado à eleição dos vogais do Conselho de Governo. O referido colono esperava o apoio dos representantes da Associação dos Empregados do Comércio e da Agricultura para a sua lista, mas pretendia suspender o jornal da associação após as eleições. Os números 25 e 26 (15 de maio e 1 de junho de 1933) tiveram duas páginas (em oito) e diversos espaços em branco. *O Trabalho*, «tão pequenino, tão modesto e ainda há quem o tema», anunciava o princípio da 4.ª série, n.º 27, em junho, e notava que «a liberdade de imprensa é o fruto proibido da nossa época». O n.º 28, de julho de 1933, explicava as dificuldades impostas pela censura, que obrigava a substituir os artigos censurados e proibia a publicação de espaços em branco: «enorme tesoura, que fazendo seus cortes, passou também a obrigar-nos a preenchê-los com nova fazenda».

As reivindicações dos trabalhadores do comércio e da agricultura — aumento nas remunerações, descanso semanal, jornada de 40 horas, passagens, benefícios médicos, entre outros — estiveram entre os temas privilegiados do jornal, que também relatava nas suas páginas as atividades e decisões da AECA. O jornal russo *Pravda* na sua edição francesa disse de *O Trabalho*, e o quinzenário reproduziu no n.º 25, de abril de 1933, que

> O toque a rebate para a queda do capitalismo opressor e iníquo alastra por todo o mundo apesar de todas as violências, de todas as tropelias

cometidas em nome da ordem e do progresso. De terras de África, de S. Tomé e Príncipe, colónia portuguesa do golfo da Guiné, chegou-nos um jornal proletário que desce para a liça a terçar armas pelos oprimidos.

Embora tenha suavizado o seu tom desde que passou a ser reproduzido na Imprensa Nacional, em junho de 1933, pontualmente *O Trabalho* abordou alguns dos temas polémicos da época. Entre eles, a crise económica (n.º 34, 20 de outubro de 1933); a queda na produção agrícola e a necessidade de se substituir culturas (n.º 38, 5 de janeiro de 1934); o «descaso» da metrópole com as colónias (n.º 29, 5 de abril de 1933); a situação urbana de São Tomé e Príncipe (n.º 47, 20 de maio de 1934); a crescente violência no arquipélago (n.º 34, 20 de outubro de 1933); e até o comunismo, «quanto veneno espalhado a volta deste ideal [...] quanto ódio vesgo, ódio de eunucos, persegue os seus adeptos», anotou o n.º 36, de 20 de novembro de 1933.

Sintomático do silenciamento dos nativos foi a ausência de qualquer referência aos ilhéus e às suas causas, bem como aos conflitos entre estes e os europeus. Contudo, na edição n.º 43, de março de 1934, anunciava-se a delegação de São Tomé e Príncipe do Partido Nacional Africano e publicava-se a lista dos seus delegados nas vilas. As questões dos serviçais raramente estiveram nas páginas do quinzenário e, quando surgiram, não defenderam os seus interesses.

A edição n.º 47, de 20 de maio de 1934, anunciava a suspensão do jornal:

> Os tempos não correm de modo a tornar fácil a publicação dum jornal como o nosso que luta em defesa do interesse geral e do interesse particular dos oprimidos [...] O esforço despendido tinha de ter um limite e as últimas dificuldades criadas, iguais as que já por outra vez nos levaram a resolver uma suspensão que felizmente foi afastada, obrigam-nos agora a tomar o mesmo caminho.

Após a Segunda Guerra Mundial, os preços do cacau subiram enquanto a produção declinava em São Tomé e Príncipe, sobretudo pela escassez de mão de obra. A prioridade de Carlos Gorgulho, governador desde 1947, era resolver o problema económico do arquipélago e modernizar as suas infraestruturas. Neste contexto, a supervisão das roças pelo governo reforçou-se, o que permitiu o repatriamento dos serviçais e melhorou a situação dos contratados. A produção de aguardente local foi proibida, privando os nativos da sua base de sustento e melhorando o rendimento dos serviçais. Nesta altura, também foram introduzidos o abono de família e o subsídio de renda de casa aos funcionários, o que melhorou a relação do governo com o funcionalismo público.

Os arquivos e a literatura não registam a existência de nenhum jornal até 1947, quando a União Nacional de São Tomé se tornou proprietária do quinzenário cultural, noticioso e literário *A Voz de S. Tomé*. O primeiro número saiu em 6 de julho, no formato tabloide e com quatro páginas, reproduzido na Imprensa Nacional e dirigido pelo reverendo Martinho Pinto da Rocha. Como noutras colónias, o Estado Novo apropriava-se da imprensa para divulgar as suas políticas. O n.º 6, de outubro de 1947, sublinhava que a

> obra de fomento que nestes últimos dois anos se tem realizado nesta colónia é um exemplo frisante da actividade que se tem desenvolvido em todo o território imperial, onde não faltam técnicos, nem capitais, nem governantes, nem os agentes de uma obra civilizadora a todos os títulos digna de maior relevo.

As posições políticas de Salazar e de Portugal eram apontadas pelo jornal no seu n.º 11, de 16 de dezembro de 1947: política anticomunista; aliança com a Inglaterra; solidariedade com o Brasil e aproximação aos Estados Unidos.

Na década de 1940, o governo queria fixar os serviçais de Angola e de Moçambique na terra após o término do seu contrato, e *A Voz de S. Tomé*, n.º 27, de agosto de 1948, ressaltava que os trabalhadores de São Tomé e Príncipe podiam ser «invejados» pelos agricultores portugueses:

> Na roça os seus servidores têm cama (se a cama é má, é porque ainda se não habituaram a viver segundo os costumes europeus; se a mesa é pobre, é também porque ainda se não educaram de modo a torná-la semelhante a nossa, pela maneira dos seus cozinhados de que não abdicam; e quanto a roupa lavada e limpa, isso é coisa que por enquanto lhes não interessa e que chegam mesmo a repudiar), sendo-lhes conferido os meios e os direitos de poderem fazer bom uso daqueles três requisitos da vida.

As eleições presidenciais de fevereiro de 1949 tiveram uma breve referência no n.º 36, 1 de janeiro, em *A Voz de S. Tomé*. Contudo, o jornal omitiu os conflitos que permearam o pleito. Na vila da Trindade, os únicos votos registados eram contrários a Óscar Carmona, candidato de Salazar, o que traduzia a insatisfação dos ilhéus com as políticas do governo, que desde 1947 capturava homens para os trabalhos forçados nas obras públicas. Como represália ao comportamento eleitoral, influenciado pela liderança nativa de Salustino da Graça, o governador Gorgulho prendeu cerca de 300 pessoas e obrigou-as ao trabalho nos serviços públicos, cortou o fornecimento de energia elétrica e suspendeu os subsídios à Associação dos Socorros Mútuos.

*A Voz de S. Tomé* tinha como função básica anunciar os feitos do regime no arquipélago e, em 1950, no n.º 57, de fevereiro, propagandeava o bairro Dr. Oliveira Salazar, as novas avenidas, o dispensário tuberculoso, o acréscimo de estradas e de vias de comunicação. A secção literária do jornal designava-se «O caminho da felicidade». A história e a origem de São Tomé e Príncipe eram relembradas na edição especial de dezembro de 1951, a propósito da visita do sociólogo brasileiro Gilberto Freyre ao arquipélago.

O primeiro plano de fomento foi publicado em 1952 e pretendia fixar 2500 famílias cabo-verdianas em diferentes localizações da ilha de modo a reforçar a produção. Propunha-se também a distribuição de lotes de terra para todos os africanos e previa o trabalho obrigatório com vista a intensificar a produção. Os ilhéus, que há muito estavam insatisfeitos com as políticas do Estado Novo, ficaram receosos, e panfletos anónimos apareceram nas casas a ameaçar de morte quem contratasse nativos.

O Massacre de Batepá, em 3 de fevereiro de 1953, que se tornou num elemento fundador do nacionalismo são-tomense, foi quase ignorado pelo jornal. No seu n.º 95, de 5 de fevereiro, o jornal publicava uma nota oficiosa na qual o gabinete do governo afirmava:

> Tendo chegado ao conhecimento do Governo que indivíduos desafectos à actual situação política, conhecidos como comunistas, propalam boatos tendenciosos no sentido de que os filhos de S. Tomé irão ser obrigados a contratar-se como serviçais para trabalhos nas roças, o Governo esclarece que nenhum filho da terra deve dar crédito a estas atordoadas, antes deve denunciar à Polícia tais indivíduos porquanto, o Governo que tem a seu cargo a proteção dos nativos conforme sempre o tem demonstrado, garante-lhes que nunca consentirá autorizar tais contractos.

Note-se que o diretor do jornal à época, Raul Simões Dias, também presidente da Câmara Municipal de São Tomé, esteve diretamente envolvido nos conflitos, a organizar e a participar nas brigadas que promoveram a violência contra os nativos.

O mesmo comunicado do governo tinha sido afixado nas ruas no dia 2 de fevereiro e vandalizado pelos populares. No dia seguinte, 3 de fevereiro, um grupo de polícias armados dirigiu-se à Trindade para repreender os ilhéus; um nativo foi morto e centenas de pessoas armadas cercaram o posto de polícia. O governador Gorgulho reuniu os colonos e alegou que se tratava de uma conspiração comunista, convocando-os a pegarem em armas para se defenderem. Diversas pessoas foram presas e deportadas para o Príncipe. Outras foram presas no quartel do Corpo de Polícia Indígena (CPI), e interrogatórios, torturas e assassínios seguiram-se até ao mês de abril. A vila da Trindade foi sujeita a violência extrema, com pilhagens, incêndios, violações e mortes entre a população. Os funcionários públicos nativos foram suspensos e presos (Seibert, 2002, 80–89; Espírito Santo, 2012, 190–207).

Todas as barbaridades foram caladas e a edição n.º 96, de 12 de fevereiro, anunciava apenas que

> Reprimiu-se o motim restabeleceu-se a calma [...] o insólito movimento que vem destoar da admirável tranquilidade das nossas províncias ultramarinas merece a maior repulsão e deverá ser serena e severamente reprimido. Fere-nos este destoar, precisamente naquela província em que aos seus nativos se deu acesso, em maior percentagem, a lugares de categoria superior, em que se lhe proporcionaram condições de vida semelhantes às dos indivíduos da nossa cor.

Sobre os acontecimentos, o semanário dizia que, «na quinta-feira, dia 5, o movimento entrava em liquidação iniciando-se as operações de limpeza». Entretanto, o Comando Militar publicava diversos editais proibindo a venda de facas e machins aos nativos e mandando organizar grupos com serviçais, nas roças, a fim de desarmarem os rebeldes e os entregarem no CPI, aconselhando os nativos a abandonarem as armas em locais bem visíveis. «É de salientar a completa disciplina de trabalhadores contratados das roças, angolanos, cabo-verdianos e moçambicanos, e o seu voluntário oferecimento para colaborar com as autoridades», observava a mesma edição.

Em meio à gravidade da situação, o padre Pinto da Rocha, primeiro diretor de *A Voz de S. Tomé*, enviou uma mensagem ao ministro do Ultramar a informar dos acontecimentos e a pedir um inquérito, além de ter refugiado pessoas no interior da igreja. Em março, a PIDE chegou a São Tomé para investigar o ocorrido e concluiu que não havia nenhuma conspiração comunista. Gorgulho voltou para Lisboa e, após ser homenageado, foi obrigado a demitir-se. Um tribunal militar foi constituído em São Tomé e alguns dos autores dos crimes foram condenados à prisão. Os funcionários públicos foram absolvidos e reintegrados. O novo governador, Francisco António Pires Barata, chegou em setembro de 1953, e o diretor do jornal passou a ser António Edgar Dias Machado, licenciado em Ciências Económicas e Financeiras.

«Hoje a nossa situação é ainda mais clara, se possível, bem demonstrada em presença dos factos e à face das leis. Somos tanto uma nação europeia, como africana, como asiática. As nossas províncias estão dispersas pelo mundo, mas todas são partes integrantes do território nacional», alardeava *A Voz de S. Tomé* no n.º 141, de janeiro de 1954. Em junho de 1958, no n.º 330, o jornal anotava que «Salazar é injusto consigo próprio, pois sua obra é perfeita, e é a cobiça e o egoísmo e a intemperança e a gula de maus servidores que, muitas vezes, a compromete».

No artigo «África de ontem e a de amanhã», no n.º 443, de agosto de 1960, *A Voz de S. Tomé* fazia a apologia do colonialismo:

> Nenhuma ideia, nenhum movimento humano, por mais nobre e puro que fosse o ideal prosseguido, conseguiu jamais vingar sem dar lugar a injustiças e iniquidades. O colonialismo não pode furtar-se à observância desta lei da imperfeição humana. Mas as violências cometidas contra uns, a arrogância menos inteligente de outros e a prepotência de muitos, não pode fazer esquecer a obra imensa que a Europa levou a cabo no mais hermético e pobre dos continentes.

Ainda que o regime político inibisse qualquer tipo de manifestação nativa, sobretudo depois de 1953, a população africana estava cada vez mais insatisfeita e, em dezembro de 1960, deixou de fazer compras nos estabelecimentos comerciais portugueses. Entretanto, em setembro deste ano, no Gana, jovens estudantes criaram o Comité de Libertação de São Tomé e Príncipe (Denny e Ray, 1989, 136–137).

Em 1961, quando o Estado Novo começou a rever as suas políticas, o semanário publicou o discurso do ministro do Ultramar a garantir que «o nosso dever é o de fazer reinar a justiça social, em todas as camadas da população», anunciando ainda que a ocupação dos terrenos, problema crónico no arquipélago, seria regulamentada em todas as províncias ultramarinas (n.º 497, de setembro de 1961).

Em outubro de 1962, o jornal transcreveu um artigo do *New York Bulletin*, o qual avaliava que, «Se Portugal se vê forçado a despender 70 milhões de dólares por ano para defender Angola e Moçambique dos bandoleiros comunistas que tentam colocar aqueles territórios sob o domínio colonial da Rússia soviética, nós, pelo menos, consideramos aquele dinheiro mais bem gasto».

Em 1966, a «penúria» mundial do cacau, os conflitos entre os Estados Unidos e a União Soviética e a crise na ONU foram temas do n.º 728, de fevereiro de 1966. A nova tabela de salários mínimos, «um passo em frente na promoção social e económica da província», foi o destaque do n.º 781, de março de 1967. *A Voz de S. Tomé* dedicava espaço significativo ao entretenimento e às amenidades, exemplo disso é o minucioso relato do almoço de confraternização da comunidade beirã, que ocupa quatro páginas do n.º 839, de abril de 1968.

Em 1973, tempos conturbados para o colonialismo português, *A Voz de S. Tomé* publicava a seguinte frase de Marcello Caetano: «A política é feita calma e racionalmente» (n.º 1103, de setembro). O último número de *A Voz de S. Tomé*, n.º 1130, de 23 de abril de 1974, foi de apelo:

> perante o grave momento que atravessamos, tão grave que não o podemos menosprezar, não nos podemos dar a leviandade de ter cada um a sua opinião e de querer fazê-la vingar [...] O problema que se nos pôs não é de partidarismo político, mas tão-somente de salvação nacional, dado estar em jogo não o triunfo de um programa, mas a própria sobrevivência da Nação [...] tenhamos por isso ânimo para saber esperar na união de todos, contra a deslealdade e a fraqueza de alguns.

Durante o Estado Novo registam-se ainda os jornais católicos *Luz do Evangelho, mensário de cultura religiosa e popular* (1950–66), e *O Dia do Senhor, semanário litúrgico e cultural* (1956–66). Tal imprensa limitou-se aos temas religiosos e dirigiu-se ao público cristão, não incluindo na sua agenda conteúdos políticos. A Mocidade Portuguesa publicou uma edição multicopiada de *O Equador* a partir de 1956, que se tornou impressa em 1965, a qual se dedicou à propaganda do regime.

### *A imprensa em São Tomé e Príncipe no Estado Novo*

O regime autoritário da ditadura e do Estado Novo refletiu-se por inteiro na imprensa em São Tomé e Príncipe. Com o fim da República, *O Equador* foi um jornal moderado e conservador, embora nas suas páginas ainda houvesse espaço para críticas pontuais à situação política e económica da colónia. *O Trabalho* procurou informar e defender os interesses das classes trabalhadoras, contudo, foi censurado e perseguido e, por fim, forçado à autossuspensão. O arquipélago esteve então por 14 anos sem imprensa além do boletim oficial, e foi a necessidade de propagandear o Estado Novo, as suas políticas e a ação colonial em África que levou o partido único do regime, a União Nacional, a editar *A Voz de S. Tomé*.

Suportar os projetos do império e as suas ações locais foram as funções desempenhadas pelo jornal ao longo dos seus 27 anos de existência. O conteúdo informativo tinha como base as decisões do governo, jamais questionadas, e os discursos dos governantes, selecionados de modo a exaltá-los. Em São Tomé e Príncipe e no império, não havia conflitos entre os diversos grupos e classes sociais, bem como não existia insatisfação ou crítica ao regime, segundo *A Voz de S. Tomé*. A colónia, assim como a nação, vivia em harmonia e prosperidade para quem folheasse as páginas do jornal. Além da ideologização do espaço informativo e opinativo, os conteúdos literários, históricos e de entretenimento refletiam e, em simultâneo, reforçavam o cariz autoritário e conservador do Estado Novo. *A Voz de S. Tomé* exerceu um papel característico dos regimes autoritários, propagando os seus ideais, exaltando as suas ações, reforçando o seu projeto político e servindo de instrumento da governação.

A desarticulação dos principais grupos sociais, de trabalhadores e nativos, e a opressão promovidas pelo regime ajudam a explicar que, após 1933, não tenha surgido nenhuma tentativa de uma imprensa independente do governo. Contudo, a situação insular, o tamanho do território, a prevalência do analfabetismo, inclusive entre os europeus, e a atividade económica da agricultura (na qual as roças continuavam como estruturas autónomas e isoladas) podem ter sido outros dos fatores que contribuíram para que não emergissem tentativas de uma imprensa crítica.

A existência de apenas um jornal que servia o regime resultou num sistema de imprensa que tinha a propaganda como função primordial ao longo do Estado Novo em STP. A tiragem do jornal era de 2000 exemplares (Gonçalves, 1966, 214) e a sua sobrevivência era assegurada pela União Nacional, proprietária do título, e pelos anúncios. Todos os diretores do jornal tinham relações diretas com o regime e nele acumulavam funções políticas ou cargos públicos remunerados. Neste cenário, não se pode falar de autonomia jornalística, nem da existência de uma categoria profissional num arquipélago onde circulava apenas um jornal. Manifestou-se um paralelismo político de sentido único, no qual o único jornal generalista representava os interesses do regime e do governo. Em São Tomé e Príncipe, através do partido do regime, Estado e governo apropriaram-se da imprensa e fizeram de *A Voz de S. Tomé* um instrumento de governação do regime.

## GUINÉ

Na Guiné, no final da década de 1920, os africanos eram os principais produtores agrícolas e as plantações europeias estavam em falência. A partir de 1930, com as políticas centralizadoras do governo autoritário, os portugueses passaram a dominar o comércio, tendo à frente o BNU e a Casa Gouveia, subsidiárias da Companhia União Fabril e da Sociedade Comercial Ultramarina. No interior do território foram instalados postos estatais dedicados à compra do amendoim, do arroz e do óleo de palma, entre outros, produzidos pelos africanos. As finanças da colónia dependiam dos recursos metropolitanos e dos aumentos dos impostos (que se aplicavam à palhota, à produção agrícola, ao gado e aos produtos artesanais). Os efetivos militares diminuíram a partir de 1928, como resultado da redução dos conflitos e pela necessidade de se limitar os gastos. Entretanto, o número de administradores cresceu. O governador concentrava os poderes, com um conselho consultivo de seis membros, um secretariado permanente e 14 órgãos de serviços públicos.

Em 1930, surgiu em Bissau a primeira tipografia privada e, entre 1930 e 1931, foram publicados 20 números do *Comércio da Guiné*, o último saiu em 18 de abril e coincide com a eclosão de um movimento insurreto na Guiné (Gonçalves, 1966, 49) ([74]). O jornal foi dirigido por Armando António Pereira, advogado nativo, militante da Liga Africana e representante da Guiné na organização nas décadas de 1910–20 (Andrade, 1998, 203).

Em 17 de abril de 1931, um movimento «reviralhista» (ligado à resistência na Madeira, conhecida como Revolução Triunfante) levantou-se em Bolama. O chefe do Estado-Maior, alguns oficiais e o governador foram presos e embarcados para Lisboa e formou-se uma Junta Governativa composta por civis, deportados e sargentos. Vista a retomada da Madeira pelo governo metropolitano, no princípio de maio o movimento dilui-se e os seus chefes são presos (Pélissier, 1989, 227–228). Em 1941 a capital da Guiné mudou de Bolama para Bissau, a reorganização da burocracia administrativa e a promoção dos assimilados e cabo-verdianos marcaram a década de 1940.

*Arauto, Dilatando a fé e o império*, jornal mensal, apareceu em maio de 1943. Dirigido pelo padre Afonso Simões, teve redação e administração na Residência Missionária de Bolama e foi composto e reproduzido na Imprensa Nacional. O n.º 1 declarava que, «dilatando a fé, é nosso desejo, concomitantemente, dilatar o império também, interessando-nos por tudo o que diga respeito ao desenvolvimento

([74]) A coleção do *Comércio da Guiné* da Biblioteca Nacional de Portugal está em mau estado e em processo de digitalização, estando indisponível ao público.

e progresso desta colónia, ateando nas almas a chama sagrada do amor de Deus e da Pátria, em abraço mútuo». Além dos conteúdos religiosos, a edição noticiava o XVI Congresso de Literatura Colonial e abordava os custos da guerra mundial. O n.º 14, de junho, trazia notícias das demais colónias portuguesas em África, anunciava a construção de prédios para os funcionários em Bissau e garantia que «Portugal prossegue, na paz que lhe concedeu a Providência e no trabalho fecundo dos seus habitantes, a sua obra de reconstrução nacional que tem sido a preocupação dominante daqueles que dirigem os altos destinos da nação». Em 1945 o jornal passou a ser impresso na Tipografia das Missões, e o n.º 28, de agosto, relatava as comemorações do V Centenário da Descoberta da Guiné, noticiava a conclusão da catedral e do palácio do governo, o alargamento da urbanização de Bissau, a construção de moradias, a ampliação do hospital e a criação de uma escola industrial e comercial, entre outras obras públicas no interior da colónia.

«Quem olhar a situação portuguesa sob o ponto de vista puramente patriótico [...] não poderá deixar de fazer justiça aos homens que com tanta felicidade puderam conduzir o país a situação de prestígio indiscutível que goza no mundo», sublinhava o *Arauto* sobre a candidatura de Portugal à ONU nos seus n.os 41 e 42, de setembro e outubro de 1946. A mesma edição relatava a primeira Conferência dos Administradores da Guiné, a qual identificou como principais problemas da colónia a dificuldade da colaboração dos sipaios como elos entre autoridades e indígenas; a obrigação dos indígenas de trabalharem nas estradas; a questão da higiene indígena; as irregularidades na cobrança do imposto de palhota; os problemas de abastecimento de água e de iluminação no Interior e as dificuldades com os régulos. Em janeiro de 1947, o n.º 45 trazia o discurso do governador Sarmento Rodrigues na inauguração da exposição de Bissau:

> A Guiné está toda ali — no seu passado, no seu presente, e nas promessas maravilhosas do seu futuro. Nesta terra portuguesa há união de almas e boas vontades, há trabalho, há sacrifício, há entranhado amor ao

engrandecimento de Portugal, há portuguesismo do melhor. E a nação pode contar com os trabalhadores desta colónia.

O governo de Sarmento Rodrigues coincidiu com o apogeu do colonialismo na Guiné e priorizou o desenvolvimento da administração colonial, a participação dos assimilados e um tratamento paternalista para com os indígenas, e a construção de uma rede de infraestruturas (Silva, 2008).

As plantações de grande escala não tiveram sucesso na Guiné, sobretudo pela dificuldade em se recrutar mão de obra. Se no princípio do século as concessões de terra aos privados tinham sido uma estratégia para desenvolver a agricultura, esta falhou e os africanos eram os principais responsáveis pelo cultivo. Arroz, amendoim, milho, mandioca, sorgo, trigo e feijão foram os principais produtos ao longo da década de 1950. Monopolizar o comércio era um antigo objetivo colonial que, em 1945, se tornou realidade, com Portugal a responder por 75% das importações e 93% das exportações na Guiné. A partir de 1952, a Guiné esteve dividida em três concelhos (Bissau, Bolama e Bafatá) e nove circunscrições, nas quais o administrador cobrava os impostos e recrutava a mão de obra. Na hierarquia administrativa seguiam-se os chefes de posto, os régulos e os chefes de vila. Ao longo do Estado Novo, cresceu o número de funcionários e estes eram cerca de 1500 em 1950. É desta década o princípio dos planos de fomento na Guiné, contudo, as infraestruturas e os serviços públicos continuaram incipientes (Galli e Jones, 1987, 33–45).

Em 1950–54, a Secção Técnica de Estatística do governo publicou o mensário *Ecos da Guiné*. Foi um periódico oficial de divulgação das atividades do governo, com textos escritos pelos funcionários públicos que exaltavam a ação colonial portuguesa na Guiné. O n.º 1, de julho de 1950, sumarizava a legislação publicada no boletim oficial, informava sobre o movimento dos portos, avaliava o último ano de atividade governativa, abordava as realizações de saúde e anunciava obras públicas. «Mas é sobretudo no campo espiritual — porque nem só do pão vive o homem — que vamos encontrar a coroa de ouro que encima a obra de Sua Excelência, representada pela oficialização do ensino liceal na Guiné», propagava o *Ecos da Guiné*. Em 1951, o n.º 8 anunciava a ampliação do Hospital Colonial, trazia informações económicas sobre o mercado das oleaginosas, divulgava os melhoramentos em Bissau e Bolama e listava os problemas que careciam de solução: cais acostável em Bissau, ponte entre a ilha e o continente, navegabilidade dos rios, água e luz na capital, aproveitamento do Porto de Bafatá, entre outros. Segundo o *Ecos da Guiné*, a população da colónia tinha crescido 47% em dez anos, alcançando em 1951 o número de 508 970 habitantes.

Os n.os 34 e 35, referentes a maio e julho de 1953, publicaram uma entrevista com o novo governador, Melo e Alvim, e fizeram um balanço da Conferência dos Administradores:

> É na sua febril actividade [do governador], no seu ponderado bom senso e na sua nunca esmorecida boa vontade de bem servir, que todos devem procurar o estímulo para que a Guiné continue no seu rápido ascensional progresso não só para o bem de todos, como para mostrar ao mundo que a fecunda capacidade de colonização e as muitas qualidades para civilizar não se extinguiram no povo português, que tem ainda bem firmes e inabaláveis virtudes que o celebrizam sempre como o povo com melhores qualidades para assimilar os indígenas trazendo-os a nossa cultura e civilização, com brandura, pela persuasão e pelo exemplo.

A última edição do periódico, que congregou os n.os 48 a 53, de julho a dezembro de 1954, focou a questão agrícola e o aumento da produção: «O governador da província fez convocar em 05 de Junho, uma reunião de régulos e grandes da província, para em larga palestra lhes expor as vantagens morais e materiais duma mais firme afeição ao trabalho.»

Depois de um número especial sobre o 28 de Maio, em 1950, o *Arauto* tornou-se diário e passou a ter como diretor o padre José Maria da Cruz. As notícias da metrópole ganharam destaque no diário, que no seu n.º 1415, de janeiro de 1952, relatava que foram presos os organizadores duma «conjura contra a segurança do Estado». As notícias internacionais não incluíam os países africanos e a única informação local era sobre a deslocação do governador ao Interior: «Por entre o mesmo entusiasmo da população civilizada e não-civilizada foi inaugurado também o posto sanitário de Sedengal.» Em fevereiro de 1953, n.º 1813, o *Arauto* destacava a nomeação de Marcello Caetano como vice-presidente do Conselho Ultramarino e informava de que Bolama aguardava a chegada de 40 mancebos para receberem instrução militar. A visita do Presidente da República a São Tomé e Príncipe, o mundial de futebol e o dia das Forças Aéreas foram os destaques da edição n.º 2297, de julho de 1954, que sobre a província anotava as festividades de Santa Ana e a convocatória para a assembleia-geral do Sindicato dos Empregados do Comércio e da Indústria da Guiné.

A Guiné recebeu «com delirante patriotismo e entusiástica vibração» o Presidente da República em maio de 1955, noticiava o *Arauto*. O jornal, que relatava até então ter tido uma vida «atribulada» e era reproduzido em duplicador, passava a circular em formato de imprensa, e um texto de opinião apontava o *Arauto* como «Um jornal diário autêntico, com artigos de análise, com crítica e interesse público». Em março de 1956, n.º 2822, o jornal publicava as declarações de Marcello Caetano a defender a utilização da energia nuclear, noticiava a coroação do Papa e registava que na África Portuguesa 13,5% da população era cristã. A tolerância de ponto concedida pelo governador e um torneio de tiro aos pratos eram as únicas notícias sobre a Guiné.

O que os governos colonial e metropolitano não sabiam e o *Arauto* não noticiou foi a criação do Partido Africano da Independência da Guiné e Cabo Verde (PAIGC), fundado por Amílcar Cabral e Aristides Pereira em setembro de 1956, como se viu na secção de Cabo Verde. Lopes conta que em 1 de dezembro saiu o primeiro número do jornal *Libertação*, do PAIGC, o qual apelava aos seus militantes: «Devemos estar conscientes, estar preparados e vigilantes.

Desenvolver a consciência revolucionária, preparar os militantes e desenvolver a vigilância contra os inimigos — é a tarefa a cumprir pelo nosso jornal — hoje como amanhã na vanguarda da nossa luta — até ao dia da nossa libertação.» O autor assinala que o jornal era muito «pobre», policopiado num máximo de 500 exemplares e distribuído entre os líderes do partido, tendo circulado até 1968. Entre os seus temas, a luta na Guiné e as visitas de Amílcar Cabral às regiões libertadas (Lopes, 1988, 299) ([75]).

As viagens do governador, informações sobre a metrópole, notícias internacionais (sobretudo europeias), desporto, entretenimento e informações úteis, como a previsão meteorológica e farmácias de serviço, persistiam como os principais conteúdos do diário *Arauto* em 1957. O jornal não saía às segundas-feiras e o padre José Maria da Cruz mantinha-se como seu diretor. A partir de 1958, o jornal passou a designar-se *O Arauto*, e o n.º 3483 publicava a primeira intervenção do deputado da Guiné (Teixeira Mota) na Assembleia Nacional, a qual abordava o problema do ensino e da necessária valorização económica da província: «É sempre fácil apontar deficiências, mas nem todos conhecem a escassez dos meios com que se conta.» Os colóquios sobre o segundo Plano de Fomento do Ultramar eram divulgados em *O Arauto* em junho de 1959, n.º 3905, e sublinhavam que a política de investimento deveria atender à «dualidade de economias, à forte dependência da economia monetária em relação ao exterior e à importância do sector público». Nas notícias da província informava-se sobre o asfaltamento de ruas, um novo campo de ténis e o abastecimento de água em Mansoa.

Em 3 agosto de 1959, trabalhadores africanos no Porto de Bissau entraram em greve pelos baixos salários e más condições de trabalho. A reação do governo ficou conhecida como o Massacre de Pindjiguiti,

([75]) Nos arquivos e bibliotecas de Portugal não se encontraram coleções ou exemplares do *Libertação*. Nota-se que o próprio autor — C. Lopes, «Dois estudos e uma reflexão sociológica», *in Para Uma Leitura Sociológica da Guiné-Bissau* (Lisboa: Editorial Economia e Socialismo, 1988), 291–323 — não insere nenhuma indição bibliográfica ou arquivística do jornal.

no qual foram mortos cerca de 50 trabalhadores e dezenas ficaram feridos ([76]). *O Arauto* fez silêncio sobre a violência, mas registava que era distribuído nos aviões da Pan American nas linhas da Europa, Brasil e África do Sul.

A pressão internacional e as independências africanas preocupavam o regime autoritário em Portugal, o que se refletia na imprensa da Guiné que, em junho de 1960, n.º 4197, apontava que,

> No êxito de alguns movimentos a que a fraqueza de impérios carecidos de solidez deu a categoria e levou a vitória pela concessão de independências a regiões sem a necessária maturidade, assentou um programa de «libertação» que não serve nem respeita a paz dos que não querem ser «libertados» [...] Isto vem a propósito da campanha insistente e persistente que no plano internacional há muito tempo se faz contra o nosso país. Toda a gente sabe ou pode facilmente saber que não existem nos territórios portugueses ultramarinos quaisquer indícios de «colonialismo».

Em 1960, o estatuto indígena foi revogado e em 1962 o trabalho forçado foi abolido. Porém, na prática, pouco mudou para a população indígena da Guiné. A maioria da população na Guiné era africana e vivia nas zonas rurais em 1960. Nalgumas zonas, representantes da antiga nobreza tradicional tinham-se tornado chefes indígenas e régulos, o que lhes dava vantagens económicas e sociais. No entanto, o povo constituía-se sobretudo de camponeses. A urbanização continuava limitada, Bissau contava com 25 mil habitantes e Bafatá com dez mil, outros centros de importância não ultrapassavam os cinco mil habitantes — Bolama, Mansoa, Farim e Cacheu, entre outros (Mendy, 1994, 322–323).

---

([76]) Em relação ao Massacre do Pindjiguiti, ao nacionalismo e à luta de libertação na Guiné, assinala-se o trabalho de A. E. D. Silva, *A Independência da Guiné-Bissau e a Descolonização Portuguesa* (Porto: Edições Afrontamento, 1997).

Somente em 1963 foi implementado um conselho legislativo na Guiné, com sete membros, a maioria escolhida pelas autoridades e corporações oficiais, e uma minoria eleita por sufrágio (restrito à população letrada e contribuinte). Apesar da reforma política, o poder do governador manteve-se forte e dependente das decisões de Lisboa. Os serviços sociais na Guiné eram piores do que nas demais colónias africanas e, apesar da propaganda do governo sobre os investimentos em saúde e em educação, a situação manteve-se crítica. Em 1963, apenas 3,8% da população em idade escolar frequentava o ensino primário na Guiné e o gasto *per capita* em saúde era de 1,1 dólar (Rudebeck, 1974, 20–39).

Após o 4 de Fevereiro de 1961 em Luanda, *O Arauto* fortaleceu a sua defesa do império colonial e o ataque aos «terroristas», pontualmente África passava a fazer parte do noticiário. O n.º 4461, de abril de 1961, informava de que prosseguiam operações militares de «limpeza» em Angola e que se registavam «diversos actos de terrorismo», anotando que

> Os inimigos do nosso país e mais os cúmplices parceiros que esperam o desmembramento de Portugal ou a meia dúzia de traidores que só ambicionam o poder, ainda que ele viesse a exercer-se por conta de estranhos sobre pedaços sangrentos da nação. Para todos eles é arma fundamental a divisão que gera desconfiança, o derrotismo, o espírito de abdicação e entrega.

Em setembro de 1962, o n.º 4856 de *O Arauto* informava da prisão de dirigentes comunistas que cumpriam ordens de Moscovo:

> É já conhecido o recente acordo, levado a efeito entre Álvaro Cunhal, Mário Pinto de Andrade, Marcelino dos Santos e um representante de Humberto Delgado, de que resultou a elaboração de um programa que prevê, praticamente, a entrega das províncias ultramarinas, com total independência, às organizações daqueles elementos comunistas e a criação na metrópole de uma república popular.

«Caminhou-se, não há dúvida, na direcção desejada pelas populações ultramarinas. Avançou-se de acordo com as aspirações expressadas por essas mesmas populações. Tem-se agora, por exemplo, maior latitude de acção e os governadores mais poderes», opinava *O Arauto* sobre as alterações na lei orgânica das províncias no n.º 4998, de fevereiro de 1963. O povo discordava do jornal e, em janeiro deste ano, começou a luta armada pela independência da Guiné ([77]).

Em janeiro de 1964, n.º 5276, a manchete de *O Arauto* foi «De ladrões de gado a terroristas». O texto sublinhava que «No xadrez étnico da Guiné Portuguesa incidiram os esforços de propaganda e aliciamento desenvolvida pelos chefes do PAIGC em particular sobre uma tribo — os balantas» e notava que, se até 1962 o PAIGC tinha limitado as suas ações à sabotagem de linhas férreas e telefónicas, passou a ter como alvos as Forças Armadas portuguesas em fevereiro de 1963. A partir de então, o jornal incluiu o *Boletim Informativo das Forças Armadas da Guiné*, o qual relatava na mesma edição a destruição de acampamentos e apreensão de material de guerra do PAIGC. Entretanto, prosseguia o noticiário metropolitano e internacional, as informações desportivas, os conteúdos de entretenimento e o boletim litúrgico.

A intervenção do deputado Pinto Bull na Assembleia Nacional era destacada pelo *O Arauto*, no n.º 5519, em fevereiro de 1965: «a situação económica da província é muito debilitada e não se entende que não tenha sido incluída como beneficiária do financiamento do Plano Intercalar». Pinto Bull observava ainda «os esforços titânicos que se vem fazendo na Guiné nos campos militar, económico e social, sem alardes nem propagandas desmedidas, apoiado unicamente

([77]) Sobre os primeiros anos da luta de libertação na Guiné-Bissau, é de referência o estudo de B. Davidson, *The Liberation of Guiné: Aspects of an African Revolution* (Middlesex: Penguin Books, 1969). A respeito do nacionalismo guineense, da história do PAIGC e da luta de libertação nacional — numa análise que inclui as dimensões política, militar e social do PAIGC —, assinala-se o trabalho P. Chabal, «National Liberation in the Portuguese Guinea, 1956–1974», *African Affairs*, vol. 80, n.º 318 (1981): 75–99.

nos minguados recursos materiais e de pessoal que a província dispõe». O boletim das Forças Armadas de abril de 1966, n.º 5881, atacava a propaganda do inimigo através das emissoras estrangeiras por «deformar» os acontecimentos. No aniversário de *O Arauto*, em 5 de julho de 1967, o jornal agradecia ao governador a concessão de 50 mil escudos, apontava as dificuldades do título devido ao custo dos materiais e do pessoal especializado «num meio de horizontes restritos». O texto sublinhava que em 1966 o défice do jornal era de 486 mil contos, apesar dos subsídios do governo, e registava que «duvidamos é se poderemos continuar a viver assim por muito mais tempo».

Na sua última fase, os conteúdos de *O Arauto* estiveram centrados no noticiário internacional, com textos de combate ao comunismo, e em artigos sobre os países que apoiavam Portugal. Além dos boletins das Forças Armadas, não há notícias sobre a Guiné. Em março de 1968, n.º 6436, o caso do avião de fabrico russo tripulado por malianos que aterrou na Guiné era notícia. O boletim das Forças Armadas afirmava que «os desaires e a desorganização do inimigo aumenta, a sua propaganda prossegue, invariavelmente com alusão a vitórias estrondosas, ataques forjados e um acréscimo de "áreas libertadas"». A última edição conhecida de *O Arauto* saiu em 10 de abril de 1968, n.º 6444.

Apesar dos esforços da propaganda autoritária em construir um discurso de vitória sobre a situação militar na Guiné, o facto é que em julho de 1963 militares portugueses admitiam que o PAIGC controlava parcela do território. Em meados da década de 1960, o PAIGC afirmava controlar 50% do território e a guerra estabilizava-se. Em maio de 1968, António de Spínola tornou-se no chefe do Estado-Maior e governador da Guiné. Além das ações militares, Spínola reforçou os trabalhos nas obras públicas e nos serviços sociais, no que pretendia ser uma abordagem plural da guerra, com ações políticas, sociais e psicológicas. Entretanto, em 1970 o PAIGC tinha intensificado a guerra, o que acelerou as perdas portuguesas em homens e territórios (MacQueen, 1997, 37–41) ([78]).

([78]) Sobre a luta do PAIGC, a guerra na Guiné e as políticas do governo português na província — além de uma análise a respeito do impacto da vitória do

Entre 1968 e 1970 circulou o semanário *Notícias da Guiné, Boletim do Centro de Informação e Turismo*. O jornal não apresentava ficha técnica a indicar os seus responsáveis e os textos não eram assinados. O n.º 1, de abril de 1968, anunciava os objetivos do jornal: «Modesto na sua apresentação, é grande no seu objectivo primário que pretende atingir: fazer o registo do dia-a-dia da vida da portuguesa Província da Guiné. Como complemento um ou outro salpico de factos dominantes quer no todo nacional, quer na panorâmica internacional.» A mesma edição homenageava o general Arnaldo Schulz, governador que se despedia da Guiné; noticiava a nova estrada entre Bafatá e Nova Lamego, os festejos da Páscoa em Catió e a inauguração de um furo d'água em Nhacra. O boletim das Forças Armadas passou a ser divulgado através do *Notícias da Guiné*, que no n.º 1 registava: «Se bem que o inimigo continue a flagelar, com muita frequência, o aquartelamento de Madina do Boé, as consequências, para nós, têm sido nulas [...] em contrapartida, ele sofre baixas sistemáticas.»

Em dezembro de 1968, o *Notícias da Guiné*, n.º 45, anunciava as novas medidas do governo — que na perspetiva do jornal permitiam «encarar com fundamentada fé o futuro da província» —, entre elas o aumento do salário mínimo, vencimentos fixos para os régulos, investimentos no campo social, económico e cultural, e a dispensa das dívidas dos planos de fomento. No n.º 52, de fevereiro de 1969, o semanário informava de que tinham sido apreendidas dez toneladas de material aos «terroristas» e de que «As populações da área de Bigene receberam com entusiásticas manifestações de alegria a notícia dos novos êxitos obtidos pelas Forças da Ordem». Com o título «Ideologias», um texto de opinião assinalava que

---

PAIGC na Guiné no 25 de Abril, nas demais colónias e no processo de descolonização —, assinala-se o trabalho de J. Woollacott, «A luta pela libertação nacional na Guiné-Bissau e a revolução em Portugal», *Análise Social*, XIX, n.ºs 77-78-79 (1983): 1131–1155.

> A Europa, a Ásia, a América estão sendo cercadas pela ideologia comunista e o continente africano está à mercê da incompreensão, do infantilismo, da luta antropofágica dos líderes tribais que abrem aos agentes da subversão vermelha o caminho do caos administrativo e da desordem política, social e económica. Nesse continente, na parte do sul do Saara, Portugal enfrenta, com pesados sacrifícios, em vidas e haveres, o suicídio do Ocidente e o avanço do dragão comunista, que quer abrir caminho para a conquista final da Europa. Mas em Portugal nunca faltaram fé nem esperança. Fé — nos altos desígnios de uma pátria habituada a vencer todas as vicissitudes. Esperança — de que a humanidade compreenda afinal que chegou a hora de parar na corrida contra a destruição e a morte da nossa civilização.

Em agosto de 1969, n.º 78, o jornal trazia uma longa reportagem sobre os «terroristas arrependidos», entre eles Rafael Barbosa, que tinha sido do comité central do PAIGC, e agora era libertado pelo governo da Guiné. «Fala-vos o Rafael Barbosa, indivíduo sobejamente conhecido em toda a Guiné Portuguesa o qual, há cinco anos atrás, iludido nas promessas dos "ventos da história", se deixou conduzir e desviar do recto caminho de bom português.»

O inimigo tinha sofrido 614 baixas e tinham-lhe sido apreendidas 50 toneladas de material em 1969, segundo o *Notícias da Guiné* n.º 99, de janeiro de 1970. A mesma edição acusava a Europa de estar «adormecida»:

> A opinião pública mundial só compreenderá a razão que assiste aos portugueses em manterem intactas as suas províncias ultramarinas (Angola, Moçambique, Guiné e Cabo Verde) quando compreender também o que estes territórios representam para a segurança de uma África livre, assim como o que essa mesma África livre representa para a Europa Ocidental.

Em fevereiro, n.º 103, o semanário publicava um discurso do governador e comandante do Estado-Maior da Guiné, general António de Spínola: «Guinéus! Junto a minha inabalável fé à vossa na construção duma Guiné próspera e rica para todos os seus filhos.» O n.º 108, em 22 de março de 1970, é a última edição conhecida do *Notícias da Guiné*. O número dedicou-se a relatar a visita do ministro do Ultramar à província.

Entre janeiro de 1946 e abril de 1973, o Centro de Estudos da Guiné Portuguesa (ligado à secção de estatística do governo da Guiné) publicou o *Boletim Cultural da Guiné Portuguesa*. O *Boletim* foi uma revista de carácter científico, com estudos de divulgação no campo da história, da etnografia, das artes e da literatura. O objetivo da publicação foi o «estudo sistemático da Colónia sob todos os aspectos — meio físico, meio biológico, meio humano». Artigos sobre os povos originários da Guiné, suas línguas e literatura; temas relativos à presença europeia e sobretudo portuguesa; conteúdos no domínio da agricultura e da pecuária; estudos sobre economia e estatística e textos sobre religião e arte, entre outros, figuraram no *Boletim*. O periódico oficial incluiu na maioria dos seus números uma crónica da colónia (que em geral exaltava a administração do governo), dados estatísticos e uma revista de imprensa.

Em abril de 1972, uma missão do comité de descolonização da ONU visitou as zonas libertadas e recomendou que o PAIGC fosse reconhecido como o único e autêntico representante do povo da Guiné. Amílcar Cabral foi assassinado em 20 de janeiro de 1973 e, em março, os portugueses perderam o controlo aéreo do território. Em agosto, Spínola deixou África e, em 24 de setembro de 1973, em Madina do Boé, foi declarada a independência da República da Guiné-Bissau, presidida por Luís Cabral. Em poucas semanas, a nova nação foi reconhecida por mais de 80 países e, em 17 de setembro de 1974, a ONU admitia como membro a República da Guiné-Bissau ([79]).

([79]) Em relação à história da luta pela independência da Guiné e da formação do Estado, são de referência os seguintes estudos: L. Rudebeck, *Guinea-Bissau: A Study of Political Mobilization* (Upsália: The Scandinavian Institute of African Studies, 1974); C. Lopes, *Guinea Bissau: From Liberation Struggle to Independent Statehood* (Londres: Zed Books, 1987).

### *A imprensa na Guiné no Estado Novo*

Na Guiné, o Estado Novo não precisou de fazer uso da censura e da perseguição contra a imprensa e o jornalismo, pois não existiu uma imprensa que questionasse, criticasse ou se opusesse às políticas autoritárias. Também não foi preciso que o regime proibisse ou infiltrasse agentes seus nas organizações associativas e controlasse os seus jornais, pois as escassas entidades representativas na Guiné sempre apoiaram o governo e não fizeram da imprensa um instrumento de debate e disputa política. Apenas quando *O Arauto* deixou de existir, em 1968, se tornou necessário que o governo publicasse um jornal, de modo a garantir a continuidade da propaganda do regime. Em suma, as estratégias de controlo da imprensa e da opinião pública utilizadas pelo Estado Novo nas demais colónias africanas foram desnecessárias na Guiné, porque não existia uma imprensa que divergisse ou destoasse da orientação política, económica e social do regime autoritário.

No caso do *Comércio da Guiné*, ligado aos interesses privados da colónia, pode supor-se que o movimento insurreto de 1931 levou ao seu fim, e que o recrudescer do regime não permitiu novo empreendimento por parte dos seus proprietários. Por 13 anos, a Guiné esteve sem um jornal, até que surgiu o *Arauto*. Entretanto, este manteve-se mensal e com a predominância de conteúdos religiosos até 1950. Propriedade da Igreja, ainda antes de se tornar diário, o jornal já endossava as políticas do governo autoritário, na metrópole e na Guiné. Diferente do que se passou em Moçambique, onde o jornal da Igreja desempenhou um papel de oposição ao Estado Novo, na Guiné a imprensa apoiou incondicionalmente o governo. Deste modo, a colaboração entre a imprensa e o governo coincidiu com um exercício jornalístico característico dos regimes autoritários. Em 1968, coube ao governo a iniciativa do *Notícias da Guiné*, o qual deu seguimento à divulgação do regime e das suas políticas, sinalizando a continuidade da instrumentalização da imprensa.

Não se sabe quem foram e quantos eram os jornalistas na Guiné, pois os textos dos jornais não eram assinados e os títulos não tinham fichas técnicas. Note-se que parcela significativa dos conteúdos da imprensa dependia da agência de notícias Lusitânia, instrumento do regime, o que faz supor um quadro mínimo de profissionais na imprensa ([80]). Sabe-se apenas que nos órgãos oficiais escreviam e colaboravam funcionários públicos alinhados com o regime. Não se tem notícia de jornalistas na Guiné, de escolas de formação profissional no campo da comunicação ou de qualquer tipo de associação profissional.

Considerando o conceito de paralelismo político no contexto de um único jornal e de uma única força política (o governo), pode dizer-se que o paralelismo político na Guiné foi completo. Porém, havia forças sociais e interesses distintos dos do governo e estes não tiveram expressão na imprensa. A intervenção do governo na imprensa foi forte: o governo publicou jornais e boletins de informação; subsidiou o *Arauto*; e controlou os conteúdos em seu favor.

## A imprensa como instrumento de governação do Estado Novo

Ao longo do Estado Novo destacaram-se nas relações entre a imprensa, o regime e o colonialismo os seguintes aspetos: a imprensa foi um espaço privilegiado da propaganda do regime autoritário; serviu de suporte ao Estado Novo, aos governos do ultramar e ao projeto colonial; e tornou-se num instrumento de governação do regime autoritário. Tais constatações derivam dos papéis desempenhados pelo jornalismo e das características do sistema de imprensa nos cinco territórios da África Portuguesa entre 1926 e 1974. Nesta secção procede-se à análise comparada do jornalismo e da imprensa entre os cinco territórios, a qual evidencia o perfil da imprensa e os papéis desempenhados pelo jornalismo na última fase do colonialismo português, originando proposições sobre as dinâmicas da imprensa no Estado Novo.

---

([80]) A agência Lusitânia foi criada pelo governo em 1944.

## *O desempenho jornalístico*

A imprensa crítica, reivindicativa e de protesto do período republicano resistiu à imposição da ditadura militar. Até meados da década de 1930, os jornais da África Portuguesa exerceram uma crítica moderada, primeiro à ditadura e mais tarde ao Estado Novo. Em Cabo Verde, coube ao jornal *O Notícias de Cabo Verde* a denúncia da censura à imprensa e a crítica às diretivas económicas, que promoviam a fome e a miséria nas ilhas. Em Angola, diversos títulos criticaram o regime: em Sá da Bandeira o *Ecos do Sul* denunciou o BNU; em Luanda o *Última Hora* reivindicou a regularização da situação política, como tinha sido prometido pela ditadura; e *A Notícia*, também a partir de Luanda, requereu liberdades de imprensa, reunião e propaganda. Em Moçambique, a partir de Lourenço Marques, *O Brado Africano* denunciou os «desmandos» do poder; na capital da colónia também *O Emancipador* criticou a ditadura e a nova legislação de imprensa. Em São Tomé e Príncipe, *O Equador* reivindicou a liberdade de imprensa como fundamental na resolução dos problemas sociais e *O Trabalho* defendeu os trabalhadores e requereu liberdade. Embora não se conheça o papel desempenhado pelo *Comércio da Guiné*, até meados da década de 1930, na África Portuguesa a imprensa desempenhou um papel monitor moderado, restringido pela nova ordem sociopolítica.

Com exceção de Moçambique — onde a imprensa africana através de *O Brado Africano* resistiu até 1937 —, a imprensa nativa tinha desaparecido antes mesmo do golpe militar de maio de 1926. Em Angola, os jornais associados aos filhos do país foram suprimidos em meados da década de 1920, como aconteceu na mesma altura em Cabo Verde e em São Tomé e Príncipe. Pese embora terem-se mantido ao longo do Estado Novo em Angola e Moçambique associações africanas, estas foram instrumentalizadas pelo regime, inclusive com subsídios dos governos para a realização das suas atividades. Daí que a revista *Angola*, da Liga Nacional Africana, tenha defendido o projeto colonial e o governo. Em Moçambique, o Estado

Novo inseriu apoiantes seus na redação de *O Brado Africano* e, desde 1937, o jornal alinhou-se com o regime, tendo passado a propriedade da União Nacional na década de 1950. Em Cabo Verde e São Tomé, não há notícias de associações ou jornais africanos nesta fase. Na Guiné nunca tinha existido um jornal africano, situação que se manteve. Os movimentos de libertação da África Portuguesa, clandestinos e perseguidos, também não puderam utilizar a imprensa como instrumento de luta. Deste modo, a expressão da imprensa africana foi mínima, e esta foi instrumentalizada pelo regime autoritário.

O primeiro golpe contra a imprensa foi a legislação de 1926 (decreto n.º 12:271, conhecido como Lei João Belo), que previu a obrigatoriedade dos jornais de terem um diretor português e licenciado. Seguiu-se a instituição da censura prévia, operacional desde 1932 nas colónias africanas. Tais medidas contribuíram para o decréscimo dos títulos nos territórios africanos, bem como obrigaram o jornalismo a alinhar-se com o regime. Porém, como se viu, os governos coloniais também fizeram uso das multas, suspensões, supressões e perseguições aos jornalistas para calar a imprensa, o que resultou no silenciamento do jornalismo independente e crítico do regime em meados da década de 1930.

Nas décadas de 1940–60, a resistência e a oposição ao colonialismo e ao regime autoritário em Cabo Verde, Angola, São Tomé e Príncipe e Moçambique deu-se sobretudo através da literatura, como demonstrou o trabalho de Margarido (1980), entre outros estudos. Revistas culturais, a exemplo de *Claridade*, em Cabo Verde; de *Mensagem*, em Angola; e de *Itinerário*, em Moçambique, são exemplares dos meios que utilizaram a literatura como espaço de resistência, no entanto, foram efémeros e irregulares, e desapareceram em razão da pressão exercida pelos governos. Na imprensa periódica e generalista, a oposição aberta ao Estado Novo e à ação colonial foi pontual, e registou-se de modo efetivo apenas em Moçambique, através do *Diário de Moçambique*. Ainda que tenham surgido tentativas de títulos independentes e críticos, a exemplo de *A Tribuna*, em Moçambique, ou que a redação de alguns jornais incluísse profissionais «antifascistas», como apontou Melo (1993) em relação ao *ABC Diário de Angola*, tal não se traduziu numa imprensa questionadora, crítica ou de oposição ao regime, porque a repressão à imprensa não permitia tal posicionamento editorial. A orientação do *Diário de Moçambique* é uma exceção, que pode ser explicada por o jornal ter sido dirigido pelo bispo da Beira e ter tido uma circulação restrita, de modo que o governo decidiu não o proibir para não ampliar as divergências entre a Igreja e o regime, que se vinham anunciando desde meados da década de 1950. Para silenciar o *Diário de Moçambique*, o governo optou por se apropriar do jornal e instrumentalizá-lo através de empresários defensores do Estado Novo e das suas políticas.

Apesar da resistência ao novo regime quando do golpe militar, houve títulos que imediatamente se alinharam com a nova ordem da ditadura, caso de *A Província de Angola* e do *Notícias*, de Moçambique. Antes da imposição da censura prévia, em vigor a partir de 1932, tal apoio ao regime indicava uma colaboração típica dos regimes liberais, como se viu associada aos interesses económicos e políticos dos proprietários dos jornais. Porém, com a consolidação do Estado Novo, a imprensa passou a desempenhar papéis jornalísticos característicos dos regimes autoritários.

A pluralidade de forças sociais que tinham intervindo na imprensa durante a Monarquia Constitucional e a República, fazendo do jornalismo uma plataforma de debate e de disputa do poder político, desapareceu. Neste sentido, o caso da imprensa na África Portuguesa é exemplar das dinâmicas da imprensa em regimes autoritários, como Siebert *et al.* assinalaram (1963 [1956], 27): «In most authoritarian states there was practically no published information on the issues [...] Only the decisions announced were those requiring general public compliance and support.»

Os conteúdos da imprensa na África Portuguesa confirmam um exercício jornalístico determinado pelo regime autoritário. A ideologia e os mitos do Estado Novo, as diretrizes do império colonial, as políticas da metrópole para as colónias, as ações dos governos das províncias e os discursos das lideranças do regime foram os conteúdos disseminados pela imprensa nos cinco territórios africanos. A monitoria das administrações e do poder económico desapareceu, e os editoriais e textos de opinião que expunham os conflitos e a oposição das forças sociais ao poder político sumiram da agenda.

O jornalismo manteve um perfil político no Estado Novo, uma vez que serviu aos propósitos do regime através de conteúdos que o referendavam, assim tornando a imprensa num instrumento da governação, o que se ajusta ao papel reservado à imprensa pelos regimes autoritários: «When the authoritarian turns to the functions of the mass media, he has already determined the basic purposes of government. These purposes inevitably control his attitude toward both the cultural and political aspects of communication» (Siebert *et al.*, 1963 [1956], 18).

Todavia, em simultâneo, houve uma despolitização da imprensa, a qual pode ser observada através da agenda jornalística de aprovação e exaltação do governo; pela ausência de pluralidade dos temas informativos e de opinião; através do aumento dos conteúdos voltados para o entretenimento; e pelo noticiário internacional. Este sobrevalorizou as notícias de países e acontecimentos distantes da realidade africana, e, quando houve notícias sobre África, estas combatiam os processos de independência que se alastravam pelo continente e valorizavam os regimes de minoria branca da Rodésia e da África do Sul. Na mesma linha, os conteúdos internacionais serviram para promover as relações internacionais do regime de Salazar e para desvalorizar e atacar os países que criticavam ou divergiam das posições de Portugal. Sobre este tema, um texto assinado pelo jornalista António Cabral, da *Voz de Moçambique*, em outubro de 1962, criticava a imprensa da província por estar mais preocupada com a «questão argelina» do que com os problemas das colónias: «As directrizes actualmente estabelecidas pela nossa imprensa diária estão erradas [...] Toda a imprensa, sem qualquer excepção, tem que atacar de frente os nossos problemas, debatê-los com magnífica insistência, apontar tudo quanto caminha errado» ([81]). A despolitização da imprensa também pode ser observada através dos conteúdos ausentes do noticiário, entre eles, as distintas opiniões políticas das colónias e da metrópole; a ausência da realidade africana, inclusive sobre factos dos territórios portugueses; e o marcante desaparecimento do homem africano — da sua situação, problemas e reivindicações. Assim, a imprensa e o jornalismo passaram a representar, com raras exceções, territórios africanos nos quais parecia existir apenas os colonos europeus e o seu contexto.

Ainda em relação aos conteúdos, sobressai a ausência de pluralidade interna (na diversidade de temas e orientações no interior de cada jornal) e de pluralidade externa (no conjunto da imprensa em cada um dos territórios, com exceção de Moçambique nalgumas fases, como se viu). Sublinha-se que, no caso de Cabo Verde, de São Tomé e Príncipe e da Guiné, na maior parte do período existiu apenas um jornal em cada uma das colónias, e este deu apoio incondicional ao regime. Em síntese, na África Portuguesa a imprensa serviu ao regime, como é característico dos regimes autoritários, e tal implicou a defesa do império e do colonialismo.

### *O perfil da imprensa*

Em relação ao desenvolvimento e às características da imprensa, o Estado destacou-se enquanto proprietário. Em Moçambique, através do BNU e de empresários aliados do regime, o governo passou a controlar os mais importantes jornais da província. Na Guiné, o governo subsidiou o *Arauto*, e quando este deixou de existir criou os seus próprios jornais. O mesmo se passou em Cabo Verde, onde o governo foi proprietário de *O Arquipélago*, entre outros meios de comunicação. Em São Tomé e Príncipe, o único jornal do arquipélago foi propriedade do partido único do regime, a União Nacional, e recebeu

([81]) *Jornal da Huíla*, n.º 442, de 24 de outubro de 1962.

subsídios do governo. Se em Angola o Estado não teve jornais, tal parece ter-se devido ao alinhamento da imprensa com o regime e ao controlo dos meios de imprensa por indivíduos e grupos com interesses económicos e políticos coincidentes com os do governo. Os grupos sociais continuaram a marcar presença como proprietários da imprensa, entre estes os grupos religiosos, a União Nacional e as associações (económicas, culturais, recreativas). Também circularam títulos de propriedade individual, neste caso em geral foram iniciativas de comerciantes e industriais, inclusive gráficos. Em Angola e Moçambique, sociedades que envolviam diversos sectores económicos também foram proprietárias de jornais. A imprensa manteve um perfil político durante o Estado Novo, mas também emergiram títulos ligados ao entretenimento e com um perfil comercial em Angola e Moçambique. Houve um aumento das tiragens e da circulação da imprensa, o que está relacionado com o aumento dos colonos e da população alfabetizada entre os africanos.

### *O exercício profissional*

Não se sabe quantos eram os profissionais jornalistas na África Portuguesa durante o Estado Novo. Os jornais continuaram a não indicar os seus profissionais nas fichas técnicas ou a relacioná-los com as editorias para as quais escreviam, a maioria dos textos não era assinada e parcela significativa do noticiário teve origem na agência Lusitânia. No entanto, o número de profissionais jornalistas aumentou ao longo do período, sobretudo em Angola e Moçambique, o que se deveu ao acréscimo dos títulos diários e ao crescente número de páginas, exigindo o incremento das redações ([82]). Em Cabo Verde, em São Tomé e Príncipe e na Guiné, onde por norma existiu apenas

([82]) Melo, *História da Imprensa em Angola* (1993) e I. Rocha, *A Imprensa de Moçambique* (2000), indicam dezenas de profissionais que atuaram na imprensa nestes territórios.

um jornal, os funcionários públicos continuaram a ser decisivos nas redações, colaborando com textos que relatavam as ações dos governos das províncias. Na mesma linha, quando os jornais eram propriedade de comerciantes e industriais, estes eram também os seus diretores e atuavam como redatores.

Pouco se sabe sobre a origem ou a formação dos jornalistas, apenas que alguns, em especial nos cargos de chefia, tinham ganhado a sua experiência e formação nos jornais da metrópole. Continuaram ausentes nas províncias os cursos de formação técnica ou superior na área da comunicação ou do jornalismo, e mesmo as escolas secundárias eram escassas e, até meados da década de 1960, restritas aos brancos. Sobre a organização profissional dos jornalistas, pouco se sabe.

A legislação de 1933 previu que os sindicatos se reorganizassem. Embora tenham resistido, os jornalistas foram obrigados a ter como organização representativa o Sindicato Nacional dos Jornalistas (SNJ), que teve os seus estatutos aprovados em 1934, e nos quais o sindicato aceitava «o princípio do nacionalismo corporativo e a função de elemento redutor da conflitualidade social». Este representava apenas os trabalhadores de Portugal, dos Açores e da Madeira. Em relação aos jornalistas que atuavam em Portugal nas décadas de 1930 e 1940, Veríssimo (1998, 115) assinala que «não é difícil compreender que grande parte das elites intelectuais e nomeadamente os jornalistas, adiram à plataforma política do Estado Novo [...] e se sintam úteis ao serem chamados à suprema tarefa de dar a conhecer às massas a obra do Estado Novo». Analisando o processo de profissionalização da categoria em Portugal, a autora assinala que «o direito ao trabalho, a certeza da sua retribuição, a fixação de horários e de férias, a regulamentação das condições de despedimento, passaram a constar da vida de todos os jornalistas, a fazer parte das suas certezas, a partir da década de 40» (Veríssimo, 1998, 116). Contudo, tais aspetos também se referem exclusivamente aos jornalistas que atuavam em Portugal, nos Açores e na Madeira.

O SNJ só passou a incluir as províncias e os jornalistas africanos a partir de dezembro de 1960, quando o decreto-lei n.º 42:231 estendeu o sindicato ao ultramar e foi prevista a constituição de secções «onde o número de profissionais o justifique» ([83]). Há notas breves da secção de Angola e de Moçambique do SNJ na imprensa da época, contudo, são desconhecidas as suas atividades.

Correia e Baptista (2007) avaliam que foi na década de 1950 que se deu o arranque para a «emancipação jornalística» em Portugal. As melhorias técnicas e de gestão dos recursos humanos dos jornais; a organização interna das redações e a criação de secções; novos instrumentos de trabalho, como máquinas de escrever e gravadores; a maquinaria moderna de impressão; a valorização da entrevista e da reportagem enquanto géneros e práticas jornalísticas; e a melhoria das condições de trabalho dos jornalistas são os fatores de nível macro elencados pelos autores no processo de profissionalização e profissionalismo dos jornalistas entre 1956 e 1968. «A dignidade material alcançada criou as condições para a clarificação e definição de princípios éticos e deontológicos da profissão», apontam Correia e Baptista (2007, 437). No entanto, apenas em 1973 o SNJ elaborou um código deontológico dos profissionais jornalistas, o qual foi aprovado em 1976. Os cursos de formação jornalística também tardaram em Portugal: em 1968 o SNJ realizou um curso pós-laboral de quatro meses e, em 1971, a Escola Superior de Meios de Comunicação Social criou um curso de Jornalismo de três anos. Contudo, somente em 1979 apareceu o primeiro curso superior de Jornalismo, na Universidade Nova de Lisboa.

Sobre a orientação política dos jornalistas da África Portuguesa, uma notícia do *ABC Diário de Angola* é ilustrativa. A edição de 1 de outubro de 1968, n.º 3592, relatava que um grupo de jornalistas iria convidar o chefe de governo para visitar a província. O texto sublinhava que estes profissionais eram

> intérpretes de uma opinião pública, arautos da mensagem da verdade, não admira que a atitude assumida por esse grupo de camaradas

([83]) *Sindicato Nacional dos Jornalistas, Estatutos* (Lisboa: s/ed., 1962).

> da imprensa, possa traduzir os anseios de uma classe, em levar junto do professor Marcello Caetano e do seu governo, toda a solidariedade da população da província, que se sente feliz, por o impacto estar vencido, a continuidade assegurada, o ultramar protegido, fazendo desvanecer dos espíritos, a dúvida, a angústia, a expectativa.

Também foram muitos os profissionais jornalistas que se opuseram ao regime, como relataram Melo (1993) e I. Rocha (2000) sobre Angola e Moçambique, porém, a orientação dos jornalistas não pode refletir-se nos conteúdos e na linha editorial dos títulos.

O alinhamento da imprensa com o regime, os textos da agência Lusitânia e a censura contribuíram para uma certa padronização dos conteúdos e do estilo jornalístico nos cinco territórios, por exemplo, pelo tom comum de elogio a Salazar e à sua obra. Apesar de não terem existido associações locais que articulassem os títulos ou os profissionais, nota-se solidariedade entre estes, através das notícias que saudavam o aparecimento de novos títulos ou que relatavam as consequências da censura para periódicos e profissionais, neste caso, sobretudo, até meados da década de 1940.

Nos períodos monárquico e republicano, o exercício jornalístico esteve associado à militância política, como se viu. No Estado Novo, os jornalistas afirmaram-se enquanto categoria profissional, uma vez que o exercício jornalístico, na maioria dos casos, se tornou de dedicação exclusiva e remunerado. Nesta fase, a atividade jornalística não esteve diretamente vinculada à militância política, visto que nem todos os jornalistas eram apoiantes do regime. No entanto, sobressai o alinhamento dos jornalistas com o regime, a refletir o que se passou com a imprensa. Tal afirmação justifica-se, por exemplo, quando se observa que o jornalismo não se limitou a reproduzir as diretivas do Estado e do governo, como a censura exigia, mas também fez o seu elogio, exaltação e apologia.

### *O paralelismo político*

Como nos períodos anteriores, também durante o Estado Novo se verifica o paralelismo político. No entanto, este é de uma natureza distinta nesta fase, visto que o conjunto da imprensa exprime e traduz uma única força: o Estado autoritário. Trata-se de um paralelismo político de sentido único, no qual os distintos jornais dão suporte ao regime e ao seu partido único, referendam a orientação do Estado e dos seus governos. O paralelismo político entre a imprensa e o Estado no regime autoritário foi reforçado pela legislação restritiva da imprensa, mas esta não foi a sua única origem, já que os jornais poderiam limitar-se a reproduzir as diretivas do governo sem as referendar ou exaltar.

### *A intervenção do Estado*

Em relação aos períodos anteriores, nos quais já se registava uma forte intervenção do Estado e dos governos na imprensa, esta reforçou-se ao longo do Estado Novo. A legislação de imprensa foi restritiva durante todo o período. Embora sem lei que a oficializasse, em junho de 1926 era estabelecida a censura à imprensa — a qual determinava que os artigos censurados deveriam ser substituídos e os jornais não poderiam aparecer com espaços em branco. No entanto, a primeira lei de imprensa do novo regime, o decreto n.º 11:839, não alterou substancialmente a legislação liberal de 1911. Seguiu-se o decreto n.º 12:008, de 29 de julho de 1926, que mantinha a liberdade de expressão sem caução ou censura, embora autorizasse a supressão dos jornais caso estes fossem condenados por crime de difamação. Tal legislação foi estendida às colónias pelo decreto n.º 12:271, de 3 de setembro de 1926, o qual revogou todas as leis sobre liberdade de imprensa e estabeleceu a obrigatoriedade de os diretores dos jornais serem portugueses e licenciados. A lei anotava na sua introdução ser «absolutamente preciso obstar, o que todas as nações coloniais fazem, a que nas colónias se possa estabelecer uma imprensa que, não estando a altura da sua elevada missão, possa vir a constituir um verdadeiro perigo social» ([84]). A censura continuou sem legislação até agosto de 1931, quando saiu uma circular da Direção dos Serviços de Censura (DSC) a orientar o seu exercício. Seguiu-se o decreto n.º 22:469, também em agosto de 1931, instituindo a censura prévia.

Ainda sobre a censura, uma circular da DSC de 1961 passou a incluir o noticiário internacional nos conteúdos a serem examinados previamente. Outro documento da DSC, em 1963, orientava atenção aos «artigos de índole política e religiosa em que se procure extrair conclusões políticas que sejam desfavoráveis ao Ocidente, em geral, e ao nosso país em especial, e a favor de países socialistas ou comunistas». Em 1968, um documento da presidência do conselho sobre as normas da censura assinalava que não eram permitidos conteúdos que «visem directamente de modo isolado ou em campanhas, a alteração da política adoptada quanto ao Ultramar português» e «ponham em causa a orientação professada na política internacional, tão intimamente relacionada com a política ultramarina do país» (Carvalho, 1973, 63–83; 78). Tais orientações da censura, que tinham a situação colonial como preocupação central, ajudam a explicar a orientação dos conteúdos internacionais e da imprensa na África Portuguesa. Por fim, embora a lei de imprensa de novembro de 1971, decreto n.º 150/72, tenha extinguido a DSC, manteve-se o exame prévio e a situação não se alterou até ao fim do regime autoritário.

No que se refere à propriedade, o Estado foi um forte interventor, tendo mantido os boletins oficiais em todas as colónias e publicado jornais e revistas que promoviam as suas políticas e governos. Quando o regime teve dificuldade em alinhar a imprensa com as suas diretivas, apropriou-se dos títulos por meio da sua estatização ou da sua instrumentalização através dos seus aliados. O Estado também

([84]) Decreto n.º 12:271, publicado no Diário Oficial da República em 6 de setembro de 1926. Disponível em: www.dre.pt/application/file/164904 [consultado em 6 de outubro de 2014].

subsidiou a imprensa, o que neste contexto contribuía para a sua propaganda. Além da censura, os governos perseguiram os profissionais, multaram e suspenderam os jornais e suprimiram os títulos, além de indeferir pedidos para novas publicações, o que prevenia o aparecimento de periódicos que pudessem ser questionadores ou críticos. Em síntese, durante o Estado Novo a imprensa sofreu a mais forte intervenção do Estado e dos governos ao longo do colonialismo.

A análise das relações entre a imprensa, o regime e o colonialismo ao longo do Estado Novo sumariza-se nas seguintes proposições sobre o caso da África Portuguesa: O jornalismo desempenhou papéis característicos dos governos autoritários, acompanhando o regime; A imprensa manteve um perfil político; A propriedade da imprensa esteve vinculada ao Estado e aos grupos que apoiavam o regime e os governos; O profissionalismo e a profissionalização mantiveram-se incipientes, mas os jornalistas foram instrumentalizados pelo regime; O paralelismo político foi acentuado, entretanto de direção única, com o conjunto da imprensa a traduzir a orientação do regime e do governo; A intervenção do Estado e dos governos na imprensa foi extrema, de modo a servir aos seus desígnios políticos. Em suma, a imprensa e o jornalismo serviram de suporte ao Estado Novo, aos governos do ultramar e ao projeto do império colonial, tendo-se tornado num instrumento de governação do regime autoritário.

# Conclusões

No processo de reconfiguração do império colonial português, a partir de 1830, Portugal reformulou os seus projetos, políticas, diretrizes e instituições nas colónias africanas. Estas adquiriram um novo estatuto, ganharam importância estratégica, e deveriam prover o reino de riquezas materiais e renovar o prestígio do império português entre as potências europeias. A instalação da imprensa nas colónias, com o objetivo de publicar os boletins oficiais, deu-se no conjunto das novas instituições e linhas de ação do império. A parte oficial dos boletins — na qual eram publicadas a legislação do império, os atos do Rei e as decisões dos governadores — tinha como papel primordial manter informados os funcionários, agentes coloniais e a população europeia. Tais conteúdos visavam orientar a atividade administrativa, a ocupação e a organização dos territórios, bem como auxiliar na uniformização das práticas coloniais. As matérias não oficiais incluíram relatórios diversos da situação das colónias (a exemplo da saúde e educação, do comércio e da economia, e da presença militar); notícias locais e da metrópole; informação económica; textos culturais, contos e poesias; ensaios sobre o colonialismo; informação educativa, a exemplo de temas agrícolas; matérias religiosas; e pequenos anúncios, entre outros. A disseminação do império e da ação colonial portuguesa em África era o fator comum a estes conteúdos, tornando o boletim oficial num meio de informação de carácter político, pois serviu à disseminação da ideologia, das políticas e das práticas do império colonial. Publicado em cada uma das colónias, e nestas controlado pelo governador, o boletim também fez a propaganda dos governos locais. Com o surgimento da imprensa não oficial, os boletins foram-se limitando à legislação e aos atos públicos, visto que o jornalismo independente passava a desempenhar os papéis informativo, opinativo, educativo, cultural e de entretenimento. Deste modo, a partir do século XX e até 1974, o papel primordial dos boletins oficiais foi manter a sociedade informada dos atos oficiais dos governos das colónias. Os boletins foram fonte de informação privilegiada para os jornalistas, que através dos conteúdos oficiais denunciavam políticas e práticas governativas ou davam o seu apoio à gestão dos governos coloniais. Além dos seus fins políticos, os boletins oficiais contribuíram para manter a população letrada das colónias informada, bem como auxiliaram na integração dos núcleos coloniais, visto que davam publicidade aos acontecimentos sociopolíticos, assim promovendo a sua discussão e, consequentemente, estimulando a participação e a intervenção no espaço público.

A emergência da imprensa não oficial esteve associada às elites coloniais de origem europeia em todas as colónias. O surgimento da imprensa requereu a existência de tipografias nos territórios, de recursos financeiros para reproduzir os jornais, de pessoas com formação, disponibilidade e interesse em produzir e escrever nos periódicos. No entanto, fator decisivo para o aparecimento da imprensa independente foram os conflitos das elites europeias com os governos locais. Os primeiros jornais a circular, a partir da década de 1860, expressaram as insatisfações, as divergências e as críticas das elites para com os governos locais e metropolitano. Tal não significava oposição ao projeto do império colonial português, representava sim o descontentamento com as práticas dos governos. Em resposta a tais títulos críticos, apareceram jornais que referendavam o Terreiro do Paço e os governos das colónias. Inclusive, muitos destes periódicos foram criados, estimulados e auxiliados pelos governos locais. O aumento do número de títulos jornalísticos e a sua polarização, ataque ou defesa dos governos, assinalam a consolidação de um espaço público de debate nas colónias africanas, o qual teve como meio privilegiado o jornalismo, de que resultou a consolidação da imprensa enquanto instituição social no período da Monarquia Constitucional.

A imprensa africana e um jornalismo de causas, contestação e reivindicação manifestou-se nas colónias na Monarquia e na República. Em Angola e Cabo Verde, a imprensa africana atuou sobretudo entre 1870 e os primeiros anos da década de 1920. Em Moçambique e São Tomé e Príncipe, o jornalismo africano ganhou protagonismo no período republicano. Tais diferenças temporais foram determinadas pelas especificidades das colónias, como se verificou. A exigência de igualdade de direitos entre africanos e europeus; a reivindicação de melhorias nas condições de vida da população africana; o tema da independência das colónias; a crítica do colonialismo e do seu programa estiveram no centro da agenda do jornalismo africano. Neste sentido, o imperialismo colonial leva ao despertar da consciência nacional e ao desejo de soberania, o que se torna num obstáculo para a construção do império, como notou Arendt (2004 [1951], 166). A propagação da civilização ocidental tem um carácter duplo, pois, uma vez que o colonizador propaga as suas formas sociais, comportamentos e instituições, contribui para a redução das diferenças entre as forças sociais, como assinalou Elias (2006 [1939], 647). E, como demonstrou Anderson (2006 [1983]), a situação das elites nativas conjugada com as ideias liberais, as novas tecnologias de impressão e o desenvolvimento do capitalismo, foram elementos decisivos na emergência das «comunidades imaginadas», uma etapa essencial nos processos de modernização. Foi na conjugação de tais fatores que as elites africanas se apropriaram da imprensa como espaço de reivindicação e luta. No seu estudo sobre as *intelligentsias*, Berlin assinala como seu papel «a ideia de uma oposição racional e permanente a um *status quo*». O filósofo sublinha que lhes «é necessário que se verifique uma combinação da crença na razão e no progresso;

juntamente com uma profunda preocupação moral pela sociedade [...] sendo o traço da militância parte integrante da sua essência». Ainda, a *intelligentsia* é «engendrada por regimes efectivamente opressivos» (Berlin, 2006, 148–149). E a opressão colonial engendrou jornalistas como Eugénio Tavares, em Cabo Verde; José Fontes Pereira, em Angola; João Albasini, em Moçambique; e Augusto Gamboa, em São Tomé e Príncipe, ícones de uma *intelligentsia* africana que fez do jornalismo espaço de intervenção e militância política.

Na Monarquia Constitucional, a imprensa emergiu e consolidou-se enquanto instituição privilegiada do debate público. A partir de 1880 e até ao fim do período republicano, a imprensa consagrou-se como plataforma dos conflitos sociopolíticos nas colónias da África Portuguesa. A partir de meados da década de 1930, com a afirmação do Estado Novo, a imprensa tornou-se, com raras e pontuais exceções, num instrumento de propaganda do regime autoritário, numa estrutura de apoio e suporte dos governos e num mecanismo de governação, através do qual se disseminavam a ideologia, as diretrizes e as políticas do império colonial. Sobre as relações entre a imprensa e os regimes políticos, observa-se uma continuidade entre os períodos monárquico e republicano na qual os diversos grupos sociais intervieram e se manifestaram fazendo uso da imprensa. No entanto, apesar do liberalismo da Monarquia e da República, a situação colonial foi o elemento decisivo para que a imprensa dos grupos africanos, e os seus jornalistas, fosse perseguida, censurada, suspensa e, por fim, desmantelada através da proibição dos jornais e das associações. Repare-se que os jornais ligados às elites europeias e de oposição também sofreram com a perseguição aos seus jornalistas e com a censura, mas não foram proibidos ou encerrados pelos governos locais, o que reforça a situação colonial como o elemento decisivo para o fim da imprensa africana nos períodos liberais da Monarquiae da República.

O jornalismo enquanto narrativa da vida social também esteve articulado com os regimes políticos. Se no período liberal, durante a Monarquia e a República, o jornalismo apresentou a diversidade de temas que compõe as dinâmicas da vida social e representou os distintos grupos e forças sociais, o mesmo não se passou ao longo do Estado Novo, quando a representação do jornalismo se limitou aos temas e aos grupos permitidos pelo regime e pelos seus governos. Os processos políticos, as dinâmicas económicas, os factos e conflitos sociais e os temas educativos e culturais, entre outros, fizeram parte da narrativa jornalística nas fases monárquica e republicana. Porém, com a consolidação do Estado Novo, ainda que estas temáticas fizessem parte da agenda jornalística, a sua narrativa foi incompleta, parcial e deturpada. Por exemplo, as forças políticas de oposição ao regime não fizeram parte dos conteúdos políticos, a exemplo da candidatura de Humberto Delgado à presidência em 1958, ou dos movimentos africanos de independência. Do mesmo modo, as reivindicações da agricultura, do comércio e da indústria das colónias, assim como as divergências de tais sectores com a política económica da metrópole, apenas residual e marginalmente foram registadas pela pauta dos jornais. A eclosão das guerras de libertação africanas e o seu desenvolvimento foi outro tema raro e deturpado pela narrativa jornalística. A própria população africana — a sua situação humana, social, política e económica — deixou de fazer parte dos conteúdos informativos. Observa-se também que a narrativa jornalística dos diversos jornais nas diferentes colónias se tornou similar e, de certa forma, num exercício de imaginação e deturpação, em que se propalava o «sucesso» da missão civilizadora portuguesa nas colónias africanas, nas quais prosseguia a obra «grandiosa» do Estado Novo personalizada em Salazar. Em síntese, no Estado Novo, em geral, a narrativa da imprensa das colónias africanas não traduziu a sua realidade sociopolítica. Também as forças sociais das colónias não puderam opinar e intervir através da imprensa. Os sectores europeus críticos do regime foram silenciados; as organizações africanas, desmanteladas durante a República, foram readmitidas, porém, instrumentalizadas; os grupos africanos que reclamavam independência estavam na clandestinidade e eram perseguidos; os jornais articulados com as organizações sociais também foram suprimidos, quando existiram, referendavam o regime e os seus governos; e os jornais que procuraram ser críticos foram encerrados ou instrumentalizados.

A atividade jornalística e os papéis desempenhados pelo jornalismo acompanharam os regimes, como se viu. Durante a Monarquia e a República, o jornalismo desempenhou os papéis monitor, colaborador e radical, típicos dos regimes liberais. Nos períodos liberais, o jornalismo monitorou as ações do poder público e fiscalizou os negócios privados; denunciou os abusos das administrações e dos grupos económicos; as opiniões dos diversos grupos sociais manifestaram-se; e houve mediação entre governo e sociedade por meio da disseminação de informações de interesse público. O jornalismo também desempenhou o papel colaborador, pois sectores da imprensa orientaram os seus conteúdos no sentido de corroborar, apoiar e suportar os governos locais e da metrópole. O papel radical destacou-se, por exemplo, através da propaganda republicana ao longo da Monarquia e da reivindicação de independência, do fim do colonialismo e da modificação das políticas coloniais, temas que implicavam mudanças estruturais naquelas sociedades, e por isso características do jornalismo radical. A partir de 1926, durante a ditadura, e até meados da década de 1930, o jornalismo conseguiu desempenhar moderadamente papéis liberais. No entanto, o Estado Novo atribuiu ao jornalismo o papel de propagar a ideologia, as práticas e as políticas do império colonial, bem como de servir de instrumento da administração pública. Deste modo, a partir de 1940, o jornalismo alinhou-se com o regime e desempenhou papéis típicos dos regimes autoritários. Em suma, os regimes políticos desempenharam um papel de relevo nas dinâmicas da imprensa e do jornalismo.

O perfil político é a característica dominante da imprensa na África Portuguesa no período colonial. As elites foram o público-alvo ao longo de todo o período. Numa primeira fase, parece natural que a imprensa se restringisse às elites, visto que nos grupos africanos predominava uma tradição oral (não escrita) de comunicação, bem como por a imprensa ter sido introduzida pelo regime colonial e pelos grupos europeus. Todavia, a persistência de uma imprensa de elites explica-se pela situação colonial — a qual negava a igualdade entre africanos e europeus, assim impedindo que os africanos fossem incluídos nas instituições sociais modernas, a exemplo do sistema de ensino, e participassem nos processos sociopolíticos das colónias. A propriedade reforça este perfil político, visto que a imprensa esteve associada às organizações sociais (partidos, associações de classe, grupos africanos, entre outros) e a indivíduos ou grupos que exerciam forte intervenção e liderança sociopolítica (proprietários de terra, comerciantes, políticos e funcionários públicos, por exemplo). A imprensa concentrou-se nas capitais das colónias, o que se relacionou com a centralização do poder político e económico. A regionalização da imprensa foi moderada em Angola e Moçambique, e esteve vinculada ao desenvolvimento económico e à importância política dos núcleos urbanos nos quais se manifestou.

A propriedade dos jornais e a atividade jornalística estiveram associadas e vinculadas às elites, tendo sido exercida sobretudo por intelectuais, funcionários públicos, advogados, políticos e comerciantes. Predominou uma prática jornalística articulada com a militância política, os jornalistas foram advogados das suas ideologias e causas ao longo da Monarquia e da República. Foram orientados pela ideia de serviço público, vendo a imprensa como uma instituição imprescindível para o debate sobre a organização e os processos sociais. Neste sentido, os jornalistas partilharam valores éticos sobre a prática jornalística, a exemplo da «verdade», da «justiça», da «imparcialidade» e da «independência». Contudo, tais valores estavam relacionados com as crenças e as causas dos grupos nos quais os jornalistas se inseriam. A repressão à imprensa no Estado Novo impossibilitou um exercício jornalístico articulado com a militância política, e os jornalistas foram instrumentalizados, condicionados nos conteúdos e na sua forma. Não existiram normas formais partilhadas pelos profissionais jornalistas, códigos éticos ou deontológicos, ao longo de todo o período, assim como estes não existiram em Portugal. Os processos de profissionalização dos jornalistas foram incipientes. No período liberal, visto que era uma atividade política, o jornalismo não foi considerado profissão, e a maioria dos jornalistas não obteve rendimentos financeiros ou dependeu da atividade para a sua sobrevivência. Jornais e jornalistas eram solidários entre si, saudando os novos títulos que surgiam e defendendo a instituição imprensa dos ataques dos governos. No entanto, não existiu nenhuma organização associativa ou representativa dos profissionais, dos proprietários ou dos títulos nas colónias africanas.

A imprensa e o jornalismo traduziram a diversidade das forças sociopolíticas nos períodos liberais, expressando um forte paralelismo entre a imprensa e o império colonial. O perfil político da imprensa; os conteúdos jornalísticos; a relação entre a propriedade dos jornais e os grupos sociais; a atividade jornalística associada à militância política; e a intervenção do Estado e dos governos na imprensa indicam o forte paralelismo político. Com o Estado Novo, observa-se um novo tipo de relação entre a imprensa e a sociedade no qual se manifesta um paralelismo político de direção única, com a imprensa a traduzir apenas a orientação do regime, dos governos e do Estado, o que se deveu ao perfil autoritário do regime.

A intervenção do Estado e dos governos foi forte ao longo de todo o período colonial. Na fase liberal, a intervenção deu-se principalmente através do estímulo e do apoio aos jornais que suportavam as políticas dos governos e, por outro lado, através da perseguição aos títulos de oposição, especialmente aos jornalistas e à imprensa africana. O ápice da intervenção deu-se no Estado Novo, quando todas as dimensões da imprensa e da atividade jornalística foram reguladas, controladas e instrumentalizadas. Nesta fase, o governo reforçou a sua presença como proprietário da imprensa, tendo como objetivo intensificar a sua propaganda política e a governação social.

As similaridades prevaleceram no percurso, nas dinâmicas e nas características da imprensa e do jornalismo nas cinco colónias africanas. O caso dissonante é o da Guiné, onde a imprensa tardou a emergir e não se consolidou como espaço de discussão social, assim como não existiu uma imprensa africana que promovesse o conflito com o império colonial. Contudo, a partir do Estado Novo, a imprensa e o jornalismo na Guiné acompanharam as tendências das outras colónias. As especificidades dos territórios também interagiram com o jornalismo, por exemplo, em Angola e Cabo Verde a imprensa africana surgiu mais cedo do que em Moçambique e São Tomé e Príncipe. Porém, os conteúdos, os papéis jornalísticos e as dinâmicas da imprensa africana foram equivalentes. Em Cabo Verde, São Tomé e Príncipe e na Guiné ao longo do Estado Novo, na maior parte do período, existiu apenas um jornal, quando em Moçambique e Angola existia uma diversidade de títulos. Tal relacionou-se com as idiossincrasias dos territórios, e não implicou uma diferenciação entre as dinâmicas, as características ou os papéis da imprensa. Cunha (2013) desenvolveu uma análise histórica comparada dos sistemas mediáticos no espaço lusófono, na qual assume que os sistemas dos *media* são «moldados» pelo contexto, estrutura e cultura política. O seu estudo focou as similaridades entres os sistemas de *media* lusófonos e sublinhou semelhanças nas dinâmicas da imprensa da África Portuguesa no período colonial. Na fase anterior a 1910, a autora assinala um Estado centralizado e colonial que controla a produção e os conteúdos da imprensa; a existência de grupos profissionais especializados, constituídos de funcionários e religiosos; e um mercado de imprensa que demanda conteúdos. Apesar da República, Cunha assinala que a liberdade de expressão continuou «condicionada por processos de censura política e económica, que se agravaram com as ditaduras em Portugal» a partir de 1926. Com a afirmação do Estado Novo, «o sistema colonial português reforçou a ideologia "lusotropicalista" e os mecanismos de controlo sobre os conteúdos dos meios de comunicação». Em síntese, a investigadora sublinha que «no espaço lusófono as origens culturais e políticas dos sistemas mediáticos de cada país determinam a sua configuração. No entanto, podemos atribuir a todos estes sistemas algumas características comuns, como seja na perspectiva política, a tendência para a intervenção dos governos no campo dos *media* e a consequente censura e atentados à liberdade de expressão» (Cunha, 2013, 22–25).

Implantada como instrumento auxiliar da governação dos territórios pelo império e desenvolvida na sua primeira etapa como iniciativa de colonos europeus, a imprensa adotou o modelo do jornalismo português e acompanhou os seus movimentos ao longo do período colonial. As dinâmicas do jornalismo na África Portuguesa assemelham-se à apreciação de Tengarrinha sobre a imprensa portuguesa na sociedade oitocentista, na qual os jornais foram «um dos principais factores de abertura e dinamização do espaço público politizado»; a imprensa se apresentou como um meio «por onde se gere parte da conflitualidade social: não apenas passa a ser porta-voz de grupos em condições de formular pontos de vista de interesse para a área social mais ampla, tendo esta a capacidade para acolhê-los, mas também capaz de lhes dar dimensão de intervenção»; e, visto que as organizações políticas estavam a emergir, «foram então os jornais o mais importante factor de organização da vida política» (Tengarrinha, 2006, 157–158). No período do Estado Novo, a análise do historiador reconhece três fases na relação comunicacional do poder político com a sociedade, as quais se manifestaram nas dinâmicas da imprensa em África:

> Na primeira, até 1931, a atenção principal incidiu sobre a triagem da informação [...] A segunda, até princípio da década de 1950, foi marcada pela preocupação central de afirmação do regime [...] com o objectivo último de criar uma opinião pública favorável. A terceira é dominada, de novo, pela preocupação de impedir informação desfavorável ao regime, num período em que eram visíveis as suas dificuldades crescentes perante as ameaças internas e externas. (Tengarrinha, 2006, 178)

O que esta investigação demonstra é que a história da imprensa na África Portuguesa no período colonial pertence a dois mundos, insere-se na história da imprensa portuguesa, bem como faz parte da primeira etapa da história da imprensa de cada um dos Palop. O conhecimento e a compreensão da história e do percurso da imprensa e do jornalismo na África Portuguesa, inseridos no seu contexto sociopolítico, são imprescindíveis para se investigar a imprensa e também para se estudar o período colonial.

Ao longo dos 132 anos do percurso e das dinâmicas da imprensa aqui estudados, o contexto sociopolítico do império colonial foi determinante no perfil e nas práticas jornalísticas dos meios impressos de comunicação. As principais características da imprensa, que aqui se sumarizam, comportam o legado do período colonial para a imprensa dos Países Africanos de Língua Oficial Portuguesa, são elas: uma imprensa de perfil político, dirigida às elites e com a propriedade vinculada às forças sociais e ao Estado; o jornalismo a acompanhar os regimes políticos, desempenhando papéis liberais ou autoritários de acordo com a orientação do regime; a atividade jornalística articulada com a militância política, com uma incipiente profissionalização; um forte paralelismo político, traduzindo a diversidade das forças sociais em períodos liberais e expressando apenas o Estado e os governos no período autoritário; e uma forte intervenção do Estado em todo o período.

# Referências bibliográficas


Alexandre, V. 2008. «A História e os estudos pós-coloniais». *In Itinerários: A investigação nos 25 anos do ICS*, org. M. V. Cabral, K. Wall, S. Aboim e F. C. da Silva. Lisboa: Imprensa de Ciências Sociais, 693–707.

Alexandre, V. 2000. «O Império Colonial». *In Portugal Contemporâneo*, coord. A. C. Pinto. Madrid: Sequitur, 39–60.

Alexandre, V. 1998. «A questão colonial no Portugal oitocentista». *In Nova História da Expansão Portuguesa*, dir. A. H. de Oliveira Marques e J. Serrão. Vol. X, *O Império Africano 1825–1890*, coord. V. Alexandre e J. Dias. Lisboa: Editorial Estampa, 21–132.

Alexandre, V. 1998a. «Configurações Políticas». *In História da Expansão Portuguesa*, dir. F. Bethencourt e K. Chaudhuri. Vol. IV, *Do Brasil para África (1808–1930)*. Navarra: Círculo de Leitores, 89–211.

Alexandre, V. 1998b. «Ruptura e Estruturação de um Novo Império». *In História da Expansão Portuguesa*, dir. F. Bethencourt e K. Chaudhuri. Vol. IV, *Do Brasil para África (1808–1930)*. Navarra: Círculo de Leitores, 10–87.

Alexandre, V. 1993. «Ideologia, economia e política: a questão colonial na implantação do Estado Novo». *Análise Social*, XXVIII, n.os 123–124, 1117–1136.

Almeida, P. T. de. 2010. «Eleitores, voto e representantes». *In Res Publica: Cidadania e Representação Política, 1820–1926*, coord. F. Catroga e P. T. de Almeida. Lisboa: Assembleia da República e Biblioteca Nacional de Portugal, 60–89.

Almeida, P. T. de. 1991. *Eleições e Caciquismo no Portugal Oitocentista (1868–1890)*. Lisboa: DIFEL.

Amaral, D. F. do. 2012. «Corporativismo, Fascismos e Constituição». *In Corporativismo, Fascismos, Estado Novo*, coord. F. Rosas e A. Garrido. Lisboa: Almedina, 81–98.

Amin, H. e J. Napoli. 2000. «Media and power in Egypt». *In De-Westernizing Media Studies*, ed. J. Curran e M. Park. Londres: Routledge, 157–166.

Anderson, B. 2006 [1983]. *Imagined Communities: Reflections on the Origin and Spread of Nationalism*. Londres: Verso.

Anderson, P. 1962. «Portugal and the End of Ultra-Colonialism». *New Left Review*, Parte I (maio–junho), (Parte II, julho–agosto), (Parte III, inverno).

Andrade, E. S. 1996. *As Ilhas de Cabo Verde da «Descoberta» à Independência Nacional (1460–1975)*. Paris: Éditions L'Harmattan.

Andrade, M. P. de. 1998. *Origens do Nacionalismo Africano*. Lisboa: Publicações Dom Quixote.

Anjos, J. C. G. dos. 2006. *Intelectuais, literatura e poder em Cabo Verde – lutas pela definição da identidade nacional*. Porto Alegre, RS: Editora da Universidade Federal do Rio Grande do Sul.

*Anuário Estatístico 1949 Colónia de Angola*. 1951. Luanda: Imprensa Nacional.

*Anuário Estatístico de Angola, Ano de 1933*. 1935. Luanda: Repartição de Estatística Geral, Imprensa Nacional.

*Anuário Estatístico de 1970*. 1973. Luanda: Instituto Nacional de Estatística, Delegação de Angola, Direcção Provincial dos Serviços de Estatística.

*Anuário Estatístico de Moçambique 1970*. 1973. Lourenço Marques: Instituto Nacional de Estatística, Delegação de Moçambique, Direcção Provincial dos Serviços de Estatística.

*Anuário Estatístico do Ultramar*. 1958. Lisboa: Instituto Nacional de Estatística.

Arendt, H. 2004 [1951]. *As Origens do Totalitarismo*. Alfragide: Publicações Dom Quixote.

Barton, F. 1979. *The Press of Africa: Persecution and Perseverance*. Londres: The Macmillan Press.

Barton, F. 1966. *The Press in Africa*. Nairobi: East African Publishing House.

Bastien, C. 2012. «Corporativismo e Keynesianismo no Estado Novo». *In Corporativismo, Fascismos, Estado Novo*, coord. F. Rosas e A. Garrido. Coimbra: Almedina, 121–137.

Beach, D. e R. B. Pedersen. 2013. *Process-Tracing: Methods, Foundations and Guidelines*. Ann Arbor: The University of Michigan Press.

Bender, G. 1978. *Angola under the Portuguese: The Myth and the Reality*. Berkeley: University of California Press.

Berelson, B. 1952. *Content Analysis in Communication Research*. Ilinóis: The Free Press.

Berlin, I. 2006. «O Papel da *Intelligentsia*». *In O Poder das Ideias*, I. Berlin. Lisboa: Relógio D'Água.

Bittencourt, M. 2008. *"Estamos Juntos!": O MPLA e a luta anticolonial (1961–1974)*, 2 vols. Luanda: Kilombelombe.

Bittencourt, M. 1999. *Dos Jornais às Armas: Trajectórias da Contestação Angolana*. Lisboa: Vega Editora.

Birmingham, D. 1992. *Frontline Nationalism in Angola & Mozambique*. Londres: James Currey.

Bonifácio, M. de F. 2010. *A Monarquia Constitucional, 1807–1910*. Alfragide: Texto Editores.

Bonifácio, M. de F. 2005. *O Século XIX Português*. Lisboa: Imprensa de Ciências Sociais.

Bourgault, L. M. 1995. *Mass Media in Sub-Saharan Africa*. Indianápolis: Indiana University Press.

Boxer, C. R. 1981 [1969]. *O Império Colonial Português (1415–1825)*. Lisboa: Edições 70.

Bradshaw, Y. e M. Wallace. 2006. «Informing Generality and Explaining Uniqueness: The Place of Case Studies in Comparative Research». *In Comparative Methods in the Social Science*, ed. A. Sica, Vol. I. Londres: Sage Publications, 241–259.

Brito-Semedo, M. 2003. «Cabo Verde: A Construção da Identidade Nacional, Análise da Imprensa entre 1877 e 1975». Tese de Doutoramento, Lisboa, Faculdade de Letras e Ciências Sociais da Universidade Nova de Lisboa.

Cabaço, J. L. 2010. *Moçambique: Identidades, Colonialismo e Libertação*. Maputo: Marimbique.

Cahen, M. 2012. «Indigenato Before Race? Some Proposals on Portuguese Forced Labour Law in Mozambique and the African Empire (1926–1962)». *In Racism and Ethnic Relations in the Portuguese-Speaking World*, ed. F. Bethencourt e A. Pearce. Oxford: British Academy, 149–171.

Caldeira, A. M. 1986. «O Partido de Salazar: antecedentes, organização e funções da União Nacional (1926–34)». *Análise Social*, XXII, n.º 94, 943–977.

Capela, J. 2010. «A imprensa de Moçambique até à independência, 1854–1974». *In Moçambique pela Sua História*, J. Capela. Vila Nova de Famalicão: Edições Húmus, 149–171.

Capela, J. 1996. «A imprensa de Moçambique até à Independência». *In 140 Anos de Imprensa em Moçambique*, coord. F. Ribeiro e A. Sopa. Maputo: Associação Moçambicana da Língua Portuguesa, 11–27.

Capela, J. 1989. «Para a história do "Diário de Moçambique"». *Revista Arquivo*, n.º 06, 177–180.

Capela, J. 1973. *O Vinho para o Preto: Notas e Textos sobre a Exportação do Vinho para a África*. Porto: Afrontamento.

Capela, J. 1971. *Moçambique pelo Seu Povo*. Porto: Afrontamento.

Cardoso, J. L. 2012. «Corporativismo, instituições políticas e desempenho económico». *In Corporativismo, Fascismos, Estado Novo*, coord. F. Rosas e A. Garrido. Coimbra: Almedina, 101–120.

Carvalho, A. A. de. 1973. *A Censura e as Leis de Imprensa*. Lisboa: Seara Nova.

Carvalho, S., coord. 1983. *História de Moçambique*, vol. 2, *Agressão Imperialista (1886–1930)*. Maputo: Departamento de História da Universidade Eduardo Mondlane.

Casimiro, S., org. 2011. *Memórias do Jornalismo Que Acompanhou a Luta de Libertação Nacional, «Maquis» e Arredores*. Luanda: Mayamba.

Chabal, P. 2009. *Africa: The Politics of Suffering and Smiling*. Londres: Zed Books.

Chabal, P., D. Birmingham, J. Forrest, M. Newitt, G. Seibert e E. S. Andrade. 2002. *A History of Postcolonial Lusophone Africa*. Bloomington: Indiana University Press.

Chabal, P. 1981. «National Liberation in the Portuguese Guinea, 1956–1974». *African Affairs*, vol. 80, n.º 318 (jan.), 75–99.

Christians, C. G., T. L. Glasser, D. McQuail, K. Nordenstreng e R. A. White. 2009. *Normative Theories of the Media: Journalism in Democratic Societies*. Urbana: University of Illinois Press.

Clarence-Smith, G. 1985. *O Terceiro Império Português (1825–1975)*. Lisboa: Editorial Teorema.

Corrado, J. 2008. *The Creole Elite and the Rise of Angolan Protonationalism 1870–1920*. Amherst: Cambria Press.

Correia, F. e C. Baptista. 2007. *Jornalistas: Do Ofício à Profissão*. Lisboa: Caminho.

Coelho, J. P. B. 2010. *O Olho de Hertzog*. Maputo: Ndjira.

Coelho, S. 1999. *Angola: História e Estórias da Informação*. Luanda: Executive Center.

Cooper, F. 2005. *Colonialism in Question: Theory, Knowledge, History*. Berkeley: University of California Press.

Constituição Política da República Portuguesa, decreto n.º 22:241, publicado em Diário do Governo n.º 43/1933, 1.º suplemento, série I de 1933, em 22 de fevereiro de 1933. Disponível em: www.dre.pt/application/file/210931 [consultado em 6 de outubro de 2014].

Costa, A. M. da. 2002. *Dicionário da Literatura Goesa, Vol. 1*. Macau: Fundação Cultural.

Crowder, M. 1984. «The Second World War: prelude to decolonization in Africa». *In The Cambridge History of Africa*, ed. J. D. Fage e R. Oliver. Vol. 8, *From c. 1940 to c. 1975*, ed. M. Crowder. Cambridge: Cambridge University Press, 8–51.

Cruz, S. I. 2009. «A quase-informação na Literatura de Cabo Verde em tempo de censura (1926–1975)». Dissertação de Mestrado, Coimbra, Faculdade de Letras, Universidade de Coimbra.

Cunha, I. F. 2013. «Os sistemas políticos e mediáticos no Espaço Lusófono: uma abordagem histórica». Comunicação apresentada na Conferência Internacional «*Media* e Império Português», Lisboa, 1–2 de novembro.

Curran, J. e M. Park, ed. 2000. *De-Westernizing Media Studies*. Londres: Routledge.

Curran, J. e M. Park, ed. 2000. «Introduction». *In De-Westernizing Media Studies*, ed. J. Curran e M. Park. Londres: Routledge, 1–15.

Curto, D. R. 2009. *Cultura Imperial e Projectos Coloniais (séculos XV a XVIII)*. Campinas, SP: Editora Unicamp.

Dákalos, M. A. 2004. «A Política Económica de Norton de Matos para Angola: 1912–1915». *Ler História*, 47, 29–43.

Davidson, B. 1971. «Angola in the Tenth Year: A Report and an Analysis, May-July 1970». *African Affairs*, vol. 70, n.º 278 (jan.), 37–49.

Davidson, B. 1969. *The Liberation of Guiné: Aspects of an African Revolution*. Middlesex: Penguin Books.

Decreto n.º 12:271, publicado no Diário Oficial da República em 6 de setembro de 1926. Disponível em: www.dre.pt/application/file/164904 [consultado em 6 de outubro de 2014].

Denny, L. M. e D. I. Ray. 1989. «São Tomé and Príncipe». *In Mozambique, São Tomé and Príncipe: Economics, Politics and Society*. Londres: Pinter Publishers, 119–192.

DeFelice, E. G. 2006. «Causal Inference and Comparative Methods». *In Comparative Methods in the Social Science*, ed. A. Sica, vol. I. Londres: Sage Publications, 288–308.

Dias, J. R. 1998. «Angola». *In Nova História da Expansão Portuguesa*, dir. A. H. de Oliveira Marques e J. Serrão, Vol. X, *O Império Africano 1825–1890*, coord. V. Alexandre e J. Dias. Lisboa: Editorial Estampa, 319–556.

Dias, J. R. 1984. «Uma questão de identidade: Respostas às transformações económicas no seio da elite crioula da Angola Portuguesa entre 1870 e 1930». *Revista Internacional de Estudos Africanos*, n.º 1, 61–94.

Dias, R. N. 1954. *Quatro Centenários em Moçambique, 1854–1954*. Lourenço Marques: Imprensa Nacional de Moçambique.

Dilolwa, C. R. 2000 [1978]. *Contribuição à História Económica de Angola*. Luanda: Editorial Nzila.

Dogan, M. 2006. «Strategies in Comparative Sociology». *In Comparative Methods in the Social Science*, ed. A. Sica, Vol. I. Londres: Sage Publications, 309–338.

Doyle, M. W. 1986. *Empires*. Ithaca: Cornell University Press.

Duffield, I. 1984. «Pan Africanismo since 1940». *In The Cambridge History of Africa*, ed. J. D. Fage e R. Oliver. Vol. 8, *From c. 1940 to c. 1975*, ed. M. Crowder. Cambridge: Cambridge University Press, 95–141.

Eisenstadt, S. N. 2011. *As Grandes Revoluções e as Civilizações da Modernidade*. Lisboa: Edições 70.

Elder, J. W. 2006. «Comparative Cross-National Methodology». *In Comparative Methods in the Social Science*, ed. A. Sica. Vol. I. Londres: Sage Publications, 339–366.

Elias, N. 2006 [1939]. *O Processo Civilizacional*. Lisboa: Publicações Dom Quixote.

Ervedosa, C. 1979. *Roteiro da Literatura Angolana*. Luanda: União dos Escritores Angolanos.

Espírito Santo, C. 2012. *O Nacionalismo Político São-Tomense*. Lisboa: Edições Colibri.

*Estatutos do Sindicato Nacional dos Jornalistas*. 1962. Lisboa: s/ed.

Estevão, J. 1998. «Cabo Verde». *In Nova História da Expansão Portuguesa*, dir. A. H. de Oliveira Marques e J. Serrão. Vol. X, *O Império Africano 1825–1890*, coord. V. Alexandre e J. Dias. Lisboa: Editorial Estampa, 167–210.

Farinha, L. 2009. «A caminho do 28 de Maio». *In História da Primeira República Portuguesa*, coord. M. F. Rollo e F. Rosas. Lisboa: Tinta-da-china, 535–567.

Fernandes, P. J., F. R. de Meneses e M. Baiôa. 2003. «The Political History of Nineteenth Century Portugal». *e-JPH*, vol. 1, n.º 1, 1–13.

Fernandes, P. 2013. «"A África pertence aos afrikanders": imprensa e "nacionalismo afro-europeu" em Moçambique nos finais do século XIX». *In Em Torno dos Nacionalismos em África*, org. A. Nascimento e A. Rocha. Maputo: Alcance Editores, 44–84.

Ferreira, A. M. 1999. «Cristianismo e Espaço Ultramarino». *In História da Expansão Portuguesa*, dir. F. Bethencourt e K. Chaudhuri, vol 5. Navarra: Círculo de Leitores, 384–405.

Ferreira, E. de S. 1974. *Le colonialisme portugais en Afrique: la fin d'une ère*. Paris: Les Presses de l'Unesco.

Ferreira, M. E. 2005. «O império e as relações económicas com África». *In História Económica de Portugal 1700–2000*, org. P. Lains e A. F. da Silva. Vol. III, *O Século XX*. Lisboa: Imprensa de Ciências Sociais, 343–371.

Fink, A. 2010. *Conducting Research Literature Reviews: From the Internet to Paper*. Thousand Oaks: Sage.

Fonseca, V. C. da. 1912. *A Guiné a Saque: Documentos e Factos para a História*. Lisboa: Imprensa Africana.

Fonseca, V. C. da e M. A. Oliveira. 1911. *Explicação ao Povo da Guiné: Porque Pedimos a Demissão de Vogaes da Commissão Municipal de Bissau*. Lisboa: Imprensa Africana.

Foy, C. 1988. *Cape Verde: Politics, Economics and Society*. Londres: Pinter Publishers.

Franco, G. 1993. *A Censura à Imprensa*. Lisboa: Casa da Moeda.

Freire, A. 2011. «Eleições, sistemas eleitorais e democratização: o caso português em perspectiva histórica e comparativa». *In Eleições e Sistemas Eleitorais no Século XX Português: Uma Perspectiva Histórica e Comparativa*, coord. A. Freire. Lisboa: Edições Colibri, 25–81.

Freitas, A. J. de. 1975. *Angola: O Longo Caminho da Liberdade*. Lisboa: Moraes Editores.

Freudenthal, A. 2001. «Angola». *In Nova História da Expansão Portuguesa*, dir. A. H. de Oliveira Marques e J. Serrão. Vol. XI, *O Império Africano 1890–1930*, coord. A. H. de Oliveira Marques. Lisboa: Editorial Estampa, 259–467.

Freudenthal, A. 2000. «A Utopia Angolense (1880–1915)». *In África e a Instalação do Sistema Colonial: III Reunião de História de África: actas*, dir. E. M. Santos. Lisboa: Centro de Estudos de História e Cartografia Antiga do Instituto de Investigação Científica Tropical, 561–572.

Forrest, J. B. 1992. *Guinea-Bissau: Power, Conflict, and Renewal in a West African Nation*. Oxford: Westview Press.

Galli, R. E. e J. Jones. 1987. *Guinea-Bissau: Politics, Economics and Society*. Londres: Frances Pinter.

Garcia, F. P. 2010. *A Guerra em Moçambique, 1964–1974*. Matosinhos: Quidnovi.

Garcia, J. L. 2012. «Um mulato contra o império português. Descobrir Mário Domingues no século XXI». *In Estado, Regimes e Revoluções*, org. C. Gaspar, F. Patriarca e L. S. de Matos. Lisboa: Imprensa de Ciências Sociais, 457–483.

Garcia, J. L. 2009. «Introdução ao estudo dos jornalistas portugueses: Os jornalistas e as contradições do capitalismo jornalístico no limiar do século XXI». *In Estudos sobre os Jornalistas Portugueses: Metamorfoses e encruzilhadas no limiar do século XXI*, org. J. L. Garcia. Lisboa: Imprensa de Ciências Sociais, 23–46.

George, A. L. e A. Bennet. 2005. *Case Studies and Theory Development in the Social Sciences*. Cambridge: The Massachusetts Institute of Technology Press.

Gerring, J. 2004. «What Is a Case Study and What Is It Good?». *American Political Science Review*, vol. 98, n.º 2, 341–354.

Godinho, V. M. 2008 [1962]. *A Expansão Quatrocentista Portuguesa*. Lisboa: Publicações Dom Quixote.

Gonçalves, J. 2011. *A Economia ao Longo da História de Angola*. Luanda: Mayamba.

Gonçalves, J. J. 1966. *A Informação na Guiné, em Cabo Verde e em São Tomé e Príncipe (Achegas para o seu estudo)*. Lisboa: Instituto Superior de Ciências Sociais e Política Ultramarina, Universidade Técnica de Lisboa.

Gonçalves, J. J. 1965. *A Informação em Moçambique (Contribuição para o seu estudo)*. Lisboa: Instituto Superior de Ciências Sociais e Política Ultramarina, Universidade Técnica de Lisboa.

Gonçalves, J. J. 1964. *A Informação em Angola (Alguns subsídios para o seu estudo)*. Lisboa: Instituto Superior de Ciências Sociais e Política Ultramarina, Universidade Técnica de Lisboa.

Guimarães, J. M. 2006. *A Difusão do Nativismo em África, Cabo Verde e Angola, Séculos XIX e XX*. Lisboa: África Debate.

Gunther, R. e A. Mughan, ed. 2000. *Democracy and the Media: A Comparative Perspective*. Cambridge: Cambridge University Press.

Gunther, R. e A. Mughan. 2000. «The Media in Democratic and Nondemocratic Regimes: A Multilevel Perspective». *In Democracy and the Media: A Comparative Perspective*, ed. R. Gunther e A. Mughan. Cambridge: Cambridge University Press, 1–27.

Gunther, R. e A. Mughan. 2000. «The Political Impact of the Media: A Reassessment». *In Democracy and the Media: A Comparative Perspective*, ed. R. Gunther e A. Mughan. Cambridge: Cambridge University Press, 402–447.

Hachten, W. 1996. *The World News Prism: Changing Media of International Communication*. Ames: Iowa State University Press.

Hadlan, A. 2012. «Africanizing Three Models of Media and Politics: The South African Experience». *In Comparing Media Systems Beyond the Western World*, ed. D. C. Hallin e P. Mancini. Cambridge: Cambridge University Press, 96–118.

Hallin, D. C. e P. Mancini, ed. 2012. *Comparing Media Systems Beyond the Western World*, Cambridge, Cambridge University Press.

Hallin, D. C. e P. Mancini. 2012. «Conclusion». *In Comparing Media Systems Beyond the Western World*, ed. D. C. Hallin e P. Mancini. Cambridge: Cambridge University Press, 278–305.

Hallin, D. C. e P. Mancini. 2004. *Comparing Media Systems: Three Models of Media and Politics*. Cambridge: Cambridge University Press.

Hallin, D. C. 2000. «Media, political power, and democratization in Mexico». *In De-Westernizing Media Studies*, ed. J. Curran e M. Park. Londres: Routledge, 85–97.

Hanlon, J. 1984. *Mozambique: The Revolution Under Fire*. Londres: Zed Books.

Hardt, M. e A. Negri. 2000. *Empire*. Cambridge: Harvard University Press.

Harris, J. H. 1913. *Portuguese Slavery*. Londres: Methuen & Co.

Hastings, A. 1974. «Some reflections upon the War in Mozambique». *African Affairs*, vol. 73, n.º 292 (jul.), 263–276.

Hedges, D., coord. 1999. *História de Moçambique*. Vol. 2, *Moçambique no auge do colonialismo: 1930–1961*. Maputo: Livraria Universitária.

Henriques, I. C. 1999. «A Sociedade Colonial em África. Ideologias, hierarquias, quotidiano». *In História da Expansão Portuguesa*, dir. F. Bethencourt e K. Chaudhuri, vol. 5. Navarra: Círculo de Leitores, 215–274.

Hobsbawm, E. 1987. *A Era do Império, 1875–1914*. Lisboa: Presença.

Hohlfeldt, A. 2010. «Os Profissionais de Moçambique no Campo Jornalístico em 1960: consensos e contradições». Trabalho apresentado ao Grupo de Trabalho de Jornalismo, do XVIII Encontro da Compôs, na PUC-MG, Belo Horizonte, MG. Disponível em: http://compos.com.puc-rio.br/media/gt9_antonio_hohfeldt.pdf [consultado em 13 de outubro de 2014].

Hopkins, T. K. e I. Wallerstein. 2006. «The Comparative Study of National Societies». *In Comparative Methods in The Social Sciences*, ed. A. Sica, vol. III. Londres: Sage Publications, 3–44.

Innis, H. A. 1986 [1950]. *Empire and Communications*, ed. D. Godfrey. Victoria, Toronto: Press Porcépic.

Jerónimo, M. B. e J. P. Monteiro. 2013. «Internationalism and the Labours of the Portuguese Colonial Empire (1945–1974)». *Portuguese Studies*, vol. 29, n.º 2, 142–163.

Jerónimo, M. B. 2013. «Portugal no Mundo». *In História Contemporânea de Portugal: 1808–2010*, coord. A. C. Pinto e N. G. Monteiro. Vol. 2, *A Construção Nacional, 1834–1890*, coord. P. T. de Almeida. Madrid e Carnaxide: Fundácion Mapfre e Objectiva, 77–108.

Jerónimo, M. B. 2011. «A escrita plural dos impérios: economia, geopolítica e religião na obra de Andrew Porter». *In O Imperialismo Europeu (1860–1914)*, A. Porter. Lisboa: Edições 70, 7–67.

Jerónimo, M. B. 2010. *Livros Brancos, Almas Negras: A «missão civilizadora» do colonialismo português c. 1870–1930*. Lisboa: Imprensa de Ciências Sociais.

Jorge, L. 1988. *A Costa dos Murmúrios*. Lisboa: Publicações Dom Quixote.

Kaul, C., ed. 2006. *Media and the British Empire*. Houndmills: Palgrave Macmillan.

Kaul, C. 2006a. «Introductory Survey». *In Media and the British Empire*, ed. C. Kaul. Houndmills: Palgrave Macmillan, 1–19.

King, G., R. O. Keohane e S. Verba. 1994. *Designing Social Inquiry: Scientific Inference in Qualitative Research*. Princeton: Princeton University Press.

Kitchen, H. 1956. *The Press in Africa*. Washington: Ruth Sloan Associates, inc.

Krippendorf, K. 1980. *Content Analysis: An Introduction to Its Methodology*. Londres: Sage Publications.

Kohn, M. L. 2006. «Cross-national Research as an Analytic Strategy: American Sociological Association, 1987 Presidential Address». *In Research Design*, ed. D. de Vaus, volume III. Londres: Sage, 307–345.

Lains, P. 1998. «Causas do colonialismo português em África, 1822–1975». *Análise Social*, XXXIII, n.os 146 e 147, 463–496.

Léonard, Y. 1999. «O Ultramar Português». *In História da Expansão Portuguesa*, dir. F. Bethencourt e K. Chaudhuri, vol. 5. Navarra: Círculo de Leitores, 31–50.

Lobban, R. A. 1995. *Cape Verde: Crioulo Colony to Independent Nation*. Boulder: Westview Press.

Liberman, E. S. 2006. «Causal Inference in Historical Institutional Analysis: A Specification of Periodization Strategies». *In Comparative Method in Social Sciences*, ed. A. Sica. Vol. II. Londres: Sage Publications, 162–185.

Loomba, A. 1998. *Colonialism-Postcolonialism*. Londres: Routledge.

Lopes, C. 1988. «Dois estudos e uma reflexão sociológica». *In Para Uma Leitura Sociológica da Guiné-Bissau*, C. Lopes. Lisboa: Editorial Economia e Socialismo, 291–323.

Lopes, C. 1987. *Guinea Bissau: From Liberation Struggle to Independent Sta tehood*. Londres: Zed Books.

López, S. P. 1953. *Freedom of Information*. Nova Iorque: Economic and Social Council, United Nations.

Lopo, J. de C. 1964. *Jornalismo de Angola: subsídios para a sua história*. Luanda: Centro de Informação de Turismo de Angola.

Lourenço, J. P. da C. 2002. *A Dinâmica e o Estatuto dos Jornalistas em Angola no Período da «Imprensa Livre», 1866–1923*. Luanda: União dos Escritores de Angola.

Lucena, M. de. 1979. «The Evolution of Portuguese Corporatism under Salazar and Caetano». *In Contemporary Portugal: The Revolution and Its Antecedents*, ed. L. S. Graham e H. M. Makler. Austin: University of Texas Press, 47–88.

Ma, E. K. 2000. «Rethinking media studies: The case of China». *In De-Westernizing Media Studies*, ed. J. Curran e M. Park. Londres: Routledge, 17–28.

Macêdo, T. 2010. «As literaturas africanas e o jornalismo no período colonial». *Maka — Revista de Literatura & Artes*, vol. I, n.º 01 (out.), 71–83.

Machiana, E. 2002. *A Revista «Tempo» e a Revolução Moçambicana: da Mobilização Popular ao Problema da Crítica na Informação, 1974–1977*. Maputo: Promédia.

MacQueen, N. 1997. *The Decolonization of Portuguese Africa*. Essex: Longman.

Mamdani, M. 1996. *Citizen and Subject: Contemporary Africa and the Legacy of Late Colonialism*. Princeton: Princeton University Press.

Margarido, A. 2000. *A Lusofonia e os Lusófonos: Novos Mitos Portugueses*. Lisboa: Edições Universitárias Lusófonas.

Margarido, A. 1980. *Estudos sobre Literaturas das Nações Africanas de Língua Portuguesa*. Lisboa: A Regra do Jogo.

Martins, H. 2006 [1968]. *Classe, Status, Poder*. Lisboa: Imprensa de Ciências Sociais.

Martins, R. 1941. *Pequena História da Imprensa Portuguesa*. Lisboa: Editorial Inquérito.

Marshall, J. 1993. *Literacy, Power, and Democracy in Mozambique: The Governance of Learning from Colonization to the Present*. Boulder: Westview Press.

Massingue, M. C. 2000. *A Imprensa, o Estado e a Democracia*. Maputo: Promédia.

Mata, I. da. 1998. *Diálogo com as Ilhas – Sobre Cultura e Literatura de São Tomé e Príncipe*. Lisboa: Edições Colibri.

Matos, L. S. de. 2010. *Tudo o Que sempre Quis Saber sobre a Primeira República em 37 Mil Palavras: As instituições políticas portuguesas do 5 de Outubro de 1910 a 28 de Maio de 1926*. Lisboa: Imprensa de Ciências Sociais.

Matos, P. F. de. 2006. *As Côres do Império, Representações Raciais no Império Colonial Português*. Lisboa: Imprensa de Ciências Sociais.

Mattelart, A. 1994. *A Invenção da Comunicação*. Lisboa: Instituto Piaget.

Mattelart, A. 1991. *A Comunicação-Mundo: História das Ideias e das Estratégias*. Lisboa: Instituto Piaget.

Matusse, H. 1994. «Informação e Desenvolvimento: uma opinião». *In A Nossa Situação, o Nosso Futuro e o Multipartidarismo*, ed. João Mendes. Maputo: Tempográfica, 161–178.

Mbah, J. M. A. 2010. *As Rivalidades Políticas entre a Frente Nacional de Libertação de Angola (FNLA) e o Movimento Popular de Libertação de Angola (MPLA) (1961–1975)*. Luanda: Mayamba.

McCargo, D. 2012. «Partisan Polyvalence: Characterizing the Political Role of Asian Media». *In Comparing Media Systems Beyond the Western World*, ed. D. C. Hallin e P. Mancini. Cambridge: Cambridge University Press, 201–223.

McQuail, D. 1992. *Media Performance: Mass Communication and the Public Interest*. Londres: Sage Publications.

Meditsch, E. 2002. «O Jornalismo é uma forma de conhecimento?». *Media & Jornalismo*, vol. I, n.º 1, 9–22.

Melo, A. B. de. 1993. *História da Imprensa de Angola*. Queimados, RJ: Semana Ilustrada.

Mendy, P. K. 1994. *Colonialismo Português em África: A Tradição de Resistência na Guiné-Bissau (1879–1959)*. Bissau: Instituto Nacional de Estudos e Pesquisa.

Mill, J. S. 2006. «Of the Four Methods of Experimental Inquiry». *In Comparative Methods of Social Sciences*, ed. A. Sica, vol. I. Londres: Sage Publications, 105–123.

Mondlane, E. 1975 [1969]. *Lutar por Moçambique*. Maputo: Terceiro Mundo.

Monteiro, N. G. 2013. «A Vida Política». *In História Contemporânea de Portugal: 1808–2010*, dir. A. C. Pinto e N. G. Monteiro. Vol. 1, *O Colapso do Império e a Revolução Liberal 1808–1834*, coord. J. M. Pedreira e N. G. Monteiro. Madrid e Carnaxide: Fundación Mapfre e Objectiva, 37–120.

Moreira, J. 1997. *Os Assimilados: João Albasini e as Eleições, 1900–1922*. Maputo: Arquivo Histórico de Moçambique.

Moreira, J. 1996. «João Albazini e O Africano: 1908–09: um ano novo, uma nova era». *In 140 Anos de Imprensa em Moçambique*, coord. F. Ribeira e A. Sopa. Maputo: Associação Moçambicana da Língua Portuguesa, 49–64.

*MPLA: O Imperialismo em Angola*. 1975. Lisboa: Cadernos Portugália, Universidade do Porto.

Munslow, B. 1983. *Mozambique: The Revolution and Its Origins*. Essex: Longman.

Munslow, B. 1969. *The Angolan Revolution: The Anatomy of an Explosion (1950–1962)*. Massachusetts: Massachusetts Institute of Technology.

Nascimento, A. 2012. «A construção de São Tomé e Príncipe: achegas sobre a (eventual) valia do conhecimento histórico». *In Como Fazer Ciências Sociais e Humanas em África: Questões Epistemológicas, Metodológicas, Teóricas e Políticas (Textos do Colóquio em Homenagem a Aquino de Bragança)*, coord. T. C. e Silva, J. P. B. Coelho e A. N. Souto. Dakar: CODESRIA, 171–194.

Nascimento, A. 2004. «Escravatura, Trabalho Forçado e Contrato em S. Tomé e Príncipe nos séculos XIX e XX: sujeição e ética laboral». *Africana Studia*, n.º 07, 183–217.

Nascimento, A. 2001. «S. Tomé e Príncipe». *In Nova História da Expansão Portuguesa*, dir. A. H. de Oliveira Marques e J. Serrão. Volume XI, *O Império Africano 1890–1930*, coord. A. H. de Oliveira Marques. Lisboa: Editorial Estampa, 201–258.

Nascimento, A. 1999. «A Liga dos Interesses Indígenas de S. Tomé e Príncipe (1910–1926)». *Arquipélago História*, 2.ª série, III, 417–432.

Nascimento, A. 1998. «S. Tomé e Príncipe». *In Nova História da Expansão Portuguesa*, dir. A. H. de Oliveira Marques e J. Serrão. Vol. X, *O Império Africano 1825–1930*, coord. V. Alexandre e J. Dias. Lisboa: Editorial Estampa, 269–318.

Nascimento, I. S. A. 2012. «As representações das mulheres na imprensa cabo-verdiana, (1910–1951)». Dissertação de Mestrado, Lisboa, Faculdade de Letras, Departamento de História, Universidade de Lisboa.

Nerone, J. C., ed. 1995. *Last Rights: Revisiting Four Theories of the Press*. Urbana: University of Illinois Press.

Neto, S. 2009. *Colónia Mártir, Colónia Modelo: Cabo Verde no pensamento ultramarino português (1925–1965)*. Coimbra: Imprensa da Universidade de Coimbra.

Neves, J. A. das. 1989. *História Breve da Imprensa de Língua Portuguesa no Mundo*. Lisboa: Direcção-Geral da Comunicação Social.

Neves, O. I. 2001. «Moçambique». *In Nova História da Expansão Portuguesa*, dir. A. H. de Oliveira Marques e J. Serrão. Vol. XI, *O Império Africano 1890–1930*, coord. A. H. de Oliveira Marques. Lisboa: Editorial Estampa, 469–584.

Newitt, M. 1998. «Moçambique». *In Nova História da Expansão Portuguesa*, dir. A. H. de Oliveira Marques e J. Serrão. Vol. X, *O Império Africano 1825–1890*, coord. V. Alexandre e J. Dias. Lisboa: Editorial Estampa, 557–656.

Newitt, M. 1997. *História de Moçambique*. Mem Martins: Publicações Europa-América.

Newitt, M. 1981. *Portugal in Africa: The Last Hundred Years*. Londres: C. Hurst & Co.

Ochs, M. 1986. *The African Press*. Cairo: The American University in Cairo.

Oliveira, J. N. de. 1998. *A Imprensa Cabo-Verdiana*. Macau: Fundação Macau e Direcção dos Serviços de Educação e Juventude.

Oliveira Marques, A. H. de. 2001. «Introdução». *In Nova História da Expansão Portuguesa*, dir. A. H. de Oliveira Marques e J. Serrão. Vol. XI, *O Império Africano 1890–1930*, coord. A. H. de Oliveira Marques. Lisboa: Editorial Estampa, 21–94.

Oliveira Marques, A. H. de. 1988. *Ensaios de História da I República Portuguesa*. Lisboa: Livros Horizonte.

Oliveira Marques, A. H. de. 1986. *Dicionário de Maçonaria Portuguesa*, 2 vols. Lisboa: Editorial Delta.

Oliveira, P. A. 2011. «O Factor Colonial na Política Externa da Primeira República Portuguesa». *In A 1.ª República Portuguesa: Diplomacia, Guerra e Império*, coord. F. R. de Menezes e P. A. Oliveira. Lisboa: Tinta-da-china, 299–332.

*PAIGC: História da Guiné e Ilhas de Cabo Verde*. 1974. Porto: Edições Afrontamento.

Paiva, A. G. V., ed. 1889. *Collecção Completa da Legislação sobre Liberdade de Imprensa desde 1834 até Hoje, Acompanhadas dos Accordãos do Supremo Tribunal de Justiça Proferidos por Abuso de Liberdade de Imprensa. S.l.*: Livraria do Archivo Jurídico.

Park, M. e C. K. Sohn. 2000. «Modernization, globalization, and the powerful state: The Korean media». *In De-Westernizing Media Studies*, ed. J. Curran e M. Park. Londres: Routledge, 98–109.

Park, R. 1940. «News as a form of knowledge: a chapter in the sociology of knowledge». *American Journal of Sociology*, vol. 45, n.º 5 (março), 669–686.

Paulo, J. C. 1999. «Da "Educação Colonial Portuguesa" ao Ensino no Ultramar». *In História da Expansão Portuguesa*, dir. F. Bethencourt e K. Chaudhuri, vol. 5. Navarra: Círculo de Leitores, 304–333.

Pedreira, J. M. 1998. «O Sistema das Trocas». *In História da Expansão Portuguesa*, dir. F. Bethencourt e K. Chaudhuri (dir.). Volume 6, *Do Brasil para África (1808–1930)*. Navarra: Círculo de Leitores, 251–301.

Pélissier, R. 2009. «Parte Dois». *In História de Angola*, D. Wheeler e R. Pélissier. Lisboa: Tinta-da-china, 231–318.

Pélissier, R. 1989. *História da Guiné: portugueses e africanos na senegâmbia, 1841–1936*. 2 vols. Lisboa: Imprensa Universitária.

Penvenne, J. M. 1996. «João dos Santos Albasini (1876–1922): The Contradictions of Politics and Identity in Colonial Mozambique». *The Journal of African History*, vol. 37, n.º 3, 419–464.

Pereira, A. 2002. *Guiné-Bissau e Cabo Verde: Uma luta, um partido, dois países*. Lisboa: Editorial Notícias.

Pereira, A. X. da S. 1896. *O Jornalismo Português: Resenha Cronológica de Todos os Periódicos Portugueses Publicados no Reino e no Estrangeiro, desde o Meado do Século XVII até à Morte de D. Luiz I*. Lisboa: s/ed.

Pereira, J. A. 2004. «A economia de Cabo Verde no contexto do Estado Novo (1940–1960)». *Ler História*, 47, 55–79.

Pinto, A. C. 2000. «O Império do professor: Salazar e a elite ministerial do Estado Novo (1933–1945)». *Análise Social*, XXXV, n.º 157, 1–22.

Pinto, A. C. 1999. «A Queda da Primeira República». *In A Primeira República Portuguesa: entre o Liberalismo e o Autoritarismo*, coord. N. S. Teixeira e A. C. Pinto. Lisboa: Edições Colibri, 25–44.

Pinto, A. C. 1994. *Os Camisas Azuis: Ideologias, Elites e Movimentos Fascistas em Portugal, 1914–1945*. Lisboa: Estampa.

Porter, A. 2011 [1994]. *O Imperialismo Europeu (1860–1914)*. Lisboa: Edições 70.

Proença, M. C. 2009. «A questão colonial». *In História da Primeira República Portuguesa*, coord. M. F. Rollo e F. Rosas. Lisboa: Tinta-da-china, 205–228.

Proença, M. C. 2009a. «A questão colonial». *In História da Primeira República Portuguesa*, coord. M. F. Rollo e F. Rosas. Lisboa: Tinta-da-china, 503–521.

Ragin, C. C. 2006. «Case-Oriented Comparative Methods». *In Research Design*, ed. D. de Vaus. Vol. IV. Londres: Sage Publications, 21–41.

Ragin, C. C. 1987. *The Comparative Method*. Oakland: University of California Press.

Ramos, R. 2009. «Invasões francesas, tutela inglesa e monarquia brasileira». *In História de Portugal*, coord. B. V. e Sousa, N. Monteiro e R. Ramos. Lisboa: A Esfera dos Livros, 439–456.

Reis, B. C. e P. A. Oliveira. 2012. «Cutting heads or winning hearts: late colonial Portuguese counterinsurgency and the Wiriyamu Massacre of 1972». *Civil Wars*, vol. 14, n.º 1, 80–103.

Reis, C. 2001. «Cabo Verde». *In Nova História da Expansão Portuguesa*, dir. A. H. de Oliveira Marques e J. Serrão. Vol. XI, *O Império Africano 1890–1930*, coord. A. H. de Oliveira Marques. Lisboa: Editorial Estampa, 95–144.

Reis, C. 2001a. «Guiné». *In Nova História da Expansão Portuguesa*, dir. A. H. de Oliveira Marques e J. Serrão. Vol. XI, *O Império Africano 1890–1930*, coord. A. H. de Oliveira Marques. Lisboa: Editorial Estampa, 145–200.

Reis, A. 2009. «Epílogo: o fim da Primeira República». *In História da Primeira República Portuguesa*, coord. M. F. Rollo e F. Rosas. Lisboa: Tinta-da-china, 569–582.

Reis, J. 1987. «A industrialização num país de desenvolvimento lento». *Análise Social*, XXIII, n.º 96, 207–227.

Ribeiro, M. C. P. 2012. «Ideias republicanas na consolidação de um pensamento angolano urbano (1880 c.–1910 c.): convergência e autonomia». Dissertação de Mestrado em História de África, Lisboa, Faculdade de Letras, Departamento de História, Universidade de Lisboa.

Roberts, A. 1986a. «Introduction». *In The Cambridge History of Africa*, ed. J. D. Fage e R. Oliver. Vol. 7, *From 1905 to 1940*, ed. A. D. Roberts. Cambridge: Cambridge University Press, 1–23.

Roberts, A. 1986b. «The imperial mind». *In The Cambridge History of Africa*, ed. J. D. Fage e R. Oliver. Vol. 7, *From 1905 to 1940*, ed. A. D. Roberts. Cambridge: Cambridge University Press, 24–76.

Rocha, I. 2000. *A Imprensa de Moçambique*. Lisboa: Edição Livros do Brasil.

Rocha, A. 2006. *Associativismo e Nativismo em Moçambique: Contribuição para o Estudo das Origens do Nacionalismo Moçambicano*. Maputo: Texto Editores.

Rocha, A. 2000. «O Pan-Africanismo em Moçambique (1900–1930)». *In África e a Instalação do Sistema Colonial (c. 1885–c. 1930), Actas da III Reunião Internacional de História de África*, dir. M. E. M. Santos. Lisboa: Centro de Estudos de História e Cartografia Antiga do Instituto de Investigação Científica Tropical, 727–752.

Rønning, H. e W. Kupe. 2000. «The dual legacy of democracy and authoritarianism: The media and the state in Zimbabwe». *In De-Westernizing Media Studies*, ed. J. Curran e M. Park. Londres: Routledge, 138–156.

Rosas, F. 2012. «O Corporativismo enquanto Regime». *In Corporativismo, Fascismos, Estado Novo*, coord. F. Rosas e A. Garrido. Coimbra: Almedina.

Rosas, F. 2009. «A crise do liberalismo oligárquico em Portugal». *In História da Primeira República Portuguesa*, coord. M. F. Rollo e F. Rosas. Lisboa: Tinta-da-china, 15–26.

Rosas, F. 2001. «O Salazarismo e o homem novo: ensaio sobre o Estado Novo e a questão do totalitarismo». *Análise Social*, XXXV, n.º 157, 1031–1054.

Rosas, F. 1994. «Portugal depois da Guerra: Estado Velho, Mundo Novo (1950–1974)». *In História de Portugal*, dir. J. Mattoso. Volume VII, *O Estado Novo (1926–1974)*, F. Rosas. Lisboa: Círculo de Leitores, 419–501.

Ross, E. A. 1925. *Report on Employment of Native Labor in Portuguese Africa*. Nova Iorque: The Abbott Press.

Roudakova, N. 2012. «Comparing Processes: Media, "Transitions", and Historical Change». *In Comparing Media Systems Beyond the Western World*, ed. D. C. Hallin e P. Mancini. Cambridge: Cambridge University Press, 246–277.

Rudebeck, L. 1974. *Guinea-Bissau: A Study of Political Mobilization*. Upsália: The Scandinavian Institute of African Studies.

Rueschemeyer, D. e J. D. Stephens. 2006. «Comparing Historical Sequences: A Powerful Tool for Causal Analysis». *In Comparative Methods in The Social Sciences*, ed. A. Sica. Vol. III. Londres: Sage Publications, 179–197.

Sá, L. e M. Rêgo, org. 2001. *Jornais Republicanos, 1848–1926*. Lisboa: Biblioteca Nacional de Portugal.

Salvadorini, V. 1989. «Os Primeiros Números de um Jornal de Angola: O Cruzeiro do Sul». *In Actas da I Reunião Internacional de História de África, Relação Europa-África no 3.º Quartel do Séc. XIX*, dir. M. E. M. Santos. Lisboa: Instituto de Investigação Científica Tropical do Centro de Estudos de História e Cartografia Antiga, 117–127.

Samara, M. A. 2009. «Sidonismo e restauração da República. Uma encruzilhada de paixões contraditórias». *In História da Primeira República Portuguesa*, coord. M. F. Rollo e F. Rosas. Lisboa: Tinta-da-china, 371–406.

Sanderson, G. N. 1985. «The European Partition of Africa: Origins and Dynamics». *In The Cambridge History of Africa*, ed. J. D. Fage e R. Oliver. Vol. 6, *From 1870 to 1905*, ed. R. Oliver e G. N. Sanderson. Cambridge: Cambridge University Press, 96–158.

Sardica, J. M. 2012. «O poder visível: D. Carlos, a imprensa e a opinião pública no final da monarquia constitucional». *Análise Social*, XLVII, n.º 203 (2.º), 344–368.

Sardica, J. M. 2011. *Da Monarquia À República: Pequena História Política, Social e Militar*. Lisboa: Alêtheia Editores.

Schmitter, P. C. 1999. *Portugal: do autoritarismo à democracia*. Lisboa: Imprensa de Ciências Sociais.

Seibert, G. 2002. *Camaradas, Clientes e Compadres: Colonialismo, Socialismo e Democratização em São Tomé e Príncipe*. Lisboa: Vega.

Serra, J. B. 2009. «O 5 de Outubro». *In História da Primeira República Portuguesa*, coord. M. F. Rollo e F. Rosas. Lisboa: Tinta-da-china, 55–60.

Serrano, C. 2008. *Angola: Nascimento de Uma Nação, Um estudo sobre a construção da Identidade Nacional*. Luanda: Kilombelombe.

Siebert, F. S., T. Peterson e W. Scharamm. 1963 [1956]. *Four Theories of the Press*. Urbana: University of Illinois Press.

Silva, A. E. D. 2010. *Invenção e Construção da Guiné-Bissau*. Lisboa: Almedina.

Silva, A. E. D. 2008. «Sarmento Rodrigues, a Guiné e o luso-tropicalismo». *Cultura*, 25, 31–55.

Silva, A. E. D. 1997. *A Independência da Guiné-Bissau e a Descolonização Portuguesa*. Porto: Edições Afrontamento.

Silva, C. N. da. 2010. «Cidadania e representação política no Império». *In Res-publica: cidadania e representação política em Portugal, 1820–1926*, coord. F. Catroga e P. T. de Almeida. Lisboa: Assembleia da República e Biblioteca Nacional de Portugal, 90–111.

Silva, C. N. da. 2009. *Constitucionalismo e Império: A Cidadania no Ultramar Português*. Lisboa: Almedina.

Silva, M. M. da. 1964. «A imprensa não diária em Angola». *Revista Ultramar*, n.º 17, vol. v (n.º 01), separata.

Silva, R. C. 2000. «O nacionalismo angolano: um projecto em construção no século xix?». *In Mário Pinto de Andrade: um intelectual na política*, coord. I. da Mata. Lisboa: Colibri, 231–284.

Silveira, J. F. 1998. «Guiné». *In Nova História da Expansão Portuguesa*, dir. A. H. de Oliveira Marques e J. Serrão. Vol. X, *O Império Africano 1825–1890*, coord. V. Alexandre e J. Dias. Lisboa: Editorial Estampa, 211–267.

Soares, M. J. 2000. «Contradições e debilidades da política colonial guineense: o caso de Bissau». *In África e a Instalação do Sistema Colonial (c. 1885–c. 1930), Actas da III Reunião Internacional de História de África*, dir. M. E. M. Santos. Lisboa: Centro de Estudos de História e Cartografia Antiga do Instituto de Investigação Científica Tropical, 123–156.

Sopa, A. 1991. «Liberdade de Imprensa e Regime de Censura Prévia: O Caso Moçambicano 1985–1975». *In Moçambique 16 anos de Historiografia: Focos, Problemas, Metodologias, Desafios para a Década de 90*, ed. A. José e P. M. G. Meneses. Maputo: CEGRAF, 251–266.

Sousa, J. S. 2012. «As associações protonacionalistas guineenses durante a I República: o caso da Liga Guineense e do Centro Escolar Republicano». *In República e Colonialismo na África Portuguesa*, ed. F. Pimenta. Porto: Afrontamento, 53–78.

Tarde, G. 1969 [1898]. «Opinion and Conversation». *In Gabriel Tarde: On Communication and Social Influence*, ed. T. N. Clark. Chicago: The University of Chicago Press, 297–318.

Táíwò, O. 2010. *How Colonialism Preempted Modernity in Africa*. Bloomington: Indiana University Press.

Teixeira, N. S. 1999. «A Política Externa da Primeira República 1910–1926». *In A Primeira República Portuguesa: entre o Liberalismo e o Autoritarismo*, coord. N. S. Teixeira e A. C. Pinto. Lisboa: Edições Colibri, 169–177.

Teixeira, N. S. 1998. «Colónias e colonização portuguesa na cena internacional (1885–1930)». *In História da Expansão Portuguesa*, dir. F. Bethencourt e K. Chaudhuri. Vol. IV, *Do Brasil para África (1808–1930)*. Navarra: Círculo de Leitores, 494–520.

Telo, A. J. 1999. «Sidónio Pais – A chegada do século xx». *In A Primeira República Portuguesa: entre o Liberalismo e o Autoritarismo*, coord. N. S. Teixeira e A. C. Pinto. Lisboa: Edições Colibri, 11–24.

Telo, A. J. 1994. «A obra financeira de Salazar: a "ditadura financeira" como caminho para a unidade política, 1928–1932». *Análise Social*, XXIX, n.º 128 (4.º), 779–800.

Tengarrinha, J. 2013. *Nova História da Imprensa Portuguesa: Das Origens a 1865*. Lisboa: Círculo de Leitores.

Tengarrinha, J. 2006. *Imprensa e Opinião Pública em Portugal*. Coimbra: Minerva Coimbra.

Tengarrinha, J. 1965. *História da Imprensa Periódica Portuguesa*. Lisboa: Portugália Editora.

*Textos e Documentos do MPLA Sobre a Revolução Angolana*. 1974. Lisboa: Edições Maria da Fonte.

Torres, A. 1991. *O Império Português Entre o Real e o Imaginário*. Lisboa: Escher.

Torres, A. 1983. «Pacto colonial e industrialização de Angola (anos 60–70)». *Análise Social*, XIX, n.os 77-78-79, 1101–1119.

Valente, V. P. 2010 [1975]. *O Poder e o Povo*. Lisboa: Alêtheia Editores.

Valério, N. e M. P. Fontoura. 1994. «A evolução económica de Angola durante o segundo período colonial — uma tentativa de síntese». *Análise Social*, XXIX, n.º 124, 1193–1208.

Vaughan, D. 1992. «Theory elaboration: the heuristics of case analysis». *In What Is a Case?*, ed. C. C. Ragin e H. S. Becker. Cambridge: Cambridge University Press, 173–202.

Vargues, I. N. 2003. «A afirmação da profissão de jornalista em Portugal: Um poder entre poderes?», *Revista da História das Ideias*, vol. 24, 157–175.

Vaus, D. de. 2006. «Case Study Design». *In Research Design*, ed. D. de Vaus. Vol. IV. Londres: Sage Publications, 5–20.

Veríssimo, M. H. O. A. 1998. «A classe dos jornalistas nos anos 30/40, uma elite do Estado Novo». Dissertação de Mestrado em História Social Contemporânea, Lisboa, Instituto Superior do Trabalho e da Empresa.

Voltmer, K. 2012. «How Far Can Media Systems Travel? Applying Hallin and Mancini's Comparative Framework outside the Western World». *In Comparing Media Systems Beyond the Western World*, ed. D. C. Hallin e P. Mancini. Cambridge: Cambridge University Press, 224–245.

Vunge, A. 2006. *Dos Mass Media em Angola: um contributo para a sua compreensão histórica*. Luanda: Versal Editores.

Waisbord, S. 2013. *Reinventing Professionalism, Journalism and News in Global Perspective*. Malden: Polity Press.

Wallerstein, I. 2005 [1961]. *Africa: The Politics of Independence*. Lincoln: University of Nebraska Press.

Wieviorka, M. 1992. «Cases studies: history or sociology?». *In What Is a Case?*, ed. C. C. Ragin e H. S. Becker. Cambridge: Cambridge University Press, 159–172.

Winseck, D. R. e R. M. Pike. 2007. *Communication and Empire: Media, Markets, and Globalization, 1860–1930*. Durham: Duke University Press.

Wheeler, D. 1972. «Origins of African Nationalism in Angola: Assimilado Protest Writings, 1859–1929». *In Protest and Resistance in Angola and Brazil*, ed. R. H. Chilcote. Berkeley e Los Angeles: University of California Press, 67–87.

Wheeler, D. 1999. «"Mais Leis do que Mosquitos": A Primeira República Portuguea e o Império Ultramarino (1910–1926)». *In A Primeira República Portuguesa: entre o Liberalismo e o Autoritarismo*, coord. N. S. Teixeira e A. C. Pinto. Lisboa: Edições Colibri, 133–168.

Wheeler, D. 2009. «Parte Um». *In História de Angola*, D. Wheller e R. Pélissier. Lisboa: Tinta-da-china, 25–228.

Zhao, Y. 2012. «Understanding China's Media System in a World Historical Context». *In Comparing Media Systems Beyond the Western World*, ed. D. C. Hallin e P. Mancini. Cambridge: Cambridge University Press, 143–173.

Zamparoni, V. D. 1988. «A Imprensa Negra em Moçambique: A Trajetória de "O Africano", 1908–1920». *África*, vol. 11, n.º 1, 73–86.

White, H. C. 1992. «Cases are for identity, for explanation, or for control». *In What Is a Case?*, ed. C. C. Ragin e H. S. Becker. Cambridge: Cambridge University Press, 83–104.

Woollacott, J. 1983. «A luta pela libertação nacional na Guiné-Bissau e a revolução em Portugal». *Análise Social*, XIX, n.os 77-78-79, 1131–1155.

Young, R. J. C. 2001. *Postcolonialism: An Historical Introduction*. Malden: Blackweel Publishing.

## *Relação de Periódicos Consultados*

### Angola

*ABC Diário de Angola*, 1958–1974.
*Angola*, 1941–1943.
*Angola Norte*, 1946–1951.
*Arauto Africano*, 1889.
*A Civilisação da África Portuguesa*, 1866–1869.
*A Luta*, 1924–1925.
*A Lucta de Angola*, 1932–1937.
*A Notícia*, 1932–1937.
*A Pátria*, 1925–1926.
*A Província*, 1894.
*A Província*, 1914–1919.
*A Província de Angola*, 1923–1926.
*A Reforma*, 1910–1912.
*A Tesoura*, 1892.
*A Tribuna*, 1920.
*A Tribuna*, 1933–1952.

*A Verdade*, 1911.
*Bofetadas*, 1894–1895.
*Correio de Angola*, 1923.
*Correio de Loanda*, 1890–1892.
*Cuanza Norte*, 1918–1919.
*Diário de Luanda*, 1938–1974.
*Ecos do Sul*, 1933.
*Era Nova*, 1912.
*Gazeta de Angola*, 1881.
*Imparcial*, 1922–1929.
*Jornal d'Angola*, 1916–1919.
*Jornal da Huíla*, 1955–1974.
*Jornal de Angola*, 1959–1961.
*Jornal de Benguela*, 1918–1926.
*Jornal de Loanda*, 1878–1881.
*Jornal do Comércio*, 1920–1922.
*Jornal do Comércio*, 1926–1927.
*Jornal do Congo*, 1961–1974.
*Jornal Magazine*, 1964–1971.
*Mocidade*, 1924–1925.
*Mossamedes*, 1933–1936.
*Muen'exi*, 1889.
*Notícias de Angola*, 1957–1958.
*Notícias de Loanda*, 1925–1926.
*Notícias do Bié*, 1933–1935.
*Notícias do Lobito*, 1927–1930.
*O Angolense*, 1907.
*O Angolense*, 1917.
*O Benguela*, 1910.
*O Commercio de Benguella*, 1912–1918.
*O Correio de Mossamedes*, 1923–1924.
*O Desastre*, 1889–1893.
*O Distrito de Benguela*, 1922–1924.
*O Echo de Angola*, 1881.
*O Futuro d'Angola*, 1894.
*O Imparcial*, 1894.
*O Independente*, 1894.
*O Intransigente*, 1929–1974.
*O Mercantil*, 1877–1892.
*O Progresso*, 1913–1914.
*O Reclame*, 1929–1930.
*O Rei Guilherme*, 1886.

*O Sul d'Angola*, 1893.
*O Sul de Angola*, 1932–1956.
*O Ultramar*, 1919–1920.
*Tribuna de Benguela*, 1919.
*União Áfrico-Portugueza*, 1882.
*Voz de Angola*, 1908–1910.

**Guiné**
*A Voz da Guiné*, 1922.
*Arauto* (e *O Arauto*), 1943–1968.
*Boletim Cultural da Guiné Portuguesa*, 1946–1973.
*Boletim Oficial da Guiné Portuguesa*, 1884–1920.
*Ecos da Guiné*, 1920.
*Ecos da Guiné*, 1950–1954.
*Pró-Guiné*, 1924.

**São Tomé e Príncipe**
*A Colónia*, 1923–1924.
*A Defesa*, 1915–1916.
*A Desafronta*, 1924–1925.
*A Liberdade*, 1920–1924.
*A Verdade*, 1911.
*A Voz de S. Tomé*, 1947–1974.
*Boletim Oficial de São Tomé e Príncipe*, 1867–1910.
*Folha de Annuncios*, 1911.
*O Africano*, 1910.
*O Combate*, 1925.
*O Equador*, 1926–1927.
*O Jornal*, 1922–1923.
*O Modesto*, 1921–1922.
*O Trabalho*, 1924–1933.